aide mémoire

AF855156

Droit fiscal 2019

Charles Aimé
Chargé d'enseignement à l'Institut national des formations notariales
Marc Rochedy
Avocat

17e édition
2019

SIREY

Éditions DALLOZ

31-35 rue Froidevaux, 75685 Paris Cedex 14

ISBN : 978-2-247-18788-1

Sommaire

Sigles et abréviations

AGA	Association de gestion agréée
Anah	Agence nationale d'amélioration de l'habitat
BA	Bénéfices agricoles
BIC	Bénéfices industriels et commerciaux
BNC	Bénéfices non commerciaux
BO	Bulletin officiel
BODGI	Bulletin officiel de la direction générale des impôts
CAA	Cour d'appel administrative
Com.	Cour de cassation, chambre commerciale
CE	Conseil d'État
CEE	Communauté économique européenne
CEA	Compte d'épargne en actions
CGI	Code général des impôts
CJUE	Cour de justice de l'Union européenne
COM	Collectivité d'outre-mer
CPO	Conseil des prélèvements obligatoires
CRL	Contribution sur les revenus locatifs
CSG	Contribution sociale généralisée
CRDS	Contribution au remboursement de la dette sociale
DB	Documentation de base de l'administration fiscale
DDOEF	Diverses dispositions d'ordre économique et financier
DF	Direction des Finances
DMTG	Droits de mutation à titre gratuit
DMTO	Droits de mutation à titre onéreux
DOM	Département d'outre-mer
Dr fisc.	Droit fiscal (revue)
EARL	Exploitation agricole à responsabilité limitée
ESFP	Examen (contradictoire) de situation fiscale personnelle
FCP	Fonds commun de placement
FCPI	Fonds commun de placement dans l'innovation
FCPR	Fonds commun de placement à risque
FIP	Fonds d'investissement de proximité
GAEC	Groupement agricole d'exploitation en commun
GAF	Groupement agricole foncier
GFA	Groupement foncier agricole
HT	Hors taxes
IDL	Impôts directs locaux

IFA	Impôt forfaitaire annuel (ou imposition forfaitaire annuelle)
IFI	Impôt sur la fortune immobilière
IR	Impôt sur le revenu
IS	Impôts sur les sociétés
JO	Journal officiel de la République française
JOUE	Journal officiel de l'Union européenne
L	Loi
LASM	Livraison à soi-même (de biens ou de services)
LF	Loi de finances
LFR	Loi de finances rectificative
LPF	Livre des procédures fiscales
OCDE	Organisation de coopération et de développement économique
OPCVM	Organisme de placement collectif en valeurs mobilières
ord.	Ordonnance
Pacs	Pacte civil de solidarité
PME	Petites et moyennes entreprises
PV	Plus-values
PVCT	Plus-values à court terme
PVLT	Plus-values à long terme
RCM	Revenus de capitaux mobiliers
Rép. min.	Réponse ministérielle
RES	Rachat d'entreprise par les salariés
RF	Revenus fonciers
RJF	Revue de jurisprudence fiscale
SA	Société anonyme
SAFER	Société d'aménagement foncier et d'établissement rural
SARL	Société à responsabilité limitée
SCA	Société en commandite par action
SCI	Société civile immobilière
SCOP	Société coopérative ouvrière de production
SCPI	Société civile de placement immobilier
SCS	Société de commercialisation de services
SICAV	Société d'investissement à capital variable
SICOMI	Sociétés immobilières pour le commerce et l'industrie
SRU (Loi)	Solidarité et renouvellement urbains
SNC	Société en nom collectif
SOFICA	Société pour le financement de l'investissement de l'industrie cinématographique et de l'audiovisuel
TTC	Toutes taxes comprises
TCA	Taxes sur le chiffre d'affaires
TEPA	Loi portant sur le Travail, l'Emploi et le Pouvoir d'Achat

TH	Taxe d'habitation
TF	Taxe foncière
TOM	Territoire d'outre-mer
TP	Taxe professionnelle
TPF	Taxe de publicité foncière
TS	Traitements et salaires
TVA	Taxe sur la valeur ajoutée
VRP	Voyageur, représentant, placier
ZFU	Zone franche urbaine

Définition de l'impôt

L'impôt peut être défini, à la suite de Gaston Jèze, comme « une prestation pécuniaire, requise des particuliers par voie d'autorité, à titre définitif et sans contrepartie, en vue de la couverture des charges publiques ».

D'autres définitions ont été données par la doctrine et la jurisprudence. Toutes mettent en évidence les trois éléments stables contenus dans la définition de Jèze :

« L'impôt est une prestation pécuniaire… »

- Prestation pécuniaire, l'impôt s'acquitte en argent.
- Toutefois la possibilité de s'acquitter de l'impôt en nature n'a pas totalement disparu de notre droit positif. En effet, tout héritier, donataire ou légataire peut acquitter les droits de mutation à titre gratuit par la remise d'œuvres d'art, de livres, d'objets de collection ou de documents de haute valeur artistique ou historique, ou d'immeubles situés dans les zones d'intervention du Conservatoire de l'espace littoral et des rivages lacustres dont la situation ainsi que l'intérêt écologique ou paysager justifient la conservation à l'état naturel *(CGI, art. 1716 bis).*
- En espèces ou en nature, l'impôt diminue, de façon définitive, la richesse globale de son débiteur. De ce point de vue, l'impôt se distingue de l'emprunt qui, même obligatoire (1976, 1983) devra un jour être remboursé par le Trésor.

« … perçue par voie d'autorité… »

L'impôt, acte de puissance publique, est un prélèvement obligatoire perçu par voie d'autorité.

Ce pouvoir est limité :

- Tout d'abord, le pouvoir d'imposer est de la compétence exclusive du législateur qui, seul, peut créer, modifier ou supprimer un impôt *(Constitution de 1958, art. 34).*
- Ensuite, l'impôt est consenti par la nation au travers de ses représentants. Déclaration des droits de l'Homme et du citoyen, art. 14 : « *Tous les citoyens ont le droit de constater par eux-mêmes ou par leurs représentants la nécessité de la contribution publique, de la consentir librement…* »

En vertu de ce principe, le peuple souverain consent collectivement et démocratiquement au prélèvement fiscal. Le consentement de l'impôt est une notion de droit à distinguer de la notion sociologique qu'est le consentement à l'impôt. Le citoyen-contribuable doit accepter individuellement de remplir son obligation fiscale… il peut y être contraint.

« … à titre définitif et sans contrepartie, en vue de la couverture des charges publiques »

- L'impôt est un prélèvement à finalité collective.
- En premier lieu, l'impôt assure la couverture des charges publiques. Cette notion d'impôt-échange a été développée par Montesquieu, Proudhon, Mirabeau… Elle a été reprise par l'article 13 de la Déclaration des droits de l'Homme : « *Pour l'entretien de la force publique et pour les dépenses d'administration, une contribution commune est indispensable…* »
- Il peut aussi être utilisé comme un instrument d'intervention économique et sociale. L'article 13 précité ajoute : (la contribution commune) « *doit être également répartie entre tous les citoyens, en raison de leurs facultés contributives* » (notion d'impôt solidarité).
- Ayant une finalité collective, l'impôt ne saurait avoir de contrepartie déterminée pour le contribuable qui le paie. Chaque fois qu'il existe une corrélation précisément définie et dûment calculée entre la prestation du redevable et la valeur des services ou avantages que lui offrent les institutions publiques, on est en présence d'une taxe administrative ou d'une redevance, mais non d'un impôt.

UNE CLASSIFICATION… PARMI D'AUTRES ; LA PLUS « MODERNE » TOUTEFOIS

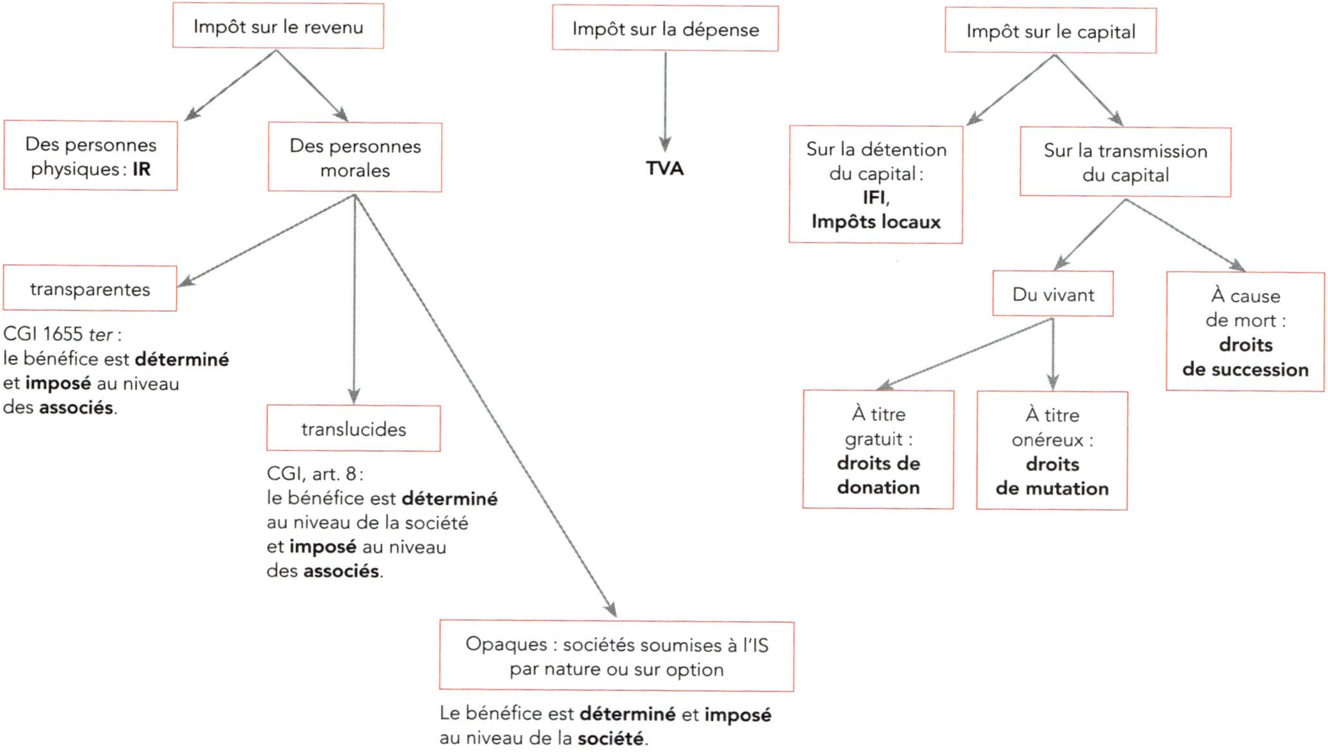

PARTIE 1

L'impôt sur le revenu

L'impôt sur le revenu est plus complexe en France que dans d'autres pays, moins productif, plus faible pour la plupart des foyers et plus fréquemment nul...

Conseil des Impôts, 11e rapport (1990)
Le constat est toujours d'actualité

Il existe en France deux prélèvements fiscaux sur les revenus :
- l'impôt sur le revenu des personnes physiques (IR) ;
- l'impôt sur le revenu des sociétés (IS) qui, malgré son nom, ne concerne pas tous les types de sociétés.

SOUS-PARTIE 1

L'impôt sur le revenu des personnes physiques

Bref historique de l'impôt sur le revenu

Ancien Régime

À la fin de l'Ancien Régime, la *fiscalité indirecte* prédomine.
Trois impôts, la gabelle (impôt sur le sel, ord. 16 juin 1680), les aides (« droit de douze deniers tournois par livre sur toutes les denrées et marchandises quelles qu'elles soient et par tant de fois qu'elles seront vendues et échangées », Inst. 28 février 1435, ord. 16 juin 1680) et les traites (droits de douane perçus lors du passage des marchandises d'une province à l'autre ou aux frontières du Royaume), drainent plus de la moitié des recettes fiscales totales.
Ces impôts, injustement répartis (privilèges au profit des nobles et des clercs) et expéditivement recouvrés par les Fermiers généraux, sont massivement rejetés par la population.
Les autres recettes proviennent des *impôts directs* que sont principalement la taille (impôt personnel sur le revenu payé par les roturiers dans les pays du Nord, impôt foncier sur les biens roturiers dans les pays du Sud), la capitation (créée en 1695 mais réglementée par une ordonnance de 1780, la capitation était théoriquement payée d'après « les moyens et les facilités de chacun », mais la noblesse et le clergé surent s'en accommoder) et le dixième (créé au XVIIIe siècle), vingtième à partir de 1749 (impôt général sur le revenu perçu sans privilège ni abonnement selon la volonté d'Étienne de Silhouette, contrôleur général des finances).

Révolution, Consulat, Premier Empire

Les révolutionnaires suppriment la fiscalité indirecte à l'exception des droits d'enregistrement et des droits de timbre. Mais sous le Premier Empire, les droits sur la circulation et la consommation de marchandises seront rétablis pour renflouer les caisses de l'État.
Les impôts indirects font place aux « quatre vieilles » (« l'œuvre la plus laborieuse, la plus intelligente, la plus équilibrée de la Révolution française », Thiers) :
- contribution foncière (revenu des terres et des maisons) ;
- contribution sur les revenus mobiliers ;
- contribution des patentes (bénéfices du commerce et de l'industrie) ;
- contribution des portes et fenêtres.

Ces impôts s'appliquent à tous les citoyens à raison de leurs facultés contributives.

XIXe siècle

Les impôts indirects redeviennent prédominants pour faire face à la progression des dépenses publiques. Ils atteignent les trois quarts des recettes fiscales à la fin du XIXe siècle.

1914 et 1917 : réforme Caillaux

La fiscalité d'État est constituée par des « impôts cédulaires » (loi du 31 juillet 1917), qui portent séparément sur chaque catégorie de revenu (traitements, salaires et pensions, revenus fonciers...) et un « impôt général sur le revenu » (loi du 15 juillet 1914) qui se *superpose* aux impôts cédulaires.
Les impôts cédulaires sont proportionnels (le taux proportionnel constitue un pourcentage fixe de la base d'imposition).
L'impôt général sur le revenu saisit le revenu global du contribuable selon un barème progressif (le taux progressif croît plus vite que la base d'imposition).

1948 (décret-loi du 9 décembre)

La réforme de 1948 a pour ambition d'unifier l'impôt en substituant :
- aux impôts cédulaires, une « taxe proportionnelle » qui devait en principe frapper également tous les revenus ;
- à l'impôt général sur le revenu une « surtaxe progressive » qui frappait le montant total du revenu net dont a disposé le contribuable.

En réalité cette unification ne deviendra effective qu'en 1970.

1959 (loi du 28 décembre)

Un seul impôt sur le revenu des personnes physiques remplace la taxe proportionnelle et la surtaxe progressive.

1970

Suppression de la taxe complémentaire.
Désormais tous les revenus sont taxés suivant le même barème. Les catégories de revenus (*cf.* p. 33) subsistent néanmoins, ce qui permet un traitement différencié des revenus catégoriels (évaluation, abattement...).

Le système actuel est inégalitaire et complexe

- Inégalitaire en ce sens que « les 50 % des Français les plus modestes, gagnant entre 1 000 € et 2 200 € de revenu brut par mois, font face à des taux effectifs d'imposition s'étageant de 41 % à 48 %, avec une moyenne de 45 %. Les 40 % suivants dans la pyramide des revenus, gagnant entre 2 300 € et 5 100 € par mois, sont tous taxés à des taux de l'ordre de 48 %-50 %. Puis, à l'intérieur des 5 % des revenus les plus élevés (gagnant plus de 6 900 €), et surtout des 1 % les plus riches (gagnant plus de 14 000 €), les taux d'imposition se mettent très nettement à décliner, et ne dépassent guère les 35 % pour les 0,1 % des Français les plus aisés (50 000 personnes sur 50 millions) »[1].

De plus, « En matière fiscale, certains en arrivent à se demander si l'égalité n'est pas plutôt l'exception que la règle car une grande partie de la législation fiscale est fondée sur l'interventionnisme destiné à encourager telle activité ou tel comportement économique ou social et à en dissuader d'autres »[2].

- Complexe : les mécanismes de personnalisation de l'impôt sur le revenu (quotient familial, déductions du revenu global, décote, etc.), contribuent grandement à obscurcir le paysage fiscal. Mais peut-on parler d'égalité devant l'impôt ?

POUR EN SAVOIR PLUS

Ardant (G.) – *Histoire de l'impôt*, Fayard, Paris, 1972.

Neurrisse (A.) – *Histoire de la fiscalité en France*, Economica poche, 1996.

1. C. Landais, T. Piketty, E. Saez, « Pour une révolution fiscale », Le Seuil, coll. « La république des idées », 2011.
2. L. Philip, « L'évolution récente de la jurisprudence constitutionnelle en matière fiscale » *Dr. fisc.* 1998, n° 23, p. 730 et suivantes.

L'imposition du revenu des personnes physiques

Qui est imposable ?

Une personne **physique**
Membre d'un **foyer fiscal** : les revenus des membres du foyer fiscal sont globalisés
Domiciliée en France ou disposant de revenus en France (sous réserve des conventions internationales)

Sur quel revenu ?

La **notion fiscale** de revenu
Le revenu imposable est un revenu **disponible**
Le revenu imposable est un revenu **net**

Le revenu imposable est un revenu **global**, somme des revenus catégoriels
(à l'exception des PV et, depuis le 1er janvier 2018, les RCM)

Les revenus catégoriels :

- Les traitements, salaires et pensions (TS)
- Les plus-values des particuliers (PV)
- Les revenus fonciers (RF)
- Les revenus de capitaux mobiliers (RCM)
- Les bénéfices agricoles (BA)
- Les bénéfices industriels et commerciaux (BIC)
- Les revenus de certains dirigeants de sociétés (BNC)
- Les bénéfices non commerciaux (CGI, art. 62)

Dans chaque catégorie le revenu imposable est un revenu net :

Revenu net catégoriel = revenu brut – charges catégorielles

Le revenu global est un revenu net = Σ des catégories TS, RF, BA, BIC, CGI, art. 62, BNC
(–) report éventuel de déficits antérieurs
(–) Contribution sociale généralisée
(–) charges déductibles du revenu global

Le revenu imposable est...... imposé ! : quatre étapes

1. Le revenu imposable est divisé par le nombre de parts dont dispose le foyer fiscal

$$\frac{\text{Revenu imposable du foyer fiscal}}{\text{Nombre de parts du foyer}} = \text{Revenu d'une part}$$

2. Il est appliqué au revenu d'une part un barème progressif par tranches = impôt d'une part

3. L'impôt dû pour une part est multiplié par le nombre de parts = impôt du foyer fiscal

4. L'impôt du foyer fiscal est « retraité » :
   - plafonnement des effets du quotient familial
   - décote
   - réductions d'impôt
   - impôt sur les plus values ou profits à taux proportionnel
   - reprises de réductions d'impôts antérieures
   - imputations diverses

CHAPITRE 1

Personnes imposables

Aux termes de l'article 1 A du Code général des impôts, il est établi un impôt annuel sur le revenu des personnes physiques désigné sous le nom d'impôt sur le revenu.

La personne imposable est une personne physique vivant seule ou membre d'un foyer fiscal qui est domiciliée en France ou dispose de revenus imposables en France.

§ 1. Personnes physiques

La personne physique peut recevoir des

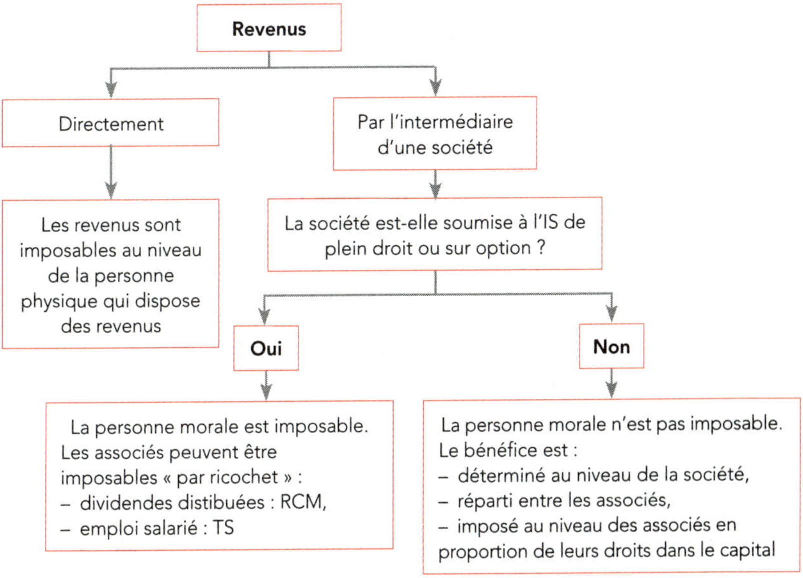

§ 2. Imposition par foyer

Il résulte des dispositions de l'article 6-1 du CGI que chaque contribuable est imposable à l'impôt sur le revenu sur l'ensemble des revenus des membres du *foyer fiscal*, notion importante qu'il convient de développer.

REMARQUE

L'étude de cette partie doit être complétée par les explications portant sur le quotient familial en p. 130.

I. Le principe de l'imposition par foyer

La complexité du système fiscal français tient, en partie, à la notion de foyer fiscal. Deux personnes unies par les liens du mariage ou par un contrat de Pacs ne sont pas imposées séparément ; leur foyer constitue une entité économique et fiscale à part entière. De ce fait, les ressources du foyer sont mises en commun et taxées en commun[1].

Entité économique et sociale, le foyer est également le lieu où sont élevés ou aidés les enfants.

Il peut être, enfin, un refuge pour certaines personnes infirmes[2].

FOYER FISCAL

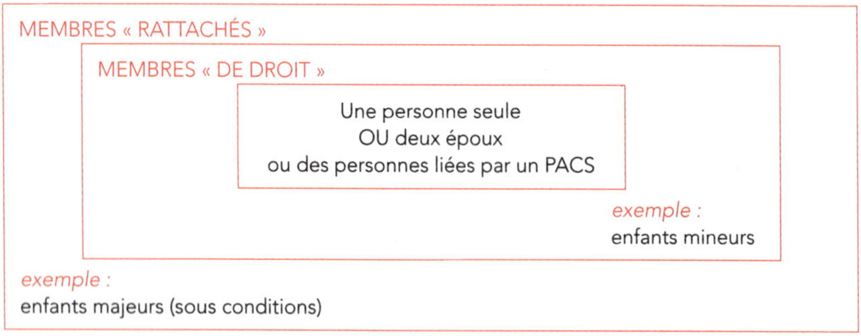

1. En revanche, certaines législations imposent séparément les conjoints et leur appliquent, quasiment, le régime fiscal des célibataires. Tel est le cas, en Europe, de l'Autriche, des Pays-Bas, du Royaume-Uni et de la Suède.
2. Sur tous ces points, lire Conseil des impôts, 11e rapport au président de la République (1990), p. 229 et suivantes.

Le revenu imposable du foyer fiscal est = à la somme *des revenus des membres du foyer fiscal.*

Concrètement, la composition du foyer fiscal est la suivante :

A. Personne seule

Le foyer fiscal peut se limiter à une personne, célibataire, veuve, divorcée ou séparée, sans personne à charge.

Ou

B. Personnes mariées ou liées par un pacte civil de solidarité (Pacs)

a. Personnes mariées

Quel que soit leur régime matrimonial, les époux qui vivent sous le même toit sont soumis à une imposition commune. Chacun des époux est tenu solidairement au paiement de l'impôt sur le revenu ; il peut demander à être déchargé de cette obligation (CGI, art. 1691 *bis* II). De même, chacun a qualité pour suivre les procédures relatives à l'impôt dû à raison de l'ensemble des revenus du foyer.
En cas de divorce, chaque ex-conjoint doit souscrire une déclaration séparée pour l'ensemble de l'année, en déclarant pour chacun les revenus encaissés et les charges supportées pour la totalité de l'année.
En cas de décès, deux déclarations sont à souscrire.
La règle de l'imposition par foyer ne s'applique pas aux personnes vivant en concubinage.

b. Personnes liées par un Pacs

Le Pacs est « un contrat conclu par deux personnes physiques majeures, de sexe différent ou de même sexe, pour organiser leur vie commune » (C. civ., art. 515-1). La vie commune suppose une vie de couple (Cons. const., décision n° 99. 419 DC du 9 novembre 1999), ce qui n'est pas fiscalement indifférent. C'est ainsi que l'article 6-I dernier alinéa du CGI prévoit que les partenaires d'un Pacs sont soumis à une imposition commune, tant à raison de leurs revenus ou bénéfices personnels que ceux de leurs enfants ou des personnes à leur charge au sens des articles 196 et 196 A *bis* du CGI. Les modalités d'imposition à l'impôt sur le revenu des partenaires d'un Pacs sont ainsi alignées sur celles des personnes mariées (CGI, art. 7).

En cas de rupture du Pacs, chaque membre du pacte fait l'objet d'une imposition distincte sur les revenus dont il a disposé pendant l'année, ainsi que sur la quote-part justifiée des revenus communs lui revenant (la moitié de ces revenus à défaut de justifications).

(Sur les dispositions du Pacs concernant les droits de mutation à titre gratuit, *cf.* p. 238).

Année du mariage ou de la conclusion du Pacs	
Principe : imposition commune	**Sur option : imposition séparée**
L'imposition commune des époux et partenaires de Pacs porte sur la totalité des revenus disponibles l'année du mariage ou du Pacs	Chaque imposition porte sur les revenus personnels dont chaque époux ou partenaire dispose l'année du mariage ou de la conclusion du Pacs et sur la quote-part des revenus communs revenant à l'un et à l'autre
Les charges déductibles sont celles effectivement supportées par le foyer fiscal, sans qu'il soit nécessaire de rechercher lequel des époux ou partenaires de Pacs a procédé au paiement des charges	Chaque époux ou partenaire peut déduire de son revenu global les charges qu'il a effectivement supportées au titre de l'année du mariage ou de la conclusion du Pacs. Les charges supportées par les deux époux ou partenaires sont normalement réparties entre eux par parts égales. L'un des époux ou partenaires peut apporter la preuve qu'il a effectivement supporté les charges dans une proportion différente
Le quotient familial de base est de 2	Le quotient familial de base est de 1. Chaque époux ou partenaire de Pacs est placé dans la même situation qu'un contribuable célibataire

Année de la séparation ou du décès	
Année de la séparation, du divorce ou de la dissolution du Pacs	Chaque contribuable est imposé sur les revenus personnels et sur la quote-part des revenus communs qui lui revient. Il peut déduire de son revenu global les charges qu'il a effectivement supportées et la moitié des dépenses communes, sauf à justifier d'une quote-part différente. Le quotient familial de base est égal à 1
Année du décès d'une personne mariée ou liée par un Pacs	Deux impositions établies : – l'une au nom du couple jusqu'à la date du décès ; – l'autre pour le conjoint ou le partenaire survivant, pour la période postérieure au décès (CGI, art. 6, 8)

C. Personnes à charge de droit (sans formalité)

CGI, art. 196 : « Sont considérés comme étant à la charge du contribuable, que celle-ci soit exclusive, principale ou réputée également partagée entre les parents, à la condition de n'avoir pas de revenus distincts de ceux qui servent de base à l'imposition de ce dernier :
1° Ses enfants âgés de moins de 18 ans ou infirmes;
2° Sous les mêmes conditions, les enfants qu'il a recueillis à son propre foyer ».

Trois catégories de personnes font « naturellement » partie du foyer fiscal

Les enfants célibataires âgés de moins de 18 ans (ou enfants infirmes n'ayant pas fondé de foyer distinct, quel que soit leur âge) (CGI, art. 196)

Les enfants célibataires mineurs font partie de plein droit du foyer fiscal. Les parents peuvent cependant demander l'imposition distincte de leur enfant lorsqu'il a des revenus personnels (CGI, art. 6-2). En pareil cas, l'enfant, détaché du foyer fiscal, ne peut plus être compté à charge.
En cas de divorce, d'imposition séparée des époux ou partenaires de pacs, de rupture de pacs ou de séparation de fait de parents non mariés, les enfants mineurs sont considérés, jusqu'à preuve contraire, comme étant à la charge du parent chez lequel ils résident à titre principal. Lorsque la résidence habituelle de l'enfant n'est pas fixée par le juge ou la convention des parties, les enfants mineurs sont intégrés au foyer du parent qui a les revenus les plus élevés (BOI-IR-LIQ-10-10-10-10, 220).
En cas de résidence alternée au domicile de chacun des parents, la situation est la suivante :

PARENTS DIVORCÉS OU SÉPARÉS ET RÉSIDENCE ALTERNÉE DES ENFANTS

Principes	Sur le terrain du droit civil, en cas de séparation ou de divorce, la résidence du (ou des) enfants mineurs peut être fixée en alternance au domicile de chacun des parents ou au domicile de l'un d'eux (C. civ., art. 373-2-9; L. n° 2002-305 du 4 mars 2002)
Conséquences	L'article 30 de la loi de finances rectificative pour 2002 a tiré les conséquences fiscales de ce mode de résidence. Trois hypothèses peuvent être envisagées : – Une convention homologuée par le juge désigne expressément le parent qui a la charge de l'entretien de l'enfant. Dans ce cas, la majoration du quotient familial est attribuée en totalité au parent désigné. – Cette convention prévoit la résidence en alternance de l'enfant au domicile de chacun des parents. Dans ce cas, chacun des parents bénéficie de l'avantage égal à la moitié de la majoration du quotient familial. Les parents conservent toutefois la possibilité d'établir que, dans les faits, l'un d'eux assure la charge principale de l'entretien de l'enfant.

►

Conséquences (suite)	– En l'absence d'une telle convention, il appartient aux parents, d'un commun accord, de désigner celui qui a la charge exclusive de l'enfant, ou encore de préciser que la charge de l'enfant est également partagée entre eux. Bien évidemment, la déclaration des parents doit correspondre à la réalité de leur situation au regard de la charge d'entretien et d'éducation de l'enfant. En pratique, l'administration va s'attacher à établir un faisceau de présomptions telles que : le lieu de réception des documents administratifs concernant l'enfant (bulletins scolaires…), les modalités d'attribution des prestations sociales, le lieu de scolarisation ou de garde de l'enfant, etc.
Applications	**Calcul du nombre de parts** : *cf.* p. 130

Les enfants célibataires mineurs (ou infirmes) recueillis au cours de leur minorité (CGI, art. 196)

La loi ne précise pas la notion d'« enfant recueilli ».

La doctrine administrative[1], confortée par la jurisprudence, pose deux conditions pour que cet enfant puisse être compté à charge :

- Il doit *habiter au foyer* même du contribuable (ne remplit pas cette condition l'enfant placé en pension dans un orphelinat, y compris pendant les vacances; CE 10 juill. 1948, n° 94078 : RO p. 76).
- Ce contribuable supporte la *charge effective et exclusive* de l'enfant. Tel est le cas lorsque le foyer d'accueil assure *seul* la satisfaction des besoins matériels, intellectuels et moraux de l'enfant qui habite sous son toit. *L'accueil temporaire d'un enfant réfugié ne peut donner lieu à l'attribution d'une demi-part ou d'une part de quotient familial au titre de l'article 196-2° dans la mesure où aucune rupture d'avec les parents véritables, ni aucun transfert de l'autorité parentale ne sont consacrés; les parents d'accueil ne peuvent dès lors être regardés comme assurant l'entière responsabilité intellectuelle et morale de l'enfant* (Rép. Hollande, AN 8 février 1993, p. 496, n° 65246). *De même, les enfants d'un concubin hébergés chez un contribuable avec leur père et mère ne peuvent jamais être regardés comme des enfants recueillis au sens du droit fiscal, dès lors que le concubin, par sa présence au foyer du contribuable, assure, sur le plan intellectuel et moral, l'éducation de ses enfants* (Rép. Larché, Sén. 16 mai 1996, p. 1195, n° 11030).

Il faut toutefois souligner que la jurisprudence a infirmé, sur un point, la position de l'administration. Le Conseil d'État, dans la décision *Navarro* du 7 janvier 2000, n° 203069 (*RJF* 2/00 n° 145), juge que le contribuable qui accueille chez lui sa concubine et l'enfant de celle-ci peut compter ce dernier comme recueilli à son foyer dès lors que la concubine ne

1. BOI-IR-LIQ-10-10-10-10, 280 et s.

dispose d'aucun revenu. De ce fait, le Conseil d'État écarte comme inopérante la circonstance que le contribuable assure effectivement et exclusivement les besoins matériels de l'enfant[1].

Les personnes infirmes (CGI, art. 196 A *bis*)

- autres que le conjoint ou les enfants à charge,
- titulaires de la carte d'invalidité prévue à l'article 173 du Code de la famille et de l'aide sociale (taux supérieur à 80 %),
- vivant au foyer.

- **Conséquence du rattachement « de droit » de ces personnes :** le nombre de parts[2] du foyer fiscal est augmenté. Mais l'avantage en impôt en résultant est plafonné (*cf.* p. 135).

D. Personnes à charge par la voie du rattachement

Le rattachement est demandé, par les personnes qui peuvent y prétendre, au foyer fiscal d'accueil. Peuvent demander leur rattachement (CGI, art. 6-3 et 196 B) :

Les enfants célibataires majeurs, les enfants veufs, divorcés, séparés, sans charge de famille

- s'ils sont âgés de moins de 21 ans au 1er janvier,
- s'ils sont âgés de moins de 25 ans et poursuivent leurs études.

Les personnes majeures devenues orphelines de père et de mère après leur majorité peuvent opter pour le rattachement au foyer fiscal du contribuable qui les a recueillies. L'administration exige que ces enfants vivent sous le même toit que le contribuable qui le recueille et que le foyer d'accueil assume de manière effective, exclusive ou principale l'ensemble de leurs besoins matériels *(BOI-IR-LIQ-10-10-10-20, 30).*

- **Conséquences de ce rattachement :** le nombre de parts du foyer fiscal d'accueil est augmenté d'une demi-part supplémentaire (d'une part supplémentaire par enfant si, du fait de l'option, le foyer d'accueil a au moins trois enfants à charge). L'avantage en impôt en résultant est toutefois plafonné (*cf.* p. 135).

---

1. On lira avec intérêt la chronique de Mme Emmanuelle Mignon. Quotient familial et notion d'« enfant recueilli » : « Laissez venir à moi les petits enfants » à la *RJF* 1/00, p. 3 et suivantes.
2. Pour le calcul de l'impôt, le revenu imposable est divisé par un nombre de « parts » tenant compte de la situation et des charges de famille de chaque contribuable. Rapp. p. 130.

Les enfants mariés et les enfants divorcés, veufs ou séparés lorsqu'ils sont chargés de famille

– s'ils sont âgés de moins de 21 ans au 1er janvier,
– ou s'ils sont âgés de moins de 25 ans et poursuivent leurs études,
– ou s'ils sont infirmes.

L'enfant marié peut demander le rattachement du ménage à ses parents ou à ses beaux-parents, dès lors que l'un des époux remplit les conditions ci-dessus.

- **Conséquences de ce rattachement :** le foyer fiscal d'accueil bénéficie d'un abattement sur le revenu imposable de 5 888 € (IR 2018) par personne à charge du fait de l'option. Le rattachement, global, comprend nécessairement toutes les personnes composant le foyer de l'enfant qui demande le rattachement.

REMARQUES

– Les enfants majeurs ou mariés ne peuvent à la fois être pris en compte au titre du quotient familial et donner lieu à la déduction d'une pension alimentaire.
– Le foyer d'accueil doit inclure dans sa déclaration les revenus perçus par les enfants rattachés.

ILLUSTRATION

Virginie, 27 ans, préparatrice en pharmacie, a un salaire mensuel de 1 500 €. Paul, 22 ans, étudiant en médecine, perçoit 500 € par mois pour des gardes de nuit. Ils se marient le 3 mars 2018.

En 2019, au titre de l'année de leur mariage, Virginie et Paul doivent déclarer les salaires perçus par l'un et l'autre au cours de l'année 2018 :

Virginie : 1 500 € × 12	=	18 000 €
Paul : 500 € × 12	=	6 000 €
	=	24 000 €

(sur option, ils peuvent déclarer séparément la totalité des salaires perçus par chacun en 2018)

Paul, parce qu'il a moins de 25 ans et poursuit ses études, peut demander à être rattaché au foyer fiscal de ses parents. Virginie, qui a plus de 25 ans, n'a pas cette possibilité.

S'ils acceptent le rattachement de leur fils supposé unique, les parents de Paul doivent ajouter à leurs revenus la somme de 24 000 € perçus par Virginie et Paul l'année de leur mariage. En contrepartie, ils pourront bénéficier d'un abattement sur le revenu imposable de 5 888 € par personne à charge, soit 11 776 €. Cet avantage les prive de la possibilité de verser, si besoin est, une pension alimentaire au jeune couple.

En principe, le quotient familial servant au calcul de l'impôt sur le revenu est déterminé en tenant compte de la situation familiale à la date de 1er janvier de la période d'imposition.

Toutefois, la situation et les charges de famille à retenir sont celles existant à la fin de la période d'imposition si elles sont plus favorables au contribuable (CGI, art. 196 *bis*). Néanmoins, ces dispositions ne s'appliquent pas « lorsque l'enfant, né antérieurement à l'année d'imposition en litige, a été successivement pris en charge au cours de cette année, par l'un, puis l'autre de ses parents imposés séparément » (CAA Paris, 3e ch., 31 mars 1994, *Perceveaux*).

II. Dérogations au principe de l'imposition par foyer

Elles peuvent être obligatoires ou facultatives.

A. Dérogations obligatoires (CGI, art. 6-4)

Les époux font obligatoirement l'objet d'impositions distinctes dans trois cas :

- lorsqu'ils sont séparés de biens et ne vivent pas sous le même toit. Ces deux conditions doivent être simultanément remplies. La condition de vie séparée des époux est appréciée au regard des circonstances factuelles de l'espèce (CE 14 oct. 1983, n° 35620) ;
- lorsqu'étant en instance de divorce ou de séparation de corps, les époux ont été autorisés à avoir des résidences séparées ;
- lorsqu'en état d'abandon de domicile conjugal par l'un ou l'autre des époux, chacun dispose de revenus distincts.

La vie commune des époux étant présumée, la charge de la preuve contraire incombe à la partie qui revendique l'imposition distincte.

> « L'administration doit, lorsqu'elle entend soumettre à des impositions distinctes, selon le régime applicable aux célibataires, des époux non séparés de biens et disposant de revenus distincts, apporter la preuve de la cessation de toute vie commune entre eux pendant l'année ou les années d'impositions concernées ; eu égard aux dispositions du premier alinéa de l'article 108 du Code civil, tel que celui-ci résulte de la loi n° 745-617 du 11 juillet 1975, selon lesquelles « le mari ou la femme peuvent avoir des résidences séparées, sans qu'il soit pour autant porté atteinte aux règles relatives à la communauté de vie », cette preuve ne peut résulter, en ce qui concerne les années d'imposition postérieures à 1975, de la seule existence de résidences séparées » (CE, 8e et 9e s.-sect. réunies 19 janv. 1998, *D.* 1998, n° 37, p. 521 et s., note Tixier-Lamulle).

Selon une jurisprudence constante, un contribuable ne peut être regardé comme ayant abandonné le domicile conjugal du seul fait qu'il dispose d'une résidence séparée, dès lors que la cessation de toute vie commune entre les deux époux n'est pas établie (CAA Paris 12 juin 2001, n° 97-2925, concl. du commissaire du gouvernement F. Bossuroy).

B. Dérogation facultative (CGI, art. 6-2)

Le contribuable est imposé, en principe, sur l'ensemble des revenus de son foyer fiscal. Il peut, s'il y trouve avantage, demander l'imposition distincte de ses enfants mineurs.

- **Conditions de fond pour bénéficier de l'imposition distincte**

L'option ne peut concerner que des enfants mineurs célibataires, ou des enfants infirmes majeurs célibataires. L'enfant doit être titulaire de revenus personnels. Il en est ainsi, par exemple, s'il a hérité d'un capital productif de revenus (Rép. min. n° 17459, *JO AN* Q, 31 oct. 1994, p. 5423).

- **Conditions de forme**

En principe, l'option pour l'imposition distincte doit être formulée expressément par le contribuable dans une note jointe à sa déclaration. Elle ne concerne que l'imposition des revenus de l'année considérée. En réalité, à défaut d'option, l'imposition distincte d'un enfant sera néanmoins prise en compte par l'administration si le contribuable souscrit deux impositions séparées.
L'option revêt un caractère irrévocable.

§ 3. Domicile

Pour l'application de l'impôt sur le revenu, la France s'entend de la France continentale, de la Corse et des DOM (Guadeloupe, Guyane, Martinique, Réunion). En raison de leur autonomie financière, les COM (Nouvelle-Calédonie, Polynésie française, îles de l'Océan indien, Wallis et Futuna, Terres australes et antarctiques françaises) sont, en la matière, traités comme des territoires indépendants.

I. Au regard du droit interne

A. Définition

Une personne est considérée comme domiciliée en France si elle répond à l'un des trois critères suivants (CGI, art. 4B) :

a. Lieu de la résidence habituel et permanent du foyer fiscal en France

La France est le lieu de la résidence habituelle et permanente de son foyer fiscal, *ou, à défaut*, la France est le lieu de son *séjour principal*

(CGI, art. 4B a). CE 3 nov. 1995, n° 1265 13, sect., Larcher, *D.* 1996, n° 8, p. 108, note Tixier, Hamonic :

> « Considérant [...] qu'il est constant, d'une part, que pour les années antérieures et postérieures aux années 1977 et 1978, M. Larcher avait son domicile fiscal en Nouvelle-Calédonie où il avait établi, avec son épouse, son foyer, d'autre part, que la durée des séjours effectués en France métropolitaine au cours des années 1977 et 1978, par M. Larcher et son épouse, a été motivée par des circonstances de caractère exceptionnel résultant notamment de la maladie de la mère de Mme Larcher; qu'ainsi M. Larcher doit être regardé comme ayant conservé, au cours des années 1977 et 1978 son foyer à Nouméa où il résidait habituellement; que, dès lors, la circonstance que lui-même ou son épouse auraient eu le lieu de son séjour principal en France métropolitaine au cours desdites années est sans incidence sur la détermination de leur domicile fiscal ».

Le *foyer*, au sens de l'article 4B, s'entend du lieu où le contribuable habite normalement et a le centre de ses intérêts familiaux (lieu où la famille est implantée et où elle a ses habitudes) sans qu'il soit tenu compte des séjours effectués temporairement ailleurs en raison des nécessités de la profession (déplacements professionnels) ou de circonstances exceptionnelles (motif exceptionnel justifiant un séjour hors du foyer, parent malade par exemple).
Le critère du *séjour principal* n'intervient qu'à titre subsidiaire, lorsqu'il est impossible de situer le foyer dans l'espace (ce qui peut être le cas d'une famille dont les membres vivent dans des pays différents). La France est le lieu de séjour principal d'un contribuable lorsqu'il y séjourne plus de six mois au cours d'une année donnée; toutefois, cette durée ne constitue pas un critère absolu (CE 19 nov. 1969, n° 75295 et CE 16 juill. 1976, n° 94488, où le contribuable avait résidé en France moins de six mois mais nettement plus que dans différents pays étrangers).

b. Activité professionnelle principale en France

Le contribuable exerce en France son activité professionnelle principale salariée ou non. L'activité principale est généralement celle qui procure à l'intéressé l'essentiel de ses revenus (CGI, art. 4B).

c. Centre de ses activités économiques en France

Le contribuable a, en France, le centre de ses activités économiques (CGI, art. 4B c).

> Sur cette notion, voir, par exemple, l'arrêt CAA de Nantes, 1re chambre, 29 juin 1994, n° 92811, *Lesmaris*, *Dr. fisc.* 1995, p. 443, n° 395, note Tixier :
> « Considérant [...] que M. Lesmaris qui était notamment propriétaire d'un appartement à Paris et du château de Lienesse à Neuilly-en-Dun (Cher), détenait d'importantes participations dans plusieurs sociétés civiles immobilières et groupements fonciers agricoles en France; que dans ces conditions, il doit être regardé comme ayant eu dans ce pays le centre de ses activités économiques au sens du c) de l'ar-

ticle 4B... alors même qu'il exerçait au Maroc les fonctions d'administrateur de sociétés et y possédait un patrimoine dont l'importance n'est pas établie. »

Le centre des intérêts économiques ne se confond pas avec la situation patrimoniale (CAA Paris 27 sept. 1994, nº 93237, *Reymondier, RJF* 2/95, nº 133) : un « bien non susceptible d'être productif de revenus ne peut être pris en compte dans l'analyse des intérêts financiers, fussent-ils patrimoniaux, de nature à localiser en France le centre des intérêts économiques du contribuable ».

On remarquera que cette définition tripartite se démarque de la notion de domicile au sens du droit civil[1]. En réalité, fiscalement, « il ne s'agit pas du domicile, mais de la localisation du sujet de l'obligation fiscale au regard des règles de territorialité de l'impôt » (CE 24 nov. 1967, req. 69113 et 69114, concl. Mehl, *Dr. fisc.*, nº 26, p. 12).

Par dérogation aux principes ci-dessus, les fonctionnaires et agents de l'État en poste à l'étranger sont considérés comme fiscalement domiciliés en France s'ils ne sont pas soumis, dans le pays d'accueil, à un impôt personnel sur l'ensemble de leurs revenus (CGI, art. 4 B2).

B. Conséquences (sous réserve des conventions internationales)

Le **contribuable** est **domicilié en France** – l'un des trois critères est applicable

↓

Obligation fiscale **illimitée**

↓

L'imposition s'applique à l'ensemble des revenus du contribuable, qu'ils soient de source française ou de source étrangère

Le **contribuable** n'est pas **domicilié en France**

↓

Obligation fiscale **limitée**

↓

Le contribuable ne dispose pas d'habitation en France : l'IR frappe les seuls revenus de source française énumérés à l'article 164 A du CGI. Toutefois, cet impôt ne peut être inférieur à 30 % du revenu imposable du contribuable (20 % pour les DOM) Le contribuable peut, sur justification, être imposé selon le taux moyen qui résulterait de l'imposition en France de l'ensemble de ses revenus de source française et étrangère si ce taux est inférieur.

Le contribuable dispose en France d'au moins une habitation ; il est imposable :
- soit sur une base forfaitaire égale à trois fois la valeur locative réelle de cette (ou ces) habitations(s) (CGI 164 C). Le contribuable est alors passible de l'IR en l'absence de revenus de source française ;
- soit à raison de ses revenus de source française s'ils sont supérieurs à la base forfaitaire

1. Lieu dans lequel une personne est censée demeurer en permanence. *Lexique des termes juridiques*, Dalloz.

II. Au regard du droit international

Lorsqu'un contribuable domicilié en France au sens de l'article 4B du CGI est également susceptible d'être imposé dans un autre État en vertu de la législation de cet État, le conflit de double domiciliation fiscale est généralement prévenu par une convention internationale. Dès sa publication, une telle convention a une autorité supérieure à celle des lois internes conformément à l'article 55 de la Constitution du 4 octobre 1958 :
« Les traités ou accords internationaux régulièrement ratifiés ou approuvés ont, dès leur publication, une autorité supérieure à celles des lois [...] ».
Ce texte est à rapprocher de l'article 4 *bis* 2° du CGI rédigé dans les termes suivants :
« [...] sont également passibles de l'impôt sur le revenu, les personnes de nationalité française ou étrangère, ayant ou non leur domicile fiscal en France, qui recueillent des bénéfices ou revenus dont l'imposition est attribuée à la France par une convention internationale relative aux doubles impositions ».
La plupart des conventions (plus de 70) sont rédigées suivant le modèle établi en 1977 par l'OCDE.
Les critères conventionnels permettant de déterminer si une personne est résidente dans l'un ou l'autre pays sont, *dans l'ordre* :
- son foyer permanent d'habitation;
- le centre de ses intérêts vitaux entendu comme le lieu avec lequel ses liens personnels et économiques sont les plus étroits;
- le séjour habituel de l'intéressé;
- sa nationalité.

À la différence des critères de droit interne, qui ont un caractère alternatif, les critères retenus par le modèle de convention OCDE en cas de double résidence, doivent être utilisés selon un ordre d'importance décroissante.

REMARQUE

CE (CAPC), 11 janv. 1995, *de Pedri*, n° 158271, *RJF* 4/95, n° 429 : « La Cour d'appel de Lyon a fait une exacte application de la convention fiscale franco-belge du 10 mars 1964, en examinant préalablement les critères de domiciliation du droit interne, puis en déclinant les critères conventionnels. Le contribuable disposait en France et en Belgique d'un foyer d'habitation, mais il était impossible de déterminer dans lequel des deux pays se situaient le centre de ses intérêts vitaux et celui de son séjour habituel. C'est donc la nationalité du contribuable qui a permis d'établir son imposition en France, conformément à l'article 1-2-c de la convention ».

Le lieu de résidence du contribuable étant déterminé, l'un des États se verra retirer le droit de taxer qu'il tient de sa législation interne. Ainsi, une personne, domiciliée en France au sens de l'article 4 B du CGI mais

déclarée, par application d'une convention, résidente d'un autre État, ne sera pas imposée en France.

POUR EN SAVOIR PLUS

Avis rendu par le Conseil d'État le 14 juin 2002 (n° 241036, *Mouthe*; *RJF* 8-9 février, n° 893), sur les conclusions remarquables de M. Gilles Bachelier (BCDF 8-9 février, n° 103).

Règles internes et conventions internationales. Priorité à l'examen de la situation du contribuable au regard du droit interne. Conclusions Jacques Arrighi de Casanova sous CE, 8e et 9e s.-sect., 17 mars 1993, *Memmi*, n° 85894, *RJF* 5/93, p. 359 et s.

Conventions fiscales internationales. Définition du domicile ou de la résidence. CAA Nantes, 1re chambre, 29 juin 1994, n° 92811, observations Tixier-Michel, *Dr. fisc.* 1995, n° 9.

Cozian (M.) – *Un « sac d'embrouilles » le régime fiscal des sociétés de personnes relevant de l'impôt sur le revenu. Les grands principes de la fiscalité des entreprises*, Litec, 3e édition 1996.

CHAPITRE 2

Revenus imposables – L'assiette de l'impôt sur le revenu

Asseoir l'impôt conduit à rechercher et à quantifier la matière imposable. Il faut donc, dans un premier temps, s'entendre sur la *notion* de revenu. Mais, tout revenu n'est pas imposable. Seul le revenu *disponible* et *net* est susceptible d'être saisi par l'impôt.

§ 1. Définition du revenu

I. Le Code civil

Le Code civil définit le revenu comme le *fruit périodique d'une source durable.*
Cette *définition restrictive* permet de distinguer nettement le revenu (gain périodique) du capital (gain non périodique échappant à la définition du revenu). Mais, elle présente l'inconvénient de permettre au contribuable, dans une certaine mesure, de décider de son sort fiscal en transformant ses revenus périodiques (par exemple des salaires) en gains non périodiques (des gratifications exceptionnelles). « Le capital est le fruit des décisions des sujets économiques qui transforment des ressources non permanentes en une source de revenu » (R. Barre).

II. Le législateur fiscal

Le législateur fiscal s'est donc tourné vers une *conception large* du revenu[1], conçu comme l'*enrichissement net d'un agent économique au cours d'une période déterminée*[2].

Cette définition permet d'étendre la notion de revenu aux profits exceptionnels (gains de bourse...), aux plus-values provenant de la cession d'éléments patrimoniaux, aux revenus en nature, etc.

Techniquement, cette conception économique, qui ne va pas jusqu'à imposer de façon générale tout accroissement du capital, conduit à saisir les revenus non expressément définis par la loi fiscale dans une « catégorie-balai » (*cf.* la catégorie « bénéfices non commerciaux », p. 117).

§ 2. Revenu disponible

I. Principe : revenu imposable = recettes encaissées – dépenses payées au cours de l'année civile (comptabilité de caisse)

- **Le Code général des impôts prévoit que :**

– « l'impôt est dû chaque année à raison des bénéfices ou revenus que le contribuable *réalise* ou dont il *dispose* au cours de la même année » (art. 12) ;

– ou que « l'impôt sur le revenu est établi d'après le montant total du revenu net annuel dont *dispose* chaque foyer fiscal » (art. 156).

---

1. Loi n° 76.660 du 19 juillet 1976 « portant imposition des plus-values et création d'une taxe forfaitaire sur les métaux, les bijoux, les objets d'art, de collection et d'antiquité ». Voir, cependant, la portée réelle de cette loi : B. Plagnet, La consécration par le droit fiscal de la définition économique du revenu ? in *Histoire du droit des finances publiques*, T. 2, Economica.

2. P. Beltrame et L. Mehl, *Techniques, politiques et institutions fiscales comparées*, Thémis, PUF, 1997, p. 136 et 137.

• **D'après l'administration fiscale (BOI-IR-BASE-10-10-10-40, 20) :**
« Un revenu est disponible lorsque sa perception ne dépend que de la seule volonté du bénéficiaire ».
L'impôt porte donc sur les revenus dont le contribuable, réel ou apparent (revenu perçu par une personne en vertu d'une convention de prête-nom occulte), a eu la libre disposition au cours de l'année d'imposition, quel que soit l'usage qu'il en a fait, et même s'il ne les a pas effectivement perçus.

ILLUSTRATION

Le loyer de décembre 2017 est payé avec retard par le locataire en janvier 2018. Cette somme, disponible en 2018, sera imposable en 2019 au titre de 2018.

En pratique, ce principe est parfois difficile à mettre en œuvre.
Ainsi, la somme inscrite au 31 décembre d'une année au crédit d'un compte-courant d'un directeur général d'une société anonyme doit être regardée comme ayant été mise à la disposition de l'intéressé, dès lors qu'aucune circonstance indépendante de sa volonté ne l'a empêché d'en disposer immédiatement (CE 26 janv. 1977, n° 99770; CE 31 juill. 2009, n° 301191). En revanche, les salaires d'un dirigeant de société, passible de l'impôt sur les sociétés inscrits au crédit de son compte-courant bloqué par décision de l'administrateur judiciaire, ne peuvent être considérés comme disponibles (CE 24 févr. 1971, n° 78783).

II. Exceptions

A. Société relevant de l'impôt sur le revenu

Le principe selon lequel seuls les revenus disponibles sont imposables connaît une exception remarquable, puisque le bénéfice réalisé par une société relevant de l'impôt sur le revenu (société de l'article 8 du CGI) est immédiatement imposable au nom des associés même s'il n'a pas été distribué, par exemple, mis en réserve, (CE 5 févr. 1925, n° 67197, *RO* 5026).
« Cette disposition (CGI, art. 8) est la contrepartie du non-assujettissement de ces sociétés à l'impôt sur les sociétés. Elle autorise l'administration, qui ne peut poursuivre le recouvrement de l'impôt sur un patrimoine social, à le faire payer par les associés au prorata de leurs droits, sans avoir à démontrer qu'ils en ont effectivement disposé dans les mêmes proportions » (Concl. Delmas-Marsalet sous CE 8e et 9e s.-sect., 7 juill. 1972, req. n° 79948, *Dr. fisc.* 1973, n° 26, comm. 953).

B. Fiscalité des entreprises

En matière de fiscalité des entreprises, le bénéfice imposable est déterminé à partir des créances et des dettes (**comptabilité d'engagement**) et non à partir des encaissements et des décaissements (**comptabilité de caisse**) (CGI, art. 38-2 *bis*).

ILLUSTRATION

Un bien est commandé en décembre 2018 ; la créance ne peut être comptabilisée parmi les produits de l'exercice. Le bien est livré en janvier 2019 : le contrat est exécuté et la créance, certaine, est enregistrée parmi les produits de l'exercice. Peu importe la date du paiement.

§ 3. Revenu net

Aux termes de l'article 13.1 du CGI :
« Le bénéfice ou revenu imposable est constitué par l'excédent du produit brut... sur les dépenses effectuées en vue de l'acquisition et de la conservation du revenu »[1].
Le revenu net est donc obtenu en déduisant du montant du revenu *catégoriel professionnel (TS, BIC, BNC, BA, rémunérations CGI, art. 62) ou patrimonial (RF, RCM, PV) imposable*[2], l'ensemble des coûts, frais ou charges supportées pour l'acquisition ou la conservation de ce revenu. Cette finalité permet de distinguer une charge déductible au niveau catégoriel d'une charge « emploi de revenu » déductible au niveau global. Les charges de cette deuxième catégorie sont visées à l'article 156 II du CGI (*cf.* p. 125).

POUR EN SAVOIR PLUS

Les grands arrêts de la jurisprudence fiscale, Dalloz, 2009, 5e éd., thèmes 12 et 15.
David (C.) – *L'impôt sur le revenu des ménages*, Economica 1999.

1. Et non du capital. Par exemple, en matière de revenus de capitaux mobiliers, les frais de garde des titres sont déductibles, mais non les frais de négociation portant sur ces mêmes titres.
2. De ce fait, l'exonération d'un revenu n'est pas toujours avantageuse.

CHAPITRE 3

Les revenus catégoriels

Techniquement, les revenus d'un contribuable peuvent être imposés soit au niveau cédulaire, soit au niveau global, soit en combinant les deux systèmes précédents pour n'en conserver que les avantages.

Imposition séparée

Les revenus des particuliers proviennent de sources diverses. Le législateur distingue *huit catégories* (ou cédules) :

- les traitements, salaires et pensions (TS) et rentes viagères ;
- les revenus fonciers (RF) ;
- les revenus de capitaux mobiliers (RCM) ;
- les plus-values (PV) réalisées par les particuliers ;
- les bénéfices non commerciaux (BNC) ;
- les bénéfices industriels ou commerciaux (BIC) ;
- les bénéfices agricoles (BA) ;
- les rémunérations de certains dirigeants de sociétés (dites de l'article 62 du CGI).

La répartition de ces revenus entre les catégories est faite en fonction de leur origine :

Revenus du travail	Revenus du capital	Revenus mixtes (travail + capital)
TS et pensions	RCM RF PV	BNC BIC BA Rémunérations art. 62 CGI
Les revenus d'un contribuable sont appréhendés dans l'une ou l'autre (ou plusieurs) de ces huit catégories.		

L'imposition de type cédulaire[1] consiste à déterminer le revenu imposable au niveau de la cédule et à lui imposer un tarif propre.

Ce système analytique, ou cédulaire, présente deux *avantages*. D'une part, il permet d'adapter les modalités de l'imposition (assiette, taux...) à la nature du revenu imposable (par exemple, en matière de BIC le forfait a été supprimé alors qu'il subsiste dans le monde agricole). D'autre part et surtout, il permet de réserver aux différentes cédules un traitement fiscal spécifique (par exemple, les revenus tirés du capital peuvent être plus lourdement taxés que les revenus du travail). Vauban (1633-1707) proposait déjà une sorte d'impôt cédulaire sur le revenu expérimenté par les ministres des Finances de la fin de l'Ancien Régime qui instituèrent des dixième, vingtième, cinquantième (P. Beltrame). Toutefois, le système cédulaire présente l'*inconvénient* majeur de ne pas tenir compte de la situation globale du contribuable. De ce fait l'imposition ne peut être progressive (un contribuable disposant d'un revenu imposable de 50 000 € taxé dans une seule catégorie serait plus lourdement taxé qu'un autre tirant un revenu d'un égal montant mais de sources différentes). De même, l'imposition cédulaire ne peut être efficacement personnalisée par la prise en compte de critères synthétiques (réductions pour charges de famille, etc.).

Imposition globale

À l'opposé, il est concevable d'*imposer* à un tarif unique et progressif le *revenu global*, synthétique, du contribuable, sans se préoccuper de la source de ses revenus. Ce système, qui a l'*avantage* de la simplicité, favorise la mise en place de mécanismes de personnalisation de l'impôt. En revanche la différenciation des modalités d'imposition en fonction de la source des revenus est techniquement impossible. L'Allemagne a contourné cet *inconvénient* en superposant à l'impôt global sur le revenu un impôt synthétique sur la fortune (*Vermgensteuer*).

Combinaison imposition cédulaire et système global

On ne retient que leurs avantages respectifs. Des impôts particuliers frappent à des taux proportionnels les différentes catégories de revenus ; un impôt global et progressif permettant de personnaliser l'impôt complète le système cédulaire. Tel fut le mécanisme fiscal retenu par la France en 1914-1917 (réforme Caillaux) puis maintenu sous une autre forme (« taxe proportionnelle » et « surtaxe progressive ») à partir de 1948 et jusqu'en 1959 où a été institué un impôt progressif unique, général et personnalisé. Enfin, en 1970 la taxe complémentaire qui frappait, à taux proportionnel, tous les revenus à l'exception des salaires a été supprimée.

1. Historiquement, c'est sous cette forme que l'impôt sur le revenu a fait son apparition.

Le système actuel français de l'imposition du revenu

Il privilégie l'imposition unitaire,

Revenu brut global (ou déficit global) =   *Somme des revenus nets catégoriels*

tout en laissant subsister des règles particulières pour procéder à l'évaluation des différents revenus catégoriels :

Revenu net catégoriel = ⟷ Revenu brut – charges de la catégorie

§ 1. Traitements, salaires et pensions, rentes viagères

I. Domaine de l'impôt

A. Revenu imposable

Revenu imposable =   *Traitements et salaires + Pensions + Rentes viagères*

a. Traitements et salaires (CGI, art. 79 et s.)

Sont imposables dans la catégorie « traitements et salaires » les sommes perçues par des personnes placées, vis-à-vis de leurs employeurs, dans un *état de subordination* (ce qui suppose l'existence d'un contrat de travail écrit ou tacite, C. civ., art. 1779 et 1780), ou d'*étroite dépendance* vis-à-vis de leurs employeurs. (« L'existence d'une relation de travail salarié ne dépend ni de la volonté exprimée par les parties, ni de la dénomination donnée par celles-ci à leur convention, mais des conditions dans lesquelles doit s'exercer l'activité du travailleur » : Soc. 23 janv. 1997, *Assedic de l'Ain et des Deux-Savoies et a. c/ Tanhuay et a.*, n° 94-40.099). Critère nécessaire pour la qualification de salaire, la subordination juridique est une notion relative à contenu variable et qui, au surplus évolue[1].

1. C. David, *L'impôt sur le revenu des ménages*, Economica, n° 1115 et s.

La distinction entre salariés et non-salariés a donné lieu à une très abondante jurisprudence du Conseil d'État, synthétisée par l'administration dans les termes suivants[1].

« La qualité de salarié est, en règle générale, reconnue aux personnes qui :
- sont soumises à des obligations précises quant au lieu et aux horaires de travail ainsi que, le cas échéant, à l'itinéraire ou au secteur géographique à parcourir ;
- ne disposent que d'une liberté réduite quant à l'organisation et à l'exécution de leur travail (*ex.* : interdiction de signer un contrat, de faire imprimer une notice, un dépliant, un texte publicitaire sans l'agrément préalable de la direction, obligation de rendre compte, impossibilité de choisir sa clientèle...) ;
- ont l'interdiction de travailler pour le compte d'un autre employeur ou pour leur propre compte.

Il est rappelé, en outre, que les salariés sont soumis au pouvoir disciplinaire de l'employeur et qu'ils ne participent jamais aux pertes de l'entreprise.

Pour qu'une activité soit reconnue salariée, il ne suffit pas que l'un des critères énumérés ci-dessus soit satisfait. Inversement, on ne saurait exiger que toutes les conditions soient simultanément remplies ».

Par exception au principe ci-dessus, des revenus peuvent être fiscalement *qualifiés de salaires* en l'absence de lien de subordination ou d'étroite dépendance. Ainsi, l'article 154 du CGI précise que le salaire du conjoint de l'exploitant individuel ou de l'associé d'une société de personnes visée aux articles 8 et 8 *ter* du même code, est assimilé à des salaires s'il est déductible des résultats fiscaux de l'entreprise individuelle ou de la société de personnes (voir également les articles 34, 80 et 80 *octies* du CGI).

Enfin, d'autres revenus que l'on ne peut strictement qualifier de salaires, sont *imposés dans les mêmes conditions que les salaires* tout en conservant leur nature propre. Il s'agit notamment :
- des produits de droits d'auteur perçus par les écrivains et compositeurs lorsqu'ils sont intégralement déclarés par des tiers (CGI, art. 93-1 *quater*) ;
- sous certaines conditions, des commissions versées aux agents généraux et sous-agents d'assurances ayant opté pour le régime fiscal des salariés (CGI, art. 93-1 *ter*).

b. Pensions, retraites et rentes à titre gratuit

(CGI, art. 79, et 81)

Sont à déclarer notamment :
- les pensions, les rentes, les allocations de retraite et de vieillesse ;
- les pensions, les allocations et les rentes d'invalidité ;
- les pensions alimentaires servies à titre obligatoire ;

1. BOI-RSA-CHAMP-10-10-10, 110 et 120.

– les rentes viagères[1] à titre gratuit (c'est-à-dire sans contrepartie) perçues en vertu d'un contrat de donation ou d'un testament (CGI, art. 82 et 83).

c. Rentes viagères à titre onéreux

Les rentes perçues en vertu d'engagements contractuels (prix d'achat d'une maison payé sous forme de rente...) et les rentes résultant d'un jugement (indemnisation d'accident), ne sont imposables que pour une fraction de leur montant.
Cette fraction (entre 30 % et 70 %) est déterminée en fonction de l'âge du bénéficiaire (le crédirentier) lors de l'entrée en jouissance de la rente (CGI, art. 158, 6).

B. Revenus exonérés

L'article 81 du CGI énumère les nombreux revenus exonérés.

a. Des exonérations à caractère social

EXEMPLES

– Les prestations familiales légales (CGI, art. 81-2°) ;
– l'allocation aux adultes handicapés ;
– la prime d'activité (CGI, art. 81, 9° *quinquies*) ;
– les indemnités journalières d'accidents du travail versées à compter du 1er janvier 2010, à hauteur de 50 % de leur montant (CGI, art. 80 *quinquies* et 81, 8° mod. L. fin. 2010, art. 85).

b. Des exonérations ayant un caractère de reconnaissance nationale

EXEMPLES

– Les traitements attachés à la Légion d'honneur et à la médaille militaire ;
– les gratifications allouées à l'occasion de la remise de la médaille d'honneur du travail dans la limite du salaire mensuel de base du bénéficiaire ;
– les pensions militaires d'invalidité...

c. Les allocations spéciales pour frais d'emploi
(CGI, art. 81.1°)

Les allocations pour frais d'emploi sont destinées à couvrir les frais inhérents à la fonction ou à l'emploi.
Elles peuvent prendre la forme d'indemnités ou de remboursements forfaitaires, de remboursements de frais réels, ou d'allocations en nature,

1. La rente est « le revenu périodique, généralement annuel, résultant soit d'un acte à titre gratuit, soit de l'aliénation d'un bien ou d'un capital, soit d'une décision de justice » *Lexique des termes juridiques*, Dalloz.

comme la mise à la disposition d'un salarié d'un véhicule pour ses déplacements professionnels.
Lorsque ces allocations sont effectivement utilisées conformément à leur objet, elles sont exonérées d'impôt.

• **Conditions (cumulatives) de l'exonération :**

1/ Absence de cumul des allocations pour frais d'emploi avec la déduction des frais réels. L'exonération ne peut s'appliquer qu'à l'égard des salariés pratiquant la seule **déduction forfaitaire de 10 %** (*cf.* p. 40). Si le salarié pratique la déduction de ses **frais réels**, les allocations spéciales sont ajoutées à son revenu imposable.

EXEMPLE

– TS mensuels : 2 000 €
– Remboursements de frais professionnels : 1 000 €
– Frais de déplacements domicile lieu de travail : 320 €
Deux possibilités :
1. Déduction forfaitaire : somme à déclarer = 2 000 € ; déduction pour frais = 200 € (le remboursement des dépenses professionnelles spécifiques à l'activité professionnelle n'est pas imposable).
2. Déduction réelle : somme à déclarer = 3 320 € ; déduction pour frais = 1 320 €
Toutefois ces allocations ne doivent pas à être ajoutées si elles sont utilisées conformément à leur objet et si elles ne sont pas déduites au titre des frais réels (CE 19 déc. 1984, n° 38563).

2/ Couverture de dépenses inhérentes à la fonction ou à l'emploi. Ce sont celles occasionnées par l'exercice même de l'activité professionnelle. Les allocations destinées à faire face à des dépenses personnelles constituent un avantage en argent ou en nature.
3/ Couverture de dépenses professionnelles spéciales, non prises en compte dans la déduction forfaitaire de 10 %. Les dépenses professionnelles courantes auxquelles la plupart des salariés doivent faire face pour être en mesure d'occuper leur emploi ou leur fonction ne sont pas susceptibles de donner lieu à des allocations exonérées.
4/ Couverture de dépenses réelles ;
5/ Utilisation conforme à l'objet des allocations. En règle générale, ces allocations sont présumées utilisées conformément à leur objet à concurrence des montants prévus par la réglementation sociale.

ILLUSTRATION

Faits

M. Durant est salarié dans une entreprise de plomberie chauffage, distante de 30 km du lieu de son habitation. Pour se rendre à son entreprise, M. Durant utilise une voiture d'une puissance fiscale de 6 CV.
De ce lieu, il se rend, pour la journée, sur différents chantiers.
Son employeur lui rembourse l'intégralité des frais, y compris les frais de déplacement domicile entreprise.
Ces remboursements doivent-ils être déclarés ?

Éléments de solution (par rappel des règles applicables)

SI M. Durant n'opte pas pour la déduction de ses frais réels, il n'a pas à déclarer les remboursements de frais inhérents à sa fonction (frais de déplacements lieu de

travail-clients, frais de repas). Le remboursement des frais de déplacement domicile-entreprise, couverts par la déduction forfaitaire de 10 %, serait déclaré au titre d'avantages en nature.
Si M. Durant opte pour la déduction de ses frais réels, il doit normalement porter en somme imposable les frais remboursés et les déduire ensuite. Il peut ne pas les déclarer (et ne pas les déduire).

d. Et bien d'autres exonérations

– partie des salaires versés aux apprentis munis d'un contrat ;
– indemnités versées par les entreprises à des étudiants ou a des élèves à l'occasion d'un stage obligatoire faisant partie intégrante du programme de l'école ou des études et n'excédant pas trois mois ;
– etc.

II. Détermination du revenu imposable

Revenu imposable =
Revenu brut – Charges de la catégorie

A. Revenu brut

Revenu brut =
Rémunérations imposables – Déductions

a. Rémunérations imposables

Constituent des rémunérations imposables :

• **Toutes les sommes constituant une rétribution attachée à une activité salariée ou assimilée** (rappr. « Domaine de l'impôt » p. 35). **Peu importe** :
– leur appellation (traitements, indemnités, émoluments, appointements, salaires…),
– et la période à laquelle elles se rapportent (*cf.* l'étude du revenu disponible p. 30). Toutefois, la règle de l'imposition au titre de l'année de perception du salaire connaît trois exceptions : d'une part, les traitements publics sont imposables dès la date de leur ordonnancement ; d'autre part, la fraction imposable des indemnités de départ en retraite peut être étalée sur l'année de la perception et les trois années suivantes (système du quotient : CGI, art. 163-0 A mod. par L. fin 2010, art. 19. Le mécanisme du quotient ne s'applique que si l'intéressé n'a pas opté pour le système d'étalement des indemnités par parts égales

sur l'année de perception et les trois années suivantes – CGI, art. 163 A); enfin, les salariés dont le préavis de licenciement est à cheval sur deux années et qui sont dispensés de l'effectuer peuvent répartir l'indemnité compensatrice de préavis entre les années auxquelles elle se rapporte.

- **Les « avantages en argent ou en nature accordés aux intéressés en sus des traitements, indemnités, émoluments, salaires, pensions et rentes viagères »** (CGI, art. 82).

Les avantages en nature consistent, par exemple, dans la fourniture par l'employeur à son salarié de nourriture ou du logement, par la mise à disposition du salarié, gratuitement ou pour une valeur réduite, d'un véhicule de l'entreprise, etc.
Les avantages en nature sont calculés d'après les règles applicables en matière de sécurité sociale :
– la nourriture est évaluée, pour la généralité des salariés à 4,80 € par repas (IR 2018);
– le logement est évalué forfaitairement selon un barème déterminé en fonction de la rémunération du bénéficiaire et du montant de pièces du logement concerné ou, sur option de l'employeur, d'après la valeur locative cadastrale servant de base à la taxe d'habitation augmentée, le cas échéant, de la valeur réelle des avantages accessoires (eau, électricité, chauffage...) BOFIP-RSA-BASE-20-20, 180 et 190;
– l'utilisation privée du véhicule mis à la disposition du salarié par l'entreprise est évaluée sur la base des dépenses réellement engagées ou, sur option de l'employeur, sur la base d'un forfait annuel (BOI-ANNX-000056);
– l'usage privé d'outils issus des nouvelles technologies de l'information et de la communication (micro-ordinateur, téléphone mobile...) mis à la disposition du salarié est évalué sur la base de dépenses réellement engagées ou, sur option de l'employeur, sur la base d'un forfait annuel estimé à 10 % du contrat d'achat ou de l'abonnement;
– les autres avantages en nature sont évalués pour leur valeur réelle.

b. Déductions

Les salaires doivent être déclarés :

- **Après déduction des cotisations sociales** (CGI, art. 83, 1° à 2° *ter*) :

– cotisations versées à des régimes de retraite ou de prévoyance obligatoires (CGI, art. 83, 1°);
– cotisations d'assurance-chômage;
– fraction déductible de la contribution sociale généralisée (6,8 % sur 9,2 % de la CSG prélevée sur les revenus d'activité et sur les allocations de préretraite versées aux bénéficiaires dont la préretraite a pris effet depuis le 11 octobre 2017, 5,9 % pour les pensions de retraite et

d'invalidité et les allocations de préretraites versées aux bénéficiaires dont la préretraite a pris effet avant le 11 octobre 2017, 3,8 % pour les autres revenus de remplacement). Les 2,4 points de CSG restants et la CRDS (0,5 point) ne sont pas déductibles. Les relevés annuels de salaires délivrés par les employeurs tiennent compte de cette déduction ;
– etc.

- **Après déduction des intérêts des emprunts contractés pour souscrire au capital d'une société nouvelle** (CGI, art. 83-2° *quater*) **ou pour le rachat d'une entreprise par ses salariés** (CGI, art. 83 *bis*).
- **Avant déduction des frais professionnels.**

B. Charges de la catégorie (CGI, art. 83)

Le montant net du revenu imposable est déterminé en déduisant du montant brut des sommes payées et des avantages accordés en argent ou en nature les frais professionnels des salariés (CGI, art. 13-1 : « le bénéfice ou revenu imposable est constitué par l'excédent du revenu brut… sur des dépenses effectuées en vue de l'acquisition ou de la conservation du revenu »).
Ainsi, en matière de traitements et salaires « les frais inhérents à la fonction ou à l'emploi, lorsqu'ils ne sont pas couverts par des allocations spéciales » (CGI, art. 83-3°), sont déductibles du revenu brut.

Comment évaluer les frais professionnels ?

L'article 83-3° du CGI fixe *forfaitairement* à 10 % du revenu brut le montant des frais professionnels de *tous* les salariés. *Ces derniers ont la possibilité, si tel est leur intérêt et s'ils sont en mesure d'apporter tous les justificatifs nécessaires, de faire état du montant réel de leurs frais professionnels.*

TRAITEMENTS ET SALAIRES

Déduction forfaitaire ou frais réels	
Déduction forfaitaire	Déduction réelle
Tous les salariés : taux 10 %. Minimum de déduction (IR 2018) : – cas général : 437 € ; – personnes inscrites en tant que demandeur d'emploi depuis plus d'un an : 962 €. Maximum de déduction : 12 502 €	Les frais réels doivent être justifiés et avoir été effectivement payés au cours de l'année d'imposition. Il peut s'agir notamment : – des frais de déplacements domicile-travail ; – des frais de nourriture. Dans ces deux cas, l'administration fournit des barèmes permettant de faciliter l'évaluation de ces frais (voitures : BOI-BAREME-000001, 10 ; cyclomoteurs : BOI-BAREME-000001, 20 ; deux roues d'une cylindrée > 50 cm^3 : BOI-BAREME-000001, 30)

REMARQUES

1 – Le contribuable qui opte pour la déduction de ses frais réels doit ajouter à son salaire les allocations ou remboursements pour frais d'emploi (*cf.* p. 37).

ILLUSTRATION

Un VRP a perçu en 2018, 18 000 € de salaires et 6 000 € d'indemnités pour frais d'emploi (répondant aux quatre conditions posées p. 38*).*

Ses frais réels se sont élevés à 3 200 € Le contribuable est en mesure de les justifier.

Le VRP peut ne pas faire valoir ses frais réels. Dans cette hypothèse il subira le sort de tout contribuable « ordinaire », c'est-à-dire que les indemnités pour frais d'emploi (qui, par supposition, répondent aux quatre conditions) seront exonérées et que ses frais seront forfaitairement évalués à 10 % de ses salaires.

S'il opte pour la déduction de frais réels, les indemnités pour frais d'emploi, déjà prises en compte au titre des frais réels, demeureront imposables.

	Régime général	Frais réels
Salaires	18 000 €	18 000 €
Indemnités pour frais d'emploi	non imposables	6 000 €
Revenu brut	18 000 €	24 000 €
Déduction 10 %	1 800 €	
Revenu net	16 200 €	
Frais réels		3 200 €
Revenu imposable	**16 200 €**	**20 800 €**
	Option retenue	

2 – La déduction des dépenses supportées par les salariés dans l'exercice de leur fonction s'opère après imputation des intérêts des emprunts.

Les *pensionnés, retraités et rentiers* (à titre gratuit) ne peuvent, évidemment, prétendre à une déduction pour frais professionnels. L'article 158-5 du CGI leur permet néanmoins de déduire du revenu brut imposable l'abattement suivant :

Pensions et rentes à titre gratuit
Taux : 10 % Minimum par bénéficiaire : 389 € (IR 2018) Maximum par foyer fiscal : 3 812 € (IR 2018)

POUR EN SAVOIR PLUS

Adresse Internet : www.ccomptes.fr

Le régime fiscal des rentes viagères, *Dr. fisc.* 1998, n° 16, p. 536.

§ 2. Plus-values des particuliers

La cession des éléments du patrimoine d'un particulier (immeubles, meubles, métaux précieux, bijoux, objets d'art, de collection ou d'antiquité, valeurs mobilières) engendre des gains ou des pertes relevant du régime des plus ou moins-values privées.

I. Plus-values immobilières des particuliers (CGI, art. 150 U à 150 VH ; CGI, ann. II, art. 74 SA à 74 SJ ; CGI. Ann. III, art. 41 *duovicies* H et 41 *dovicies* I)

A. Contribuables domiciliés en France

a. Champ d'application

1. Personnes imposables

Les plus-values réalisées lors de la cession à titre onéreux d'immeubles ou de droits relatifs à un immeuble (usufruit, nue-propriété, servitudes, droit de mitoyenneté, bail emphytéotique) relèvent du régime d'imposition des plus-values des particuliers lorsqu'elles sont réalisées à titre occasionnel :

– par des personnes physiques,
– par des sociétés non soumises à l'impôt sur les sociétés relevant des articles 8 à 8 *ter* du CGI (sociétés de personnes). Il s'agit, en pratique, des SCI soumises à l'IR qui vendent les immeubles qu'elles possèdent (tableaux 1 et 2).

TABLEAU 1

Cession d'immeuble par une société			
	Transparente (CGI, art. 1655 *ter*)	Translucide (CGI, art. 8)	Opaque
Comment la reconnaît-on ?	Par son objet (peu importe sa forme sociale). L'objet est précisé à l'article 1655 *ter* du CGI	Sociétés de personnes non IS (SNC, SCI…)	Sociétés de capitaux SA… + SARL

►

Cession d'immeuble par une société			
	Transparente (CGI, art. 1655 *ter*)	Translucide (CGI, art. 8)	Opaque
Régime d'imposition de la société	La société n'est pas personnellement imposable à l'impôt sur le revenu	Le résultat est déterminé au niveau de la société, distribué entre les associés, imposé entre les mains des associés	La société est imposable à l'impôt sur les sociétés
Détermination de la plus-value	La plus-value est déterminée au niveau des associés	Deux cas : – *la société exerce une activité professionnelle (industrielle, commerciale, artisanale, agricole ou non commerciale) :* la plus-value relève du régime des plus-values professionnelles ; – *la société n'exerce pas d'activité professionnelle :* la plus-value relève du régime des plus-values privées ou des plus-values professionnelles selon la qualité des associés (*cf.* tableau 2)	La plus-value relève du régime des plus-values professionnelles

TABLEAU 2

Les parts de la société translucide qui n'exerce pas d'activité professionnelle sont détenues par :	
Un associé soumis à l'impôt sur les sociétés ou une entreprise imposable dans la catégorie « bénéfices industriels ou commerciaux » ou dans la catégorie « bénéfices agricoles » relevant de plein droit d'un régime réel d'imposition	Un autre associé
La plus-value relève des plus-values professionnelles	La plus-value relève des plus-values privées

2. Immeubles ou droits concernés

Biens imposables

Les plus-values imposables sont celles qui proviennent de la cession à titre onéreux de biens immobiliers bâtis ou non bâtis ou de droits relatifs à ces biens (usufruit, nue-propriété, servitudes, droit de surélévation, droit de mitoyenneté, bail emphytéotique…).

REMARQUES

– L'origine de propriété du bien cédé (acquisition à titre onéreux ou à titre gratuit) est indifférente ;

– de même, il n'est pas tenu compte de l'intention spéculative ou non du cédant.

Biens exonérés

Les biens exonérés de l'impôt sur les plus-values immobilières sont les suivants :

- biens immeubles constituant l'habitation principale du cédant au jour de la cession (résidence habituelle – lieu où le contribuable réside pendant la majeure partie de l'année – et effective du propriétaire – une utilisation temporaire d'un logement ne peut être regardée comme suffisante). Cette exonération s'applique également aux dépendances immédiates et nécessaires cédées simultanément avec cet immeuble (CGI, art. 150 U, I-1°).

  Ce principe comporte des assouplissements. Par exemple, en cas de divorce ou de séparation, l'ex-conjoint, partenaire d'un Pacs ou concubin qui a quitté le logement peut bénéficier de l'exonération. Deux conditions doivent être simultanément réunies : le logement constituait la résidence principale des époux ou partenaires lors de la séparation ; la cession du logement est motivée par leur rupture et intervient dans un délai normal après leur séparation (BOI-RFPI-PVI-10-40-10, 210) ;
- ancienne habitation principale des personnes qui résident, au moment de la cession, dans un établissement social, médico-social, d'accueil de personnes âgées ou d'adultes handicapées. La cession doit intervenir dans un délai de deux ans suivant l'entrée de la personne concernée dans l'établissement (CGI, art. 150 U, II, 1° *ter*) ;
- cession d'un droit de surélévation, sous condition que le cessionnaire s'engage à achever les locaux destinés à l'habitation dans un délai de quatre ans à compter de la date d'acquisition (CGI, art. U, II, 9°) ;
- biens immeubles expropriés pour cause d'utilité publique. Cette exonération est subordonnée au remploi par le cédant de l'intégralité de l'indemnité pour l'acquisition, la construction, la reconstruction ou l'agrandissement d'un ou plusieurs immeubles. Le remploi doit intervenir dans un délai de douze mois à compter de la perception de l'indemnité (CGI, art. 150 U, II, 4°) ;
- biens immeubles échangés dans le cadre d'opérations de remembrements ou assimilées (CGI, art. 150 U, II, 5°) ;
- biens immeubles dont le prix de cession est inférieur ou égal à 15 000 € (CGI, art. 150 U, II, 6°) ;
- cession de l'habitation en France des contribuables non-résidents (CGI, art. 150 U, II, 2°) ;
- exonération liée à certains partages. Ce régime est subordonné à des conditions tenant notamment à la qualité des copartageants et à l'origine de l'indivision (CGI, art. 150 U, IV) ;
- biens immeubles détenus par des personnes retraités ou invalides de condition modeste (CGI, art. 150 U, III) ;

– biens immeubles détenus depuis plus de vingt-deux ans (impôt sur le revenu) ; trente ans (en ce qui concerne les prélèvements sociaux) (CGI, art. 150 VC ; rappr. calcul de la plus-value).

b. Détermination de la plus-value imposable : fil conducteur

Étape 1 : Plus-value brute = prix de cession – prix de revient

Calcul du prix de cession

	Prix de cession =
	Prix de cession stipulé dans l'acte
+	charges augmentatives du prix. Il s'agit de toutes les charges en capital, ainsi que de toutes les indemnités contractuellement stipulées au profit du cédant à quelque titre que ce soit, (par exemple, indemnité d'éviction versée au locataire par l'acquéreur pour le compte du vendeur ; construction aux frais de l'acquéreur d'un mur mitoyen érigé, sur sa parcelle, dans l'intérêt du vendeur)
–	frais de cession (ex. : commissions de vente, frais de certifications et diagnostics obligatoires)

Calcul du prix de revient

Le calcul du prix de revient doit tenir compte du mode d'acquisition du bien aujourd'hui revendu.

L'immeuble revendu a été acquis à titre onéreux

	Prix de revient =
	Prix d'acquisition stipulé dans l'acte
+	frais d'acquisition réels (droits d'enregistrement, honoraires du notaire, commissions versées aux intermédiaires) ou forfaitaires (7,5 %) du prix d'acquisition
+	Dépenses de construction, reconstruction, agrandissement et amélioration engagées au cours de la détention (*cf. infra*)

REMARQUE

Les contribuables qui ne pourraient pas justifier de la valeur d'entrée dans leur patrimoine d'un bien immobilier peuvent retenir pour le calcul du prix d'acquisition la valeur vénale réelle à la date d'entrée dans le patrimoine du cédant, d'après une déclaration détaillée et estimative des parties (CGI, art. 150 VB, I mod. par L. fin. rect. 2011, art. 1er).

Les dépenses, engagées au cours de la détention de l'immeuble, qui peuvent être retenues sont les suivantes :

• **S'il s'agit d'un immeuble bâti :**
Seules sont prises en compte :
– **les dépenses de construction ;**

– **les dépenses de reconstruction et d'agrandissement**. Ces travaux apportent une modification importante au gros œuvre de locaux existants ; ou ils correspondent à des travaux d'aménagement interne qui par leur importance équivalent à une reconstruction ; ou ils ont pour effet d'accroître le volume ou la surface habitable de locaux existants ;
– **les dépenses d'amélioration :** ces dépenses ont pour objet d'apporter à un immeuble un équipement nouveau ou mieux adapté aux conditions modernes de vie, sans modifier cependant la structure de cet immeuble.

REMARQUE

Les dépenses d'entretien et de réparation, qui ont pour objet de maintenir ou de remettre un immeuble en bon état et d'en permettre un usage normal sans en modifier la consistance, l'agencement ou l'équipement initial, ne sont pas prises en compte.

Ces dépenses de construction, reconstruction, agrandissement et amélioration peuvent être prises en compte :
– pour leur montant réel et justifié si l'immeuble a été acquis depuis cinq ans au plus ;
– pour leur montant réel et justifié ou, au choix du contribuable, pour un montant forfaitaire égal à 15 % du prix d'acquisition, si l'immeuble a été acquis depuis plus de cinq ans.

• **S'il s'agit d'un terrain à bâtir : frais réels de voirie, réseaux et distributions.**

L'immeuble revendu a été acquis à titre gratuit

CALCUL DU MONTANT

	Prix de revient =
	Valeur retenue pour la liquidation des droits de succession ou de donation
+	Coût réel des frais d'acte ou de déclaration (honoraires du notaire, frais de timbre et de publicité foncière, droits de succession ou de donation à proportion de la valeur représentative des droits cédés)
+	Dépenses de construction, reconstruction, agrandissement et amélioration engagées au cours de la détention (*cf. supra*)

Dans les deux cas (acquisition à titre onéreux ou acquisition à titre gratuit) : conditions

• **En principe :**
– les travaux doivent avoir été réalisés par une entreprise. Le coût des matériaux achetés par le cédant puis posés par une entreprise n'est pas pris en compte (CE 12 oct. 2018, n° 419294 et 421677) ;
– les dépenses qui ont été déduites à un titre quelconque de l'assiette de l'IR (revenu global, revenus catégoriels, réduction ou crédit d'impôt) ne peuvent être pris en compte pour le calcul de la plus-value ;

– seules sont retenues les dépenses effectivement supportées et justifiées ;
– les dépenses qui ont le caractère de réparations locatives au sens de la législation sur les rapports locatifs ne peuvent venir en majoration du prix d'acquisition.

• **En pratique :**
Les travaux effectués sur un immeuble bâti acquis à titre onéreux depuis plus de cinq ans peuvent être pris en compte, sans autre condition, pour un montant fixé forfaitairement à 15 % du prix d'acquisition. De ce fait, le forfait de 15 % s'applique même en l'absence de travaux. Le fait que certaines dépenses aient déjà été prises en compte pour l'assiette de l'impôt sur le revenu est également sans incidence.

EXEMPLE

Un particulier vend le 20 avril 2018 une résidence secondaire qu'il a acquise le 1er février 2010. Aucune exonération n'est applicable. Le prix de vente est de 200 000 € et le prix d'acquisition de 180 000 €. Les travaux suivants ont été réalisés en 2010 : mise aux normes de l'installation électrique 3 000 € ; changement de la chaudière 2 000 €.

Calcul de la plus-value :		
Prix de cession		200 000 €
Prix de revient :		
Prix d'acquisition :	180 000 €	
Frais d'acquisition (forfait) : 180 000 € × 7,5 % =	13 500 €	
Dépenses engagées en cours de détention :		
Réelles : 5 000 € inférieures aux dépenses forfaitaires		
Forfaitaires : 180 000 € × 15 % Retenues	27 000 €	
Prix de revient total	220 500 €	220 500 €
MOINS VALUE =		20 500 €

Étape 2 : Plus-value imposable = plus-value brute – abattement

Lorsque l'immeuble cédé est détenu depuis plus de cinq ans, la plus-value imposable est diminuée d'un abattement pour durée de détention Le taux et la cadence de l'abattement différent selon qu'il s'agit du calcul de l'impôt sur le revenu ou de celui des prélèvements sociaux.

	Plus-value imposable =
	Plus-value brute telle que déterminée au terme de la 1re étape
–	Abattement pour durée de détention si le bien a été vendu plus de cinq ans après l'acquisition (aucun abattement n'est pratiqué au titre des cinq premières années de détention) : En matière d'impôt sur le revenu : • 6 % par année de détention au-delà de la cinquième et jusqu'à la vingt-et-unième ; • 4 % par année de détention au terme de la vingt-deuxième année de détention. Pour la détermination du montant imposable aux prélèvements sociaux : – 1,65 % pour chaque année de détention de la cinquième et jusqu'à la vingt et unième ; – 1,60 % pour la vingt-deuxième année de détention ; – 9 % pour chaque année au-delà de la vingt-deuxième

La durée de détention est calculée de date à date. Les fractions d'année sont négligées.

EXEMPLE

Un immeuble acquis le 1er février 2000 est revendu le 4 janvier 2022. Les cinq premières années de détention ne bénéficient d'aucun abattement. Du 1er février 2005 (2000 + 5) au 1er février 2021, l'immeuble est détenu pendant 16 ans (l'immeuble est revendu le 4 janvier 2022 mais les fractions d'années sont négligées).

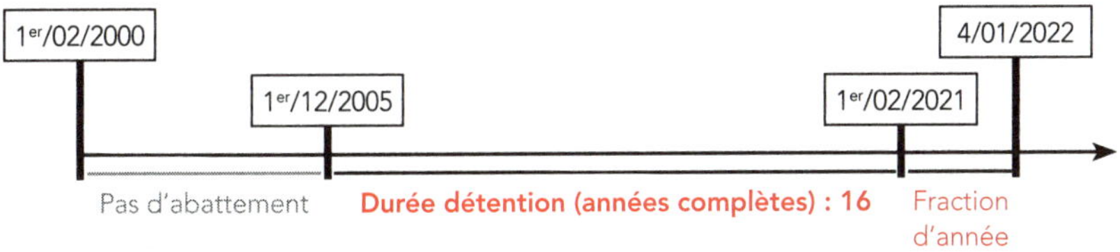

Pour la détermination du montant imposable à l'impôt sur le revenu, l'abattement pour durée de détention est de : 6 % × 16 ans = 96 %.
Pour la détermination du montant imposable aux prélèvements sociaux, il est de : 1,65 % × 16 ans = 26,4 %

Étape 3

Calcul de l'impôt (contribuables domiciliés en France) : cessions réalisées à compter du 1er janvier 2018

Impôt sur le revenu afférent à la plus-value :	Plus-value imposable × 19 %
CSG :	Plus-value imposable × 9,9 %
CRDS :	Plus-value imposable × 0,5 %
Prélèvement social :	Plus-value imposable × 4,5 %
Contribution additionnelle au prélèvement social :	Plus-value imposable × 0,3 %
Prélèvement solidarité :	Plus-value imposable × 2 %
	36,2 % (19 % + 17,2 %)

Cessions réalisées depuis le 1er janvier 2013 : taxe sur certaines plus-values immobilières

Une taxe s'applique sur les plus-values immobilières, autres que sur les terrains à bâtir, d'un montant supérieur à 50 000 € (CGI, art. 1609 *nonies* G). Cette taxe est assise sur le montant de la plus-value imposable déterminé dans les conditions de droit commun.
Elle s'élève à 2 % de la plus-value nette dépassant les 50 000 € puis augmente de 1 % à chaque tranche de 50 000 € jusqu'à 250 000 € avec un système de décote pour chaque entrée de seuil. À partir du seuil de 260 000 €, la taxe additionnelle est plafonnée à 6 % de la plus-value nette.

Soit, le barème suivant :

Montant de la plus-value imposable	Montant de la taxe
De 50 001 à 60 000	2 % PV – (60 000-PV) × 1/20
De 60 001 à 100 000	2 % PV
De 100 001 à 110 000	3 % PV – (110 000-PV) × 1/10
De 110 001 à 150 000	3 % PV
De 150 001 à 160 000	4 % PV – (160 000-PV) × 15/100
De 160 001 à 200 000	4 % PV
De 200 001 à 210 000	5 % PV – (210 000-PV) × 20/100
De 210 001 à 250 000	5 % PV
De 250 001 à 260 000	6 % PV – (260 000-PV) × 25/100
Supérieur à 260 000	6 % PV
(PV = montant de la plus-value imposable)	

EXEMPLE

Plus-value imposable : 108 000 €. Le montant de la plus-value est compris entre 100 001 € et 110 000 €. La taxe est égale à :
(3 % × 108 000 €) – (110 000 € – 108 000 € × 1/10) = 3 240 € – 200 € = 3 040 €

REMARQUE : MOINS-VALUES

La moins-value immobilière éventuellement constatée n'est imputable ni sur les plus-values de même nature ni sur le revenu global (CGI, art. 150 VD). La seule exception concerne le cas de la vente d'un immeuble acquis par fractions successives.

B. Contribuables domiciliés hors de France

Sous réserve des conventions internationales[1], les plus-values réalisées à titre occasionnel par des contribuables domiciliés hors de France, lors de la cession d'immeubles ou de titres de sociétés non cotées à prépondérance immobilière (la notion est précisée à l'art. 150 UB, I du CGI), supportent un prélèvement qui varie en fonction de l'État dans lequel le non-résident est domicilié (CGI, art. 244 *bis* A).

a. Champ d'application du prélèvement

1. Les personnes visées

Le prélèvement, libératoire de l'impôt sur le revenu, s'applique :

1. Lorsqu'il existe une convention internationale, il faut vérifier que celle-ci donne à la France le droit d'imposer les plus-values réalisées à titre occasionnel, particulièrement pour les plus-values de cession des parts ou actions de sociétés à prépondérance immobilière. En revanche, il est rare que les conventions ne donnent pas à la France le droit d'imposer les plus-values réalisées directement lors de l'aliénation d'immeubles situés sur son territoire.

– aux personnes physiques fiscalement domiciliées hors de France[1] ;
– aux personnes morales – quelle que soit leur forme – dont le siège social est situé à l'étranger (quel que soit le lieu de résidence des associés) ;
– aux sociétés de personnes françaises relevant des articles 8 à 8 *ter* du CGI, qui comptent parmi leurs associés des non-résidents, au prorata des droits sociaux détenus par ceux-ci ;
– aux fonds de placements immobiliers (FPI) au prorata des parts détenues par des porteurs non-résidents.

2. Les biens concernés (CGI, art. 164 B, I-e *bis* et e *ter* 1° à 5° ; CGI, art. 244 *bis* A, I)

Le prélèvement frappe les profits provenant de la cession à titre onéreux :
– d'immeubles bâtis ou non bâtis situés en France, à l'exclusion toutefois des immeubles affectés à une exploitation professionnelle en France, et des droits portant sur ces biens ;
– des parts de fonds de placement immobilier (FPI) ;
– d'actions de sociétés d'investissement immobiliers cotées (SIIC), d'actions de sociétés de placement à prépondérance immobilière à capital variable (Sppicav) ou de parts ou d'actions de sociétés à prépondérance immobilière cotées sur le marché français ou étrangers (autres que les SIIC), lorsque le cédant détient directement ou indirectement au moins 10 % du capital de la société dont les parts ou actions sont cédées ;
– et de parts, d'actions ou d'autres droits dans des organismes non cotées à prépondérance immobilière autres que ceux mentionnés ci-dessus.

b. Les exonérations

Les exonérations ne concernent que les non-résidents relevant de l'impôt sur le revenu qui bénéficient, en cas de cession d'immeubles, des mêmes exonérations que les résidents, hormis bien sûr l'exonération de la résidence principale.
L'exonération prévue en faveur des retraités ou invalides de condition modeste est, en principe, réservée aux ressortissants d'un État membre de l'union européenne, de l'Islande, de la Norvège ou de Liechtenstein (CGI, art. 244 *bis* A, I). L'administration admet toutefois de l'appliquer également aux ressortissants d'un État tiers qui peuvent invoquer une clause de non-discrimination (BOI-RFPI-PVINR-10-10, 90).

1. Sur cette notion, *cf.* p. 24.

En cas de cession de titres de sociétés à prépondérance immobilière, seule l'exonération pour durée de détention est applicable.

Une exonération particulière est par ailleurs prévue en faveur de l'habitation en France des personnes physiques non résidentes, ressortissantes d'un État membre de l'Union européenne, de l'Islande, de la Norvège ou du Liechtenstein (ou d'un autre État si elles peuvent invoquer le bénéfice d'une clause de non-discrimination).

Pour les cessions réalisées à compter du 1er janvier 2014, cette exonération s'applique, dans la limite d'une seule résidence par contribuable, à la condition que la cession :

- soit réalisée au plus tard le 31 décembre de la cinquième année suivant celle du transfert par le cédant de son domicile hors de France;
- ou qu'elle porte sur un bien dont le cédant a la libre disposition au moins depuis le 1er janvier de l'année précédant celle de la cession (L. 2013-1278 du 29 déc. 2013, art. 28).

L'exonération est limitée à la fraction de la plus-value nette imposable qui n'excède pas 150 000 €. Ce plafond s'apprécie, éventuellement, après la prise en compte des abattements pour durée de détention. La fraction de la plus-value qui excède 150 000 € est imposable.

Elle concerne également les dépendances immédiates et nécessaires de la résidence.

c. Calcul de la plus-value

- Lorsque le cédant (personne physique ou société de personnes) est assujetti à l'impôt sur le revenu, la plus-value est déterminée dans les mêmes conditions que pour les personnes domiciliées en France.
- Lorsque le cédant est une personne morale passible de l'IS, les règles de détermination de la plus-value diffèrent selon le lieu de sa résidence :
  - Le cédant est une personne morale résidente d'un État membre de l'Union européenne ou d'un autre État partie à l'accord sur l'Espace économique européen ayant conclu avec la France une convention d'assistance administrative en vue de lutter contre la fraude et l'évasion fiscales (États coopératifs) : la plus-value est déterminée selon les mêmes règles d'assiette que pour les personnes morales résidentes en France.
  - Le cédant est une personne morale résidente d'un État non membre de l'Union européenne ou de l'Espace économique européen ou résidente d'un État non coopératif : la plus-value est déterminée par différence entre le prix de cession du bien et son prix d'acquisition, diminué, pour les immeubles bâtis, d'une somme égale à 2 % de son montant par année entière de détention. L'administration a précisé que le prix d'acquisition s'entend ici du prix effectivement

payé majoré, le cas échéant, des seules dépenses de construction, reconstruction ou agrandissement qui présentent le caractère d'immobilisation par nature, à condition qu'elles aient été effectivement supportées par la société, que leur montant et paiement soient justifiés et qu'elles n'aient pas été déduites pour la détermination du revenu imposable.

d. Taux du prélèvement

La plus-value fait l'objet d'un prélèvement dont le taux est fixé à 19 % :
- Pour les personnes physiques, les associés personnes physiques de sociétés de personnes et les porteurs de parts d'un fonds de placements immobiliers (FPI), résidents dans l'Espace économique européen ou dans un État tiers (loi 2014-1655 du 29 déc. 2014, art. 60).
- Pour les personnes morales résidentes d'un État de l'Espace économique européen pour les opérations qui bénéficieraient de ce taux si elles étaient réalisées par une personne morale résidente de France (CGI, art. 244 *bis* A I et III).

Le taux est fixé à 33 ⅓ % dans les autres cas.
En outre, les plus-values immobilières réalisées par les non-résidents sont soumises aux prélèvements sociaux au taux de 17,2 % et, le cas échéant, pour les redevables de l'impôt sur le revenu, la taxe sur les plus-values excédant 50 000 €.

e. Paiement et obligations déclaratives

Le prélèvement est acquitté au moment de l'accomplissement de la formalité de l'enregistrement ou, à défaut, dans le mois de la cession, au vu de la déclaration n° 2048 IMM (immeubles) ou n° 2048 M (parts de sociétés à prépondérance immobilière). Les personnes physiques sont toutefois dispensées de déclaration lorsque la plus-value est exonérée en raison de la durée de détention du bien ou d'un prix de cession inférieur ou égal à 15 000 €.
Le cédant, personne physique ou associé d'une société de personnes domiciliés dans un État ne faisant pas partie de l'Union européenne, en Islande ou en Norvège, est en principe tenu de désigner sur la déclaration un représentant en France. Il peut s'agir d'une banque, de l'acheteur, ou encore d'un simple particulier agréé par l'administration, ou enfin d'un organisme ayant reçu une habilitation générale. Ce représentant s'engage à remplir les formalités et à acquitter le prélèvement pour le compte du non domicilié (CGI, ann. II, art. 171 *quater*).
L'administration dispense toutefois les personnes physiques de représentant si le prix de cession est inférieur ou égal à 150 000 € ou si la plus-va-

lue est exonérée pour durée de détention *(BOI-RFPI-PVINR-30-20-, 80 à 130).* Cette dispense vaut également pour les sociétés de personnes françaises dont les associés résidents sont des personnes physiques. Dans ce cas, le seuil de 150 000 € s'apprécie en faisant la somme des quotes-parts correspondant aux droits de l'ensemble des associés non résidents.

f. Sanctions

Les infractions commises en matière de prélèvement entraînent la perception d'une amende égale à 25 % du montant des droits éludés *(CGI, art. 1761).*

CAS PRATIQUE N° 1

1er cas :
Un particulier vend, le 20 avril 2018, une résidence secondaire qu'il a acquise à titre onéreux le 10 octobre 2008.
Le prix de vente porté dans l'acte est de 200 000 € et le prix d'achat de l'immeuble aujourd'hui vendu de 130 000 €.
Calculer l'impôt dû sur la plus-value.

2e cas :
Le 1er octobre 2018 M. Vendeur vend, pour le prix de 200 000 €, un appartement acheté 180 000 € le 20 février 2009.
Il a réalisé dans cet appartement les travaux suivants :
– pose papiers peints : 3 000 € (facture de l'entreprise jointe) ;
– réparation de la chaudière : 1 000 € (facture de l'entreprise jointe) ;
– pose de volets électriques : 4 000 € (facture de l'entreprise jointe) ;
– installation par lui-même d'une cuisine : 8 000 € (facture des éléments jointe) ;
– pose d'une climatisation : 3 000 € (facture de l'entreprise jointe) ;
– réfection de la toiture : 1 500 € (facture de l'entreprise jointe) ;
– changement des fenêtres (double vitrage) : 5 000 € (facture de l'entreprise jointe).
M. Vendeur vous interroge sur les conséquences financières de cette vente.
NB : Par hypothèse, aucun cas d'exonération de la plus-value n'est susceptible de s'appliquer.

› Voir les réponses p. 305

QUIZ N° 1

1. M. Dupont a hérité en 2010 d'un appartement. Il souhaite en faire donation à son fils unique. Cette mutation est-elle imposable ?
Oui □ Non □
2. M. Dupont a vendu sa résidence principale peu de temps après l'avoir achetée. Peut-il bénéficier de l'exonération de la plus-value réalisée ?
Oui □ Non □
3. Les époux Dupont ont divorcés en 2017. Mme Dupont a continué à habiter l'appartement que les époux occupés à titre de résidence principale. Cet appartement est vendu en 2018. L'exonération de plus-value s'applique-t-elle ?
Oui □ Non □
4. Les dépendances de l'habitation principale bénéficient-elles également de l'exonération de plus-value ?
Oui □ Non □

5. M. Dupont vend un appartement donné en location. Les dépenses de gros travaux engagées sur cet appartement ont été déduites des revenus fonciers. M. Dupont peut-il les prendre en compte pour le calcul de la plus-value ?

Oui □ Non □

6. M. Dupont a acheté un appartement le 3 octobre 2004 et l'a vendu le 3 septembre 2016. Quel pourcentage d'abattement doit-il appliquer à la plus-value brute ?

› Voir les réponses p. 306

POUR EN SAVOIR PLUS

Jurisprudence

Résidence principale : CE, 6 déc. 1996, 8 / 9 SSR

– Cession des dépendances immédiates et nécessaires.

– Cessions concomitantes à des acquéreurs différents : exonération ? Oui.

Résidence principale : CE, 29 déc. 1999, *Jubert*, n° 135065

Un immeuble à usage d'habitation ne perd pas sa qualité de résidence principale du seul fait que son propriétaire a libéré les lieux peu de temps avant la date de la vente qui est à l'origine de la plus-value.

Le fait pour le contribuable d'occuper brièvement un local d'habitation pendant la réalisation de travaux dans le logement destiné à devenir sa résidence principale ne confère pas à ce local un caractère de résidence principale.

Dépendances immédiates et nécessaires : CAA Lyon, 2e ch. 16 juin 2005, *Lapeyre*, n° 99LY00937

La circonstance que la vente est réalisée auprès d'acquéreurs distincts ne fait pas obstacle au bénéfice de l'exonération si toutes les autres conditions sont par ailleurs remplies. La cession des dépendances doit notamment intervenir simultanément avec l'habitation ou dans un délai rapproché.

Frais supportés par le vendeur : CE, 7 août 2007, *Robinet*, n° 270073

Pour être déductibles du prix de cession, les frais de cession supportés par le vendeur doivent exclusivement concerner le bien cédé, ce qui n'est pas le cas de dépenses engagées pour l'aménagement et le désenclavement d'une parcelle de terrain conservée par le vendeur.

Bibliographie

Éditions législatives, *Dictionnaire permanent de gestion fiscale*, Étude « Plus-values immobilières ».

Bulletin officiel des finances publiques – Impôts (http://bofip.impots.gouv.fr), BOI-RFPI-PVI-20120912

II. Plus-values réalisées sur les cessions de biens meubles (CGI, art. 150 UA)

A. Champ d'application

a. Personnes imposables

Les personnes imposables sont les personnes physiques agissant dans le cadre de la gestion de leur patrimoine privé, les sociétés de personnes relevant de l'impôt sur le revenu (CGI, art. 8 à 8 *ter*) et dont l'activité relève des BIC, des BA ou des BNC et les copropriétés de cheval de course (CGI, art. 8 *quinquies*).

REMARQUE
Les contribuables non domiciliés en France échappent à l'imposition.

b. Biens imposables

Les biens imposables sont les biens meubles et les droits portant sur des biens meubles (chevaux de course ou de sport, bateaux de plaisance, vins ou eaux-de-vie reçus en paiement de fermage…).

c. Biens exonérés

Sont exonérées les cessions de :
- meubles meublants,
- appareils ménagers,
- les voitures automobiles qui ne constituent pas des objets d'art, de collection ou d'antiquité,
- les meubles dont le prix de cession est inférieur ou égal à 5 000 €.

B. Détermination de la plus-value imposable

La plus-value taxable est déterminée selon les mêmes principes que pour les *plus-values immobilières*, mais avec *deux différences* :

- Les **frais acquittés** pour la restauration et la remise en état des biens meubles sont à ajouter au prix de cession pour leur montant réel.
- Prise en compte de la **durée de détention** des biens :
  Le montant de la plus-value est réduit d'un abattement de 5 % par année de possession au-delà de la deuxième. L'exonération est donc acquise au bout de vingt-deux ans.

C. Modalités d'imposition

La plus-value réalisée est taxée au taux de 19 % auquel s'ajoutent les prélèvements sociaux. Les moins-values ne sont pas prises en compte.

D. Déclaration et paiement

Les contribuables dont la plus-value est imposable doivent déposer, au service des impôts de leur domicile, une déclaration n° 2048 M, dans le délai d'un mois à compter de la cession.

III. Plus-values de cessions de métaux précieux, bijoux, objets d'art, de collection et d'antiquités (CGI, art. 150 VI à 150 VM)

La transmission de certains biens est expressément exonérée (CGI, art. 150 VJ : par exemple, cession au profit d'un musée).
Dans un but de simplification, la taxe est calculée sur le prix de vente et non sur la plus-value réalisée.
Les cessions de biens dont le prix n'excède pas 5 000 € pour une personne seule et 10 000 € pour un couple sont exonérées de plus-value.

Biens cédés	Base d'imposition	Taux
Or, argent, platine	Prix de vente	11 % (taxation forfaitaire) + CRDS (0,5 %)
Bijoux, objets d'arts, de collection et d'antiquité	Prix de vente ; mais le cédant peut opter pour le régime général des plus-values sur les biens meubles corporels (à condition de justifier de la date et du prix d'acquisition du bien ou de justifier que le bien est détenu depuis plus de vingt-deux ans)	6 % (taxation forfaitaire) + CRDS (0,5 %)

IV. Plus-values de cessions de droits sociaux – régime général

(CGI, art. 150-0 A, 150-0 B, 150-0 D et 150-0 E)

REMARQUE

Les plus-values de cession de titres des sociétés immobilières transparentes (CGI, art. 1655 *ter*), des sociétés à prépondérance immobilière non soumises à l'IS et des parts de fonds de placements immobiliers, relèvent du régime des plus-values immobilières des particuliers.

A. Plus-values imposables

a. Personnes imposables

Le régime des plus-values mobilières s'applique aux plus-values réalisées par des personnes physiques dans le cadre de la gestion de leur patrimoine privé, soit directement, soit par l'intermédiaire d'une personne interposée (essentiellement les sociétés relevant de l'impôt sur le revenu qui exercent une activité civile d'acquisition et de gestion de portefeuille titres) ou d'une fiducie[1].

b. Titres concernés

L'article 150-0 A du CGI énumère les titres et droits dont la plus-value de cession est susceptible d'être imposée. Il s'agit :
- de la plupart des valeurs mobilières admises aux négociations sur un marché réglementé (actions, obligations et autres titres d'emprunt négociables, certificats d'investissement...) ;
- des titres non cotés (parts sociales, obligations, parts de fonds communs de créances dont la durée de vie à l'émission est supérieure à cinq ans...) ;
- de droits démembrés (usufruit ou nue-propriété) de titres imposables ;
- de titres de sociétés dont l'actif est principalement constitué de droits ou valeurs imposables (parts de fonds communs de placement, parts de SICAV...).

c. Exonérations

Les cas d'exonérations sont nombreux et soumis à des conditions.

Principales exonérations	Conditions
Partages successoraux ou de communautés conjugales	CGI, art. 150-0-A, IV
Cessions et rachats de parts de fonds communs de placement à risque	CGI, art. 150-0 A, III, 1 CGI, art. 163 *quinquies* B, I
Cessions d'actions de sociétés de capital-risque	CGI, art. 150-0 A, III, 1 *bis* CGI, art. 163 *quinquies* C, II
Opérations des fonds communs de placement non salariés	CGI, art. 150-0 A, III, 2
Plus-values de cessions liées à la participation ou à des placements salariaux	CGI, art. 150-0 A, III, 4
Cessions de titres dans le cadre d'un engagement d'épargne à long terme	CGI, art. 150-0 A, III, 5 CGI, art. 163 *bis* A
Exonération partielle en faveur des « impatriés »	CGI, art. 155 B, II
Plus-values sur titres réalisées dans le cadre d'un PEA	CGI, art. 157, 5° *bis*

1. La fiducie est l'opération par laquelle un ou plusieurs fiduciants transfèrent la propriété de biens, de droits ou de sûretés leur appartenant à un ou plusieurs fiduciaires qui sont chargés de les gérer dans un but déterminé en les tenant séparés de leur patrimoine personnel ou de les restituer à une date donnée (C. civ., art. 2010 à 2030).

REMARQUE
Les conditions sont énumérées par le législateur dans le ou les articles concernés. Elles sont la plupart du temps cumulatives. L'exonération profite aux opérations qui remplissent strictement toutes les conditions.

d. Opérations imposables

Seules les opérations emportant transfert à titre onéreux (par opposition aux transmissions à titre gratuit : successions ou donations) de la propriété des titres sont susceptibles de donner lieu à imposition sur la plus-value réalisée.

B. Calcul de la plus-value imposable (CGI, art. 150-0 D)

La plus-value (ou moins-value) est égale à la différence entre le prix de vente des titres et leur prix d'achat ou la valeur retenue dans la déclaration de succession ou de donation augmentés des frais déboursés.

Titres cotés			
	Prix de vente =		**Prix d'achat ou valeur d'acquisition =**
	Cours de bourse lors de la vente		Prix convenu entre les parties ou valeur déclarée par les héritiers ou donataires
+	éventuellement, les charges et indemnités stipulées au profit du cédant (par exemple, la prise en charge par l'acheteur d'une dette incombant normalement au cédant)	+	les frais liés à l'achat des titres (commissions versées aux intermédiaires, frais d'expertise…)
–	les frais et taxes acquittés par le cédant (par exemple, les frais de courtage)	+	dans l'hypothèse où les titres ont été transmis à titre gratuit, les droits de succession ou de donation, les honoraires du notaire, les frais d'acte et de déclaration

Titres non cotés			
	Prix de vente =		**Prix d'achat ou valeur d'acquisition =**
	Prix effectif convenu entre les parties		Prix convenu entre les parties ou valeur déclarée par les héritiers ou donataires
+	éventuellement, les charges et indemnités stipulées au profit du cédant (par exemple, la prise en charge par l'acheteur d'une dette incombant normalement au cédant)	+	les frais liés à l'achat des titres (commissions versées aux intermédiaires, frais d'expertise…)
–	les frais et taxes acquittés par le cédant (par exemple, les frais de courtage)	+	dans l'hypothèse où les titres ont été transmis à titre gratuit, les droits de succession ou de donation, les honoraires du notaire, les frais d'acte et de déclaration

Obligations	
Prix de vente = Prix effectivement reçu (y compris s'il comporte une fraction du coupon reçu)	Prix d'achat effectivement reçu (y compris s'il comporte une fraction du coupon couru) ou valeur d'acquisition

REMARQUE

En cas de vente de titres composant une même ligne acquis à des prix différents, le prix d'achat à retenir est la moyenne pondérée d'acquisition de ces titres (*cf.* cas pratique n° 2).

C. Abattement (cas général)

a. Cessions réalisées jusqu'au 31 décembre 2017

Après deux ans de détention, les plus-values de cession sont réduites d'un abattement égal à :

– 50 % du montant des gains nets ou de distributions lorsque les titres ou droits sont détenus depuis au moins deux ans et moins de huit ans à la date de la cession ou de la distribution (CGI, art. 150-0 D, 1 *ter* a) ;

– 65 % de leur montant lorsque les titres sont détenus depuis au moins huit ans (CGI, art. 150-0 *ter* D, 1 *ter* b).

La durée de détention est décomptée à partir de la date de la souscription ou de l'acquisition des titres et prend fin à la date de transfert de propriété.

b. Cessions réalisées à compter du 1er janvier 2018

Les abattements pour durée de détention de droit commun et renforcé sont supprimés pour les cessions réalisées à compter du 1er janvier 2018.

La loi prévoit cependant une clause de sauvegarde. L'abattement pour durée de détention de droit commun (CGI, art. 150-0 D, 1) et l'abattement renforcé pour les cessions de titres de PME (CGI, art. 150-0 D, 1 *quater* B, 1°) sont maintenus pour les personnes ayant acquis ou souscrit leurs titres jusqu'au 31 décembre 2017 et qui optent pour une imposition au barème progressif.

Par ailleurs, un abattement spécifique de 500 000 € est accordé, du 1er janvier 2018 jusqu'au 31 décembre 2022, au dirigeant qui réalise des plus-values dans le cadre de son départ à la retraite. Ce nouvel abattement ne peut se cumuler avec les abattements maintenus dans le cadre de la clause de sauvegarde.

D. Modalités d'imposition

a. Cessions réalisées jusqu'au 31 décembre 2017

Les plus-values sur titres sont imposées au taux global de 34,5 % (19 % d'impôt sur le revenu et 15,5 % de prélèvements sociaux).

b. Cessions réalisées à compter du 1er janvier 2018

– Imposition forfaitaire à l'impôt sur le revenu au taux de 30 % : les plus-values de cession de valeurs mobilières et gains assimilés réalisés à compter du 1er janvier 2018 sont soumis à un prélèvement forfaitaire unique (PFU) de 12,8 % au titre de l'impôt sur le revenu et de 17,2 % au titre des prélèvements sociaux, soit un taux global de 30 % ;
– Option possible pour le barème progressif : les contribuables pourront renoncer au PFU et opter, lors du dépôt de leur déclaration d'ensemble, pour la soumission des revenus concernés au barème progressif de l'impôt sur le revenu. Cette option devrait intéresser les personnes dont le taux marginal d'imposition est plus favorable que le taux du PFU. L'option pour le barème progressif est globale. En cas d'option, l'ensemble des revenus et plus-values dans le champ d'application du PFU (v. p. 76) serait donc soumis au barème progressif de l'impôt sur le revenu.

E. Imputation des moins-values (CGI, art. 150-0 D, 11)

Les moins-values subies par des particuliers lors de la cession des titres sont seulement imputables sur les plus-values de même nature réalisées au cours de la même année ou des dix années suivantes. Le montant de la moins-value imputable ou le cas échéant reportable est réduit de l'abattement fixe de 500 000 € (BOI-RPPM-PVBMI-20-10-40, 80). Aucune imputation sur le revenu global n'est possible.
Les plus-values et moins-values de même nature sont celles réalisées à l'occasion de la cession de droits sociaux et des valeurs mobilières soumises au régime de l'article 150-0 A du CGI, quel que soit leur taux d'imposition (BOI-RPPM-PVBMI-20-10-40, 10).

CAS PRATIQUE N° 2

Soit un contribuable ayant réalisé les opérations suivantes :
– acquisition en 2001 de 100 actions X au prix unitaire de 100 € ;
– acquisition en 2002 de 200 actions X au prix unitaire de 110 € ;
– vente en 2016 de 250 actions au prix unitaire de 120 €.
Quel est le régime d'imposition de cette vente ?

› Voir les réponses p. 307

QUIZ N° 2

1. M. Dupont est porteur de parts d'une société civile immobilière non soumise à l'impôt sur les sociétés. Il cède ses parts en réalisant une importante plus-value. Quel est le régime d'imposition de cette plus-value ?
2. M. Dupont, retraité, est porteur de parts d'une société en nom collectif non soumise à l'impôt sur les sociétés. Il donne les parts à ses enfants. L'importante valorisation des parts constatée au moment de la donation est-elle imposable ?

Oui □ Non □

3. Comment détermine-t-on la valeur d'acquisition de titres non cotés ?
4. Indiquez les modalités d'imposition des plus-values sur titres ?

› Voir les réponses p. 307

POUR EN SAVOIR PLUS

Jurisprudence

Produits des opérations de bourse relevant des BNC

Sont imposables dans la catégorie des BNC, et non dans la catégorie des plus-values sur valeurs mobilières et droits sociaux, les produits des opérations de bourse effectuées dans des conditions analogues à celles qui caractérisent une activité exercée par une personne se livrant à titre professionnel à ce type d'opérations (CGI, art. 92, 2, 1°).

Les critères d'une requalification ont été précisés dans trois arrêts rendus par le Conseil d'État en 2003 : CE, 3 févr. 2003, n° 232040 ; CE, 5 nov. 2003, n° 241201 ; CE, 25 avr. 2003, n° 231084

Principes de détermination du prix d'acquisition : absence de justification du prix d'acquisition : CAA Nantes, 1re ch., 27 juin 2003, n° 99NT02584

Le contribuable doit être en mesure de justifier du prix d'acquisition des titres cédés. En l'absence d'une telle justification, il convient de déterminer le montant de la plus-value en retenant un prix d'acquisition nul.

Principes de détermination du prix d'acquisition : modification ultérieure du prix d'acquisition : CAA Nantes, 2 mai 2006, n° 04NT00953

Un événement affectant le prix d'acquisition des titres n'est pas opposable à l'administration lorsqu'il intervient après le 31 décembre de l'année de leur cession.

Acquisition à titre onéreux : frais pouvant être pris en compte/ frais financiers : CAA Marseille, 3e ch., 23 mai 2000, n° 97MA01041

Les frais financiers ne peuvent être pris en compte pour la détermination de la plus-value que dans la mesure où ils ont un lien direct et exclusif avec l'acquisition des titres dont la cession est à l'origine de la plus-value.

Bibliographie

Les grands arrêts de la jurisprudence fiscale, Dalloz, 2005, 5e édition, thème n° 12, § 4 et n° 13, § 4.

Dix-septième rapport du Conseil des Impôts, année 1999, La fiscalité des revenus de l'épargne : La Documentation française, 1999.

Conseil des prélèvements obligatoires, Le patrimoine des ménages, mars 2009, La Documentation française, 2009.

LexisNexis, *JurisClasseur*, Fasc. 805, « Imposition des plus-values de cessions mobilières ».

§ 3. Revenus fonciers

(CGI, articles 14 à 33 *quater*)

I. Champ d'application de la catégorie

A. Les revenus imposables

Sont en principe imposables dans la catégorie des revenus fonciers (sous réserve de ne pas en être exonérés) :

- les revenus « réels » qui proviennent d'immeubles donnés en location nue, qu'il s'agisse de propriétés bâties (constructions fixées au sol à perpétuelle demeure et ayant l'aspect de véritables bâtiments) (CGI, art. 14.1°) ou non bâties (les étangs, les salines et marais salants, etc.) ;
- ou des revenus « fictifs » (on parle aussi de revenus « imputés ») des immeubles dont le propriétaire se réserve la jouissance (le montant du loyer que pourrait produire l'immeuble s'il était donné en location) : immeubles ou parties d'immeubles occupés par le propriétaire ou dont il a concédé gratuitement la jouissance à un tiers sans y être obligé par un contrat, ou encore ceux qu'il a laissés vacants[1].

Relèvent également de cette catégorie les revenus accessoires à la location (CGI, art. 29) : il s'agit des revenus trouvant leur origine dans le droit de propriété ou d'usufruit[2] (location du droit d'affichage ou du droit de chasse, redevances tréfoncières, etc.).

Ces revenus sont imposables dans la catégorie des « revenus fonciers » lorsqu'ils ne sont pas inclus dans les bénéfices d'une entreprise industrielle, commerciale, artisanale, d'une exploitation agricole ou d'une profession non commerciale (CGI, art. 14). Ainsi, les revenus d'un immeuble figurant à l'actif d'une entreprise commerciale sont impo-

1. Le revenu national mesure l'ensemble des revenus avant impôts dont disposent les résidents d'un pays donné, quelle que soit la forme juridique que prennent ces revenus, et en particulier, qu'ils soient soumis ou non aux différents impôts et taxes existants. De ce point de vue, la valeur des services de logement produite par les biens immobiliers est identique qu'il s'agisse de loyers réels ou de loyers fictifs (*cf.* C. Landais, Th. Piketty, E. Saez, *Pour une révolution fiscale*, coll. La république des idées, Seuil, 2011).

2. Le droit de propriété confère à son titulaire le droit d'utiliser la chose dont il est propriétaire (l'*usus*), le droit de disposer de cette chose (l'*abusus* : par exemple, la vendre) et le droit d'en percevoir les fruits (le *fructus* : par exemple, percevoir les loyers). Le droit d'usufruit permet à l'usufruitier d'utiliser la chose (l'*usus*) et d'en percevoir les fruits (le *fructus*). Le droit de disposer de la chose (l'*abusus*) appartient au nu-propriétaire.

sables en BIC, selon les règles applicables à cette catégorie. Il en est de même des immeubles donnés en location meublée.
Les revenus peuvent être perçus directement par le contribuable personne physique, ou par l'intermédiaire de certaines sociétés immobilières : sociétés immobilières de copropriétés « transparentes » (CGI, art. 1655 *ter*); sociétés « translucides » (CGI, art. 8). Sur ces notions, *cf. infra*, « Les personnes imposables ».

B. Les revenus exonérés

Les « revenus » des logements dont le propriétaire se réserve la jouissance ne sont pas soumis à l'impôt sur le revenu au titre des revenus fonciers. Sont ainsi exonérés les résidences principale et secondaire du contribuable et les logements qu'il met à la disposition de tiers, gratuitement et sans y être tenus par un contrat de location. Cette exonération s'applique également aux locaux compris dans des exploitations agricoles et affectés à l'habitation des propriétaires exploitants (CGI, art. 15-II). L'exonération porte, non seulement sur le logement proprement dit, mais également sur les dépendances de l'habitation (garages, jardins, etc.). En revanche, les revenus accessoires (comme la location du droit d'affichage), ne bénéficient pas de l'exonération.
En contrepartie de cette exonération, dans la catégorie « revenus fonciers », la déduction des charges engagées pour les logements exonérés n'est pas autorisée.

C. Les personnes imposables

Si l'immeuble appartient à une ***personne physique***, les revenus fonciers sont imposables au nom du propriétaire.
Si l'immeuble appartient à une ***société***, deux hypothèses doivent être envisagées.

a. La société est ignorée du droit fiscal (la société est dite « transparente »)

Tel est le cas des sociétés immobilières qui ont pour unique objet :
- soit la construction ou l'acquisition d'immeubles ou de groupes d'immeubles en vue de leur division par fractions destinées à être attribuées aux associés en propriété ou en jouissance;
- soit la gestion de ces mêmes biens;

– soit la location, pour le compte d'un ou plusieurs associés, de tout ou partie des immeubles ou fractions d'immeubles leur appartenant.

Dans cette situation, codifiée à l'article 1655 *ter* du CGI, les associés sont considérés, sur le plan fiscal, comme directement propriétaires des locaux correspondant à leurs droits sociaux et imposés personnellement sur les revenus des immeubles dans la catégorie « revenus fonciers ». Il en est ainsi même si ces sociétés sont constituées sous la forme de sociétés de capitaux; seul importe leur objet.

b. La société n'est pas transparente

Tel est le cas de toutes les sociétés ne répondant pas aux conditions posées par l'article 1655 *ter* du CGI.
Deux cas doivent alors être distingués :

• **La société n'est pas passible de l'impôt sur les sociétés de plein droit (sociétés par actions, SARL...) ou sur option (les sociétés de personnes qui relèvent normalement de l'impôt sur le revenu sont admises à opter pour l'impôt sur les sociétés si elles y trouvent intérêt).** Les associés sont alors personnellement soumis à l'impôt sur le revenu dans la catégorie « revenus fonciers » pour la part leur revenant dans les bénéfices sociaux déterminés au niveau de la société (CGI, art. 8)[1].

• **La société est soumise à l'impôt sur les sociétés :**
– les bénéfices réalisés, déterminés selon les règles applicables à l'impôt sur les sociétés, sont imposés au nom de la société;
– les bénéfices distribués sont imposés au nom des associés (catégorie RCM).

COMMENT DISTINGUER UNE SOCIÉTÉ IMMOBILIÈRE DE COPROPRIÉTÉ TRANSPARENTE D'UNE SOCIÉTÉ IMMOBILIÈRE NON TRANSPARENTE ?

À la différence des sociétés immobilières ordinaires, qui ont pour objet d'exploiter leurs propres immeubles et de répartir entre leurs membres le produit de cette exploitation, les sociétés de copropriété transparentes ont, dans tous les cas, pour caractéristique essentielle de renoncer formellement à utiliser ou à exploiter les immeubles pour leur propre compte. Elles s'obligent, au contraire, à en réserver la jouissance exclusive à leurs membres et en attribuer la propriété soit à l'expiration du pacte social, soit par voie de partage partiel en cours de société.

Cette vocation reconnue aux associés implique la nécessité d'insérer dans les statuts, ou dans un règlement intérieur, des dispositions tendant à répartir les actions ou parts sociales en groupes indivisibles, et à fractionner les immeubles sociaux en lots également indivisibles. La possession d'un groupe d'actions ou de parts ouvre droit à la jouissance et ultérieurement à la propriété du lot immobilier correspondant. À cet égard, en début de société, la référence expresse à la constitution de lots dans les documents sociaux relève suffisamment la vocation qui est reconnue aux associés, sans qu'il soit besoin qu'un état de division ait déjà été dressé.

1. Selon les règles applicables aux revenus fonciers, sous réserve de l'application de l'article 238 *bis* K du CGI (*cf.* p. 163).

II. Détermination du revenu imposable

Le revenu imposable est un revenu net « égal à la différence entre le montant du revenu brut et le total des charges de la propriété » (CGI, art. 28). Ces charges sont énumérées (non limitativement) à l'article 31 du CGI.

Revenu foncier net = Revenu brut – Charges

Le revenu foncier imposable peut être déterminé de deux façons différentes :
- soit de manière réelle (régime réel d'imposition) : le revenu net foncier est alors égal à la différence entre le revenu perçu au cours de l'année d'imposition et le total des charges de la propriété réellement supportées au cours de la même année;
- soit de manière forfaitaire (régime « micro-foncier ») : le revenu net foncier est ici égal à la différence entre le revenu perçu au cours de l'année d'imposition (revenu brut) et le total des charges de la propriété forfaitairement évaluées à 30 % du revenu net déclaré. Aucune autre déduction ne peut être opérée sur le revenu brut.

A. Régime « micro-foncier »

a. Champ d'application du régime

- Le régime « micro-foncier » s'applique aux contribuables qui perçoivent des revenus imposables dans la catégorie des revenus fonciers dont le montant n'excède pas 15 000 € par an.
  Le revenu brut à prendre en compte pour déterminer cette limite comprend l'ensemble des revenus bruts fonciers perçus par les membres du foyer fiscal.
- Toutefois, ce régime ne s'applique pas lorsque le contribuable, ou l'un des membres du foyer fiscal, est propriétaire d'un ou de plusieurs biens appartenant à l'une des catégories visées à l'article 32 du CGI (par exemple : monuments historiques donnés en location, immeubles détenus en nue-propriété, logements au titre desquels le propriétaire bénéficie des déductions spécifiques prévues dans le cadre de certains dispositifs de défiscalisation – « Borloo neuf », « Borloo ancien », « Scellier intermédiaire », etc.). Cette liste est limitative. Le régime micro-foncier est, par exemple, applicable aux contribuables bénéficiant de la réduction d'impôt Duflot-Pinel.

b. Modalités d'application du régime « micro-foncier »

Le revenu net foncier est déterminé par l'administration en appliquant un abattement forfaitaire de 30 % sur le revenu brut foncier déclaré. L'abattement est réputé couvrir l'ensemble des charges de la propriété exposées pour l'acquisition ou la conservation du revenu foncier.
Les contribuables portent directement le montant de leur revenu brut sur la déclaration d'ensemble des revenus.

c. Option pour le régime réel

Les contribuables qui sont placés de plein droit sous le régime « micro-foncier » peuvent y renoncer en optant pour le régime réel d'imposition.
L'option, globale, s'applique irrévocablement pendant trois ans. À l'issue de cette période, le contribuable qui remplit les conditions d'application du régime « micro » peut, à tout moment, y renoncer.

B. Régime réel d'imposition

Le régime réel d'imposition s'applique :
- de plein droit lorsque le contribuable se trouve placé hors du champ d'application du régime « micro-foncier » ;
- sur option, lorsque le contribuable, placé de plein droit sous le « micro-foncier » opte pour le régime réel d'imposition.

Le revenu imposable est déterminé en retranchant des recettes brutes les charges de la propriété.

a. Recettes brutes

	Loyers en principal
+	Recettes accessoires (*cf.* : A a ' ; ex. : la location du droit d'affichage)
+	Montant des dépenses incombant légalement au bailleur et mises par convention à la charge des locataires (ex. : le montant des réparations autres que locatives payées par le locataire ; la taxe foncière acquittée par le locataire)
+	les subventions et indemnités destinées à financer des charges déductibles (ex. : les indemnités réglées par l'assureur à la suite d'un sinistre)

Le ***revenu brut*** des immeubles urbains ou ruraux, ou parties d'immeubles donnés en location, est constitué par (CGI, art. 29) :
- Le montant des recettes brutes encaissées par le propriétaire : le loyer en principal, les arriérés de loyers et les loyers payés d'avance (*cf.* la notion de revenu disponible en p. 30) ; les recettes exceptionnelles comme l'indemnité versée par le locataire pour la remise en l'état de l'immeuble loué (*cf.* la notion fiscale de revenu en p. 29).

- Augmenté du montant des dépenses incombant légalement au bailleur et mises contractuellement à la charge du locataire, ce qui constitue un supplément de loyer. Lorsque ces dépenses répondent aux conditions permettant au propriétaire de les déduire de ses charges (*cf. infra* 2 : Conditions générales de déductibilité des charges), elles sont ensuite retranchées du revenu brut pour la détermination du revenu net. Par mesure de simplification, la doctrine administrative[1] admet que le propriétaire puisse faire purement et simplement abstraction du montant de ces sommes tant en recettes qu'en dépenses.
- Augmenté des recettes brutes diverses (droits d'entrée et « pas de porte », indemnités d'assurance, subventions de l'Anah, etc.). Le dépôt de garantie versé par le locataire n'est pas imposable au moment de son encaissement. Par suite, le remboursement de ce dépôt en fin de bail est, fiscalement, sans incidence. En revanche, le dépôt de garantie utilisé par le propriétaire pour se couvrir des loyers impayés à leur terme, ou pour engager des frais de remise en état des locaux après le départ du locataire, est imposable. Dans le premier cas, le dépôt se substitue aux loyers impayés ; dans le second cas, le dépôt sert à payer des frais qui seront ensuite déductibles du loyer… ne pas les imposer offrirait au propriétaire un double avantage…

b. Charges de la propriété (CGI, art. 31.I)

1. Conditions générales de déductibilité des charges

Pour être déductibles, les charges de la propriété doivent, cumulativement :
- se rapporter à des immeubles ou à des parties d'immeubles dont les revenus sont imposables dans la catégorie des revenus fonciers ;
- avoir été engagées en vue de l'acquisition ou de la conservation du revenu (CGI, art. 13) ;
- avoir été effectivement supportées par le propriétaire ;
- avoir été payées au cours de l'année d'imposition ;
- être justifiées.

2. Liste des charges déductibles (CGI, art. 31, I)

La liste légale n'est pas limitative. Par application de l'article 13 du CGI, une charge non listée est néanmoins déductible si elle est engagée en vue de l'acquisition ou de la conservation du revenu (CE 23 nov. 1963, n° 60577).

Les frais comprennent :
- les frais d'administration et de gestion (par exemple, les frais de procédure, les frais de gérance versés à un tiers pour la gestion de l'im-

1. BOI-RFPI-BASE –10-20, n° 60.

meuble, les frais de rémunération des concierges). Les frais de gestion « courants » (par exemple, les frais de correspondance et de téléphone) sont couverts par une déduction forfaitaire de 20 € ;

– les primes d'assurance, quels que soient les risques couverts ;
– les charges locatives non récupérées l'année du départ du locataire (exemple : les taxes d'enlèvement des ordures ménagères et de balayage) ;
– les provisions pour charges de copropriété ;

REMARQUE

La loi SRU (loi n° 2000-1208 du 13 décembre 2000) a instauré le système comptable de la « gestion des charges à échoir ». Le budget prévisionnel de l'exercice « n » doit être voté au cours du premier semestre de l'exercice « n ». Les copropriétaires versent au syndicat des provisions égales, normalement, au quart du budget voté (l'assemblée générale des copropriétaires peut voter un autre quota). Les provisions versées par le bailleur sont obligatoirement déduites, pour leur montant total, sur la déclaration « revenus fonciers » déposée par les copropriétaires en « n + 1 » au titre de l'année « n ». Il n'y a pas lieu d'examiner l'utilisation effective de ces sommes par le syndic ou leur utilisation à des dépenses déductibles ou non. La ventilation définitive des charges de l'année « n » est connue après l'arrêté des comptes, présenté au cours de l'assemblée générale tenue dans les six premiers mois de l'année « n + 1 ». Les co-propriétaires doivent alors réintégrer dans leur revenu imposable de l'année « n + 1 » (déclaration déposée en « n + 2 ») les charges de copropriété déduites des revenus de l'année « n » lorsqu'elles correspondent à des charges non déductibles ou récupérables sur les locataires. Le solde résultant de l'approbation des comptes de l'exercice comptable précédent fait également l'objet d'une régularisation sous forme de réintégration (solde positif) ou de déduction (solde négatif)[1].

– les dépenses de réparation et d'entretien. Ces travaux ont pour objet de maintenir ou de remettre un immeuble en bon état et d'en permettre un usage normal, sans en modifier la consistance, l'agencement ou l'équipement initial (par exemple, remise en état de la toiture, réfection de l'installation électrique) ;
– les dépenses d'amélioration des locaux d'habitation. Ces dépenses ont pour objet d'apporter à un immeuble un équipement ou un élément de confort nouveau ou mieux adapté aux conditions modernes de vie, sans modifier cependant la structure de cet immeuble (par exemple, installation d'un ascenseur, du tout à l'égout) ;

REMARQUES

– Les dépenses de construction, reconstruction et agrandissement sont des dépenses d'investissement non déductibles. Elles ont pour objet d'apporter une modification importante au gros œuvre de locaux existants ; ou elles correspondent à des travaux d'aménagement interne qui par leur importance équivalent à une reconstruction ; ou, enfin, elles ont pour effet d'accroître le volume ou la surface habitable de locaux existants.

1. BOI-RFPI-BASE-20-70.

– En principe, les dépenses d'amélioration exposées pour des locaux autres que des logements n'ouvrent pas droit à déduction. Toutefois, les dépenses engagées pour protéger ces locaux des effets de l'amiante ou celles favorisant l'accueil des handicapés dans les locaux professionnels ou commerciaux restent déductibles.

– les intérêts des emprunts contractés pour l'acquisition, la construction (les dépenses de construction ne sont pas déductibles ; les intérêts d'emprunts contractés pour financer des dépenses de construction sont déductibles), l'amélioration ou la conservation des propriétés loués (par exemple, l'emprunt contracté par un héritier pour payer les droits de succession lui ayant permis d'acquérir, à titre gratuit, l'immeuble donné en location). Il en est de même des frais d'emprunt (par exemple, les primes du contrat d'assurance-vie souscrit pour garantir le remboursement de l'emprunt) ;
– les impôts et taxes autres que celles incombant légalement à l'occupant. Sont ainsi déductibles la taxe foncière et les taxes spéciales d'équipement.

c. Revenu imposable de la catégorie « revenus fonciers »

	Somme algébrique de l'ensemble des revenus immobiliers
Résultat > 0	revenu net total imposable dans la catégorie « revenus fonciers »
Résultat < 0	le déficit foncier est traité selon des règles particulières à cette catégorie

d. Imputation des déficits fonciers : régime général[1]

Les déficits fonciers résultant de dépenses autres que les intérêts d'emprunt sont imputables sur le revenu global, dans la limite de 10 700 €, à la condition que l'immeuble soit donné en location jusqu'au 31 décembre qui suit l'imputation du déficit sur le revenu (CGI, art. 156, I, 3°). En cas d'arrêt de la location, cet avantage est remis en cause. Toutefois, les déficits fonciers indûment imputés sur le revenu global peuvent s'imputer pendant dix ans sur les revenus fonciers provenant d'autres biens locatifs (CE 26 avr. 2017). La fraction du déficit supérieure à cette limite, ainsi que celle correspondant aux intérêts d'emprunt, ne sont imputables que sur les revenus fonciers des dix années suivantes. La limite de 10 700 € est portée à 15 300 € lorsque le déficit porte sur des immeubles bénéficiant de l'amortissement « Périssol ».

1. Dans certains cas particuliers (immeubles historiques, immeuble bâti situé en secteur sauvegardé une laquelle une demande de permis de construire a été déposée avant le 1er janvier 2009), les déficits fonciers sont imputables sur le revenu global sans limitation de montant.

ILLUSTRATION

Un propriétaire loue en 2018 un immeuble urbain. Le revenu foncier se décompose de la façon suivante :

– revenu brut :	10 000 €
– charges autres que les intérêts d'emprunt :	2 000 €
– intérêts d'emprunt et frais d'emprunt :	21 000 €
Soit un déficit de :	*13 000 €*

Le revenu brut est réputé compenser d'abord des intérêts d'emprunt :

– revenu brut :	10 000 €
– intérêts d'emprunt :	21 000 €
Déficit provenant des intérêts d'emprunt :	*11 000 €*

Déficit provenant d'autres charges que les intérêts d'emprunt : 2 000 €
Le déficit provenant des intérêts d'emprunt, soit 11 000 €, est imputable sur les revenus fonciers des 10 années suivantes.
Le déficit provenant des charges autres que les intérêts d'emprunt, soit 2 000 €, parce qu'il est inférieur à la limite légale de 10 700 €, est imputable sur le revenu global.

REMARQUES

– Si le revenu global est supérieur ou égal à 10 700 €, le déficit provenant de dépenses autres que les intérêts d'emprunt est imputable sur le revenu global à hauteur de 10 700 €. Le solde est imputable sur les revenus fonciers des dix années suivantes.
– Si le revenu global « x » est inférieur à 10 700 €, le montant du déficit qui n'a pu être imputé (10 700 € – « x ») est reportable sur le revenu global des six années suivantes. Le déficit provenant des intérêts d'emprunt reste imputable sur les revenus fonciers des dix années suivantes.

e. Régimes spéciaux : investissements immobiliers locatifs

Pour soutenir le marché locatif, le législateur accorde des avantages fiscaux aux bailleurs qui réalisent certains investissements immobiliers dans le neuf ou dans l'ancien. En matière de revenus fonciers, sont concernés les dispositifs « Borloo ancien » et « Cosse ancien ».

1. Dispositif « Borloo ancien »

Le dispositif « Borloo ancien » permet aux propriétaires de logements donnés en location dans le cadre d'une convention conclue avec l'Agence nationale de l'habitat, de bénéficier d'une déduction spécifique calculée sur le revenu brut généré par ces logements.

REMARQUE

Les dispositifs Robien, Borloo Neuf et Besson ne concernent plus les investissements réalisés actuellement, mais les propriétaires ayant opté pour leur application continuent à en bénéficier.

Borloo ancien (CGI, art. 31, I, 1°, m)	
Date d'application du dispositif	Mise en location à compter du 1er octobre 2006
Nature des logements éligibles	Logements neufs ou anciens, loués nus hors du cadre familial et affectés à l'habitation principale du locataire. En pratique, les investissements réalisés dans les logements neufs dans le secteur intermédiaire (dispositifs Duflot et Scellier) offrent des avantages fiscaux plus importants
Nature de l'avantage fiscal	Déduction spécifique
Taux de la déduction spécifique calculé sur le revenu brut tiré des logements ayant fait l'objet du conventionnement	– 30 % en cas de location dans le cadre d'une convention conclue dans le secteur intermédiaire (CCH, art. 321-4) ; – 60 % en cas de location dans le cadre d'une convention conclue dans le secteur social (CCH, art. 321-8) ; – 70 % pour les logements loués, dans le secteur intermédiaire ou social, à un organisme public ou privé en vue de leur sous-location ou de leur mise à disposition à des personnes défavorisées
Durée de l'engagement de location	La durée de la convention est de six ans. Elle est portée à neuf ans en cas de travaux subventionnés par l'Anah
Prorogation de l'engagement de location	Non
Plafonds de loyers	Ces plafonds sont publiés sur le site : www.anil.org
Plafonds de ressources du locataire	Ces plafonds sont publiés sur le site : www.anil.org

2. Dispositif « Cosse ancien » (CGI, art. 31, I-1°-o)

Ce dispositif, destiné à prendre le relais des régimes « Borloo ancien » et « Besson ancien », s'applique à compter de l'imposition des revenus de 2017. L'avantage fiscal concerne les logements neufs ou anciens, loués nus et affectés à l'habitation principale du locataire. La location ne peut pas être conclue avec un membre du foyer fiscal, un ascendant ou un descendant du contribuable ou une personne occupant déjà le logement, sauf à l'occasion du renouvellement du bail. Si le logement est la propriété d'une société, il ne peut être donné en location à l'un de ses associés ou un membre du foyer fiscal, un ascendant ou un descendant d'un associé.
Le dispositif « Cosse ancien » permet aux propriétaires de logements donnés en location dans le cadre d'une convention conclue avec l'Agence nationale de l'habitat (Anah) de bénéficier d'une déduction spécifique dont le taux (de 15 % à 85 %) varie en fonction de la localisation géographique du bien et selon que la convention est conclu dans le secteur intermédiaire ou dans le secteur social. Les déductions spécifiques s'ajoutent aux frais et charges déductibles dans les conditions de droit commun. Elles sont calculées sur le revenu brut des logements.

CAS PRATIQUE N° 3

1er cas :

M. et Mme Propriétaire donnent en location non meublée un pavillon situé dans le centre-ville de Marseille.

Les renseignements relatifs à l'année 2018 sont les suivants :

– Loyers de l'année 2018 encaissés	16 000 €
– Loyer de décembre 2017 (encaissé en 2018)	1 300 €
Recettes tirées de la location d'un panneau publicitaire	1 000 €
– Subvention Agence nationale pour l'amélioration de l'habitat	1 100 €
– Dépenses mises par convention à la charge du locataire	1 800 €
– Dépenses de réfection des peintures des volets	2 300 €
– Primes d'assurance incendie, inondation, risques divers	600 €
– Primes d'assurance insolvabilité du locataire	400 €
– Frais de correspondance	50 €
– Honoraires du cabinet immobilier gérant l'immeuble	950 €
– Dépenses de réparation de la toiture	4 300 €
– Intérêts de l'emprunt contracté en 2010 pour des travaux d'agrandissement du pavillon	1 500 €
Taxe foncière (hors taxe sur les ordures ménagères)	2 000 €

Calculez les revenus fonciers de M. et Mme Propriétaire.

2e cas :

Un propriétaire a loué en 2018 deux immeubles urbains anciens.

Son revenu foncier est déterminé de la façon suivante :

	Immeuble 1	**Immeuble 2**
Revenu brut :	1 500 €	5 000 €
Charges déductibles :	– 10 210 €	– 1 500 €
Intérêts d'emprunt :	– 2 000 €	
Déficit ou bénéfice	– 10 710 €	+ 3 500 €

Calculez le résultat imposable dans la catégorie « revenus fonciers ».

Remarques sur le 2e cas :

Lorsque, au titre d'une même année, les résultats de certains immeubles sont, les uns bénéficiaires et les autres déficitaires, les déficits sont en premier lieu imputés sur les revenus positifs. Si, après cette compensation, un déficit subsiste, la fraction imputable sur le revenu global est déterminée de la manière suivante :

1° Détermination du total :

– des revenus bruts,

– des intérêts d'emprunt,

– et des autres charges,

pour l'ensemble des propriétés ou titres de sociétés.

2° Déduction du total des intérêts d'emprunt du total des revenus bruts :

– Si le résultat est négatif, il constitue un déficit reportable sur les revenus fonciers des années suivantes.

– Si le résultat est positif, il est imposable avec les autres revenus catégoriels.

3° Déduction des autres charges :

– Si elles sont déduites d'un revenu nul, elles constituent un déficit imputable sur le revenu global à hauteur de 10 700 € (ou de 15 300 € le cas échéant). Le surplus éventuel s'ajoute au déficit provenant des intérêts d'emprunt pour le report sur les revenus fonciers ultérieurs.

– Si elles sont déduites du résultat positif du 2° ci-dessus :

1. Soit le résultat est négatif : il s'impute sur le revenu global dans la limite de 10 700 € (ou de 15 300 € le cas échéant).

2. Soit le résultat est positif : il constitue le revenu net foncier de l'année.

› Voir les réponses p. 307

QUIZ N° 3

1. Les revenus des immeubles dont le propriétaire se réserve la jouissance sont imposables dans la catégorie des revenus fonciers ?

Vrai □ Faux □

2. Une personne physique détient des parts d'une société civile immobilière. Cette société donne les immeubles qu'elle détient en location. Le porteur de parts est imposable les revenus locatifs distribués dans la catégorie des revenus fonciers :

Vrai □ Faux □

3. Une personne physique détient des parts d'une société civile immobilière. Cette société donne en location les immeubles qui lui appartiennent. Le porteur de parts est-il imposable sur les revenus distribués par la SCI ?

Oui □ Non □

4. Dans la catégorie des revenus fonciers, quel est le revenu imposable ?
5. Quelles sont les conditions de déductibilité des charges de la propriété ?
6. L'imputation des déficits fonciers.

› Voir les réponses p. 309

POUR EN SAVOIR PLUS

Jurisprudence

Revenus imposables : propriétés non bâties dont le contribuable se réserve la jouissance : CE, 6 juill. 1966, n° 57644

Les revenus des propriétés non bâties de toute nature dont le propriétaire se réserve la jouissance sont imposés dans la catégorie des revenus fonciers lorsque ces propriétés ne font l'objet d'aucune exploitation professionnelle.

Revenus imposables : propriétés inscrites à l'actif d'une entreprise ou affectés à l'activité professionnelle : CE, 8 juill. 1998, n° 164657

L'exploitant d'une entreprise qui conserve un immeuble dans son patrimoine privé (il ne l'inscrit pas à l'actif de son entreprise) tout en l'affectant à son activité professionnelle peut déduire dans les charges de son entreprise les sommes correspondant au loyer normal de cet immeuble. En contrepartie, le revenu fictif correspondant doit être déclaré dans la catégorie des revenus fonciers.

Revenus exonérés : « revenus » des logements dont le propriétaire se réserve la jouissance : CE, 24 nov. 1976, n° 96385

Les revenus des logements dont le propriétaire se réserve la jouissance ne sont pas soumis à l'impôt sur le revenu au titre des revenus fonciers (en contrepartie, les charges ne sont pas déductibles). Par exemple, entre dans le champ de l'exonération, le logement qu'un contribuable a mis à la disposition de son fils, dès lors que son propriétaire n'apporte pas la preuve du versement effectif d'un loyer et a déclaré n'avoir perçu pour cet immeuble aucun revenu foncier.

Charges de la propriété : dépenses afférentes à des immeubles procurant des revenus fonciers : CE, 6 janv. 1986, n° 44472

Pour être déduites, les charges doivent se rapporter à des immeubles ou parties d'immeubles dont les revenus sont imposables dans la catégorie des revenus fonciers. Une ventilation des dépenses doit être effectuée lorsque l'immeuble procure pour partie seulement des revenus imposables dans la catégorie des revenus fonciers. Ces dépenses doivent être réparties entre les locaux exonérés et ceux dont les revenus sont imposables.

Charges de la propriété : dépenses payées au cours de l'année d'imposition : CE, 8 nov. 1972, n° 85336

Les dépenses doivent avoir été effectivement acquittées au cours de l'année d'imposition. Ainsi, les dépenses financées grâce à un emprunt doivent être déduites, au fur et à mesure de leur règlement, des revenus de l'année de leur paiement effectif.

Bibliographie

« Fiscalité du patrimoine » : chronique de l'année 2013 (étude par Renaud Mortier, Jean-François Desbuquois et Laurent Guilmois), *RDF* 2014, 195.

« Revenus fonciers » : synthèse de la jurisprudence rendue en 2011-2012 (étude par Pierre-Yves Di Malta), *RDF* 2013, 244.

§ 4. Revenus de capitaux mobiliers

Les revenus tirés des investissements en capitaux mobiliers peuvent être répartis en deux catégories principales :
– les produits de placements à revenus fixes : revenus des créances, dépôts, cautionnements, comptes-courants, revenus des obligations ;
– les produits des placements à revenus variables : revenus des actions et parts sociales et revenus assimilés *distribués* par des personnes morales passibles de l'impôt sur les sociétés.

Fiscalement, sont considérés comme des revenus distribués tous les bénéfices ou produits qui ne sont pas mis en réserve ou incorporés au capital (CGI, art. 109, 1, 1°) et toutes les sommes ou valeurs mises à la disposition des associés actionnaires ou porteurs de parts et non prélevées sur les bénéfices (CGI, art. 109, 1, 2°).

EXEMPLE

Les sommes allouées à des associés au cours d'un exercice doivent être regardées comme « non prélevées sur les bénéfices », alors même que leur allocation n'a pas affecté l'actif net de la personne morale. Ainsi, l'inscription de la TVA collectée au crédit du compte-courant d'un associé constitue un revenu distribué non prélevé sur les bénéfices, alors que la somme litigieuse, compensée par le débit du compte « TVA à décaisser » n'aurait pas affecté l'actif net de la société (CE 29 nov. 2001, *Mikutajcis*, n° 228367).

Jusqu'ici, les produits de placements à revenus variables et ceux à revenus fixes étaient soumis à deux régimes d'imposition distincts.

Pour la première catégorie (revenus variables), l'imposition passait par les étapes suivantes :
– prélèvement de 21 % (acompte) sur le montant brut des dividendes et revenus distribués ;
– abattement de 40 % sur le montant brut des dividendes et revenus distribués ;
– déduction des frais et charges ;
– le montant net des dividendes (montant brut – abattement – charges) était ajouté au montant des autres revenus du foyer fiscal pour être soumis au barème progressif de l'impôt sur le revenu ;

– l'acompte de 21 % était imputé sur l'impôt sur le revenu de l'année suivante.

Pour la deuxième catégorie (revenus fixes) :

– le prélèvement perçu à titre d'acompte était de 24 % ;

– les frais et charges étaient déduits du revenu brut sans abattement ;

– le montant net des dividendes (montant brut – charges) était ajouté au montant des autres revenus du foyer fiscal pour être soumis au barème progressif de l'impôt sur le revenu ;

– l'acompte de 24 % était imputé sur l'impôt sur le revenu de l'année suivante.

La complexité des régimes d'imposition était aggravée du fait de la présence de nombreux régimes dérogatoires.

La loi de finances pour 2018 procède à une refonte globale du régime d'imposition des revenus de l'épargne en harmonisant les modalités d'imposition de la majeure partie des produits de l'épargne mobilière et le taux d'imposition (30 %).

I. Revenus mobiliers imposables

Le taux forfaitaire unique de droit commun s'applique aux revenus suivants :

- l'ensemble des revenus de capitaux mobiliers (intérêts, revenus distribués et revenus assimilés). Les intérêts des plans d'épargne logement (PEL) et des comptes d'épargne logement (CEL) ouverts à compter du 1er janvier 2018 seront désormais imposés dans les conditions de droit commun ;
- les produits des contrats d'assurance-vie afférents aux primes versées sur ces contrats à compter du 27 septembre 2017. Le taux forfaitaire de 7,5 % continuera de s'appliquer aux produits générés par un rachat opéré par un même assuré sur un contrat d'une durée supérieure à 6 ans (contrats souscrits entre le 1er janvier 1983 et le 31 décembre 1989) ou 8 ans (contrats souscrits depuis 1990) lorsque le montant total des encours, nets des produits, détenu par l'assuré sur l'ensemble de ces contrats n'excède pas un seuil de 150 000 €. Le dispositif d'abattement spécifique applicable aux produits imposables des contrats d'assurance-vie d'une durée supérieure à 6 ans (ou 8 ans) est maintenu ;
- les gains de cession de valeurs mobilières et droits sociaux et autres revenus et gains assimilés (distributions de plus-values perçues de certaines structures d'investissement à risque ; profits sur les instruments financiers à terme ; gains de cession de titres souscrits en exercice de bons de souscription de parts de créateurs d'entreprise) ;
- certaines plus-values et créances.

Par dérogation au principe d'unicité du régime d'imposition :
- les produits des contrats d'assurance-vie afférents à des versements antérieurs au 27 septembre 2017 continuent d'être imposés suivant le régime actuellement en vigueur (taxation de 7,5 % pour les contrats au-delà de 8 ans, de 15 % entre 4 et 8 ans et 35 % de moins de 4 ans, auxquels il faut ajouter 17,2 % de prélèvements sociaux à compter du 1er janvier 2018. L'abattement annuel pour les contrats de 8 ans reste fixé à 4 600 € de plus-values pour une personne seule et 9 200 € pour un couple). Le régime fiscal reste également inchangé pour les contribuables disposant de moins de 150 000 € en assurance vie (300 000 € pour un couple) y compris pour les primes versées après le 27 septembre 2017 ;
- l'exonération des intérêts des livrets A, des livrets de développement durable (LDD) et des livrets d'épargne populaire (LEP) est maintenue ;
- le régime actuellement en vigueur du plan d'épargne en actions (PEA) et du PEA dédié au financement des petites et moyennes entreprises et des entreprises de taille intermédiaire est maintenu.

II. Frais et charges déductibles

Le contribuable peut déduire du montant des revenus mobiliers les dépenses engagées pour l'acquisition et la conservation de ces revenus (CGI, art. 13). La déduction est opérée sur le montant brut des revenus. Les dépenses qui présentent le caractère de charges déductibles en capital, ou d'emploi de revenus, ne sont pas déductibles.

EXEMPLES

– Dépenses déductibles : frais de garde des titres ; frais d'encaissement des coupons.

– Dépenses non déductibles : frais d'abonnement à des revues ou à des journaux financiers ; intérêts d'emprunt pour l'acquisition de valeurs mobilières.

Les frais sont déductibles pour leur montant réel et justifié.

III. Modalités d'imposition

A. Règles générales

a. Le prélèvement forfaitaire non libératoire est maintenu

Les dividendes et distributions assimilées ainsi que les produits de placement à revenu fixe perçus par des personnes physiques continuent à

faire l'objet, lors de leur versement, d'un prélèvement forfaitaire non libératoire. Le taux de ce versement est de 12,8 %.
La taxation des revenus mobiliers s'effectue en deux temps :
- un prélèvement à la source pratiqué par le tiers payeur (prélèvement forfaitaire non libératoire) ;
- une imposition liquidée dans le cadre de la déclaration de revenus qui tient compte du prélèvement précité.

Les contribuables dont le revenu fiscal de référence de l'avant-dernière année n'excède pas un certain montant peuvent toujours demander à en être dispensés.

b. Taxation

Les revenus de l'épargne sont taxés à un taux forfaitaire unique d'imposition de 30 % se décomposant en un taux forfaitaire d'impôt sur le revenu de 12,8 % auquel s'ajoutent les prélèvements sociaux au taux de 17,2 % à compter du 1er janvier 2018.
Les contribuables les plus modestes, dont le niveau d'imposition résultant du barème progressif de l'impôt sur le revenu serait plus favorable, auront la possibilité d'opter pour l'imposition de leurs revenus mobiliers au barème. Dans cette hypothèse, l'abattement de 40 % applicable à l'assiette des dividendes est maintenu.

B. Sort des abattements

Les abattements pour durée de détention de droit commun (CGI, art. 150-0 D, 1) et l'abattement renforcé pour les cessions de titres de PME (CGI, art. 150-0 D, 1 *quater*, B, 1°) sont supprimés pour les cessions réalisées à compter du 1er janvier 2018.
La loi prévoit cependant une clause de sauvegarde. Les abattements sont maintenus pour les personnes ayant acquis ou souscrit leurs titres jusqu'au 31 décembre 2017 et qui optent pour une imposition au barème progressif.
De plus, un abattement spécifique de 500 000 € est accordé, de 1er janvier 2018 au 31 décembre 2022, au dirigeant qui réalise des plus-values dans le cadre de son départ à la retraite. Ce nouvel abattement se substitue au dispositif qui est arrivé à échéance au 31 décembre 2017. Il ne se cumule pas avec les abattements maintenus dans le cadre de la clause de sauvegarde.

CAS PRATIQUE N° 4

Soit un couple marié qui perçoit en 2018 des dividendes (hors PEA) pour un montant de 8 000 €. M. et Mme ont acquitté 500 € de frais de garde à raison des titres ayant donné lieu au versement des dividendes.
Déterminez le régime d'imposition de ces produits.

› Voir les réponses p. 309

QUIZ N° 4

1. Quelle est la définition des produits de placement à revenu fixe ?
2. Quelle est la définition des produits de placement à revenu variable ?
3. Quelle est la définition des revenus distribués ?
4. Quelle est l'assiette du prélèvement de 12,8 % ?
5. À quel moment et par qui ce prélèvement est-il effectué ?
6. Le prélèvement de 12,8 % est-il libératoire de l'impôt sur le revenu ?
7. Quelle est l'année d'imputation de ce prélèvement ?
8. Quels sont les prélèvements sociaux effectués sur les produits de placement ?

› Voir les réponses p. 310

POUR EN SAVOIR PLUS

Jurisprudence

Notion de revenus distribués : distributions non prélevées sur les bénéfices : CE, 8 juill. 1992, n° 88734 et CE, 5 juill. 2010, n° 307166

– Sont considérés comme distribuées les sommes ou valeurs mises à disposition des associés, actionnaires ou porteurs de parts et non prélevées sur les bénéfices.

– Les sommes ou valeurs prélevées sur les bénéfices sont celles réparties entre les associés, actionnaires ou porteurs de parts en vertu d'une décision régulière des organes compétents de la société. Tel n'est pas le cas des prélèvements effectués par un associé en cours d'exercice sur des recettes dissimulées de la société.

Notion de revenus distribués : distributions non prélevées sur les bénéfices/différence avec la notion de plus-value : CE, 8 juill. 1992, n° 88734 et CE, 29 déc. 1995, n° 140219

Les distributions de bénéfices représentent la rémunération normale du placement ; ces dividendes doivent être distingués de plus-values provenant d'une cession de valeurs mobilières.

Produits de placement à revenu fixe : modalités d'imposition/ date d'imposition à l'impôt sur le revenu : CE, 6 juill. 1983, n° 37122 et CAA Nantes, 2 mars 2009, n° 08NT00689 (*a contrario*)

Les produits de placement à revenu fixe sont imposables à la date de leur inscription sur le compte personnel du bénéficiaire.

Bibliographie

Bissy (Arnaud de), « La notion de dividende existe-t-elle en droit fiscal ? », note sous CE, 29 déc., n° 140219, *Sté Hygiène et dératisation d'Auvergne*, *JCP* E 1996, juris., n° 806.

Donnefort (Christian), *Fiscalité des produits financiers*, éd. Liaisons / *Les Nouvelles fiscales*, 1995.

Les grands arrêts de la jurisprudence fiscale, 5e édition, Dalloz, n° 37.

§ 5. Bénéfices industriels et commerciaux (BIC)

I. Introduction

A. Définition

Les revenus tirés de l'exploitation d'une entreprise commerciale, industrielle, artisanale, sont taxés dans la catégorie des bénéfices industriels et commerciaux.
Le Code général des impôts répute commerciales certaines activités qui ne présentent pas un caractère commercial sur le plan juridique (*ex.* : les profits provenant d'opérations de construction).
Ainsi relèvent de cette catégorie :

- **les personnes physiques,**
- **les associés des sociétés de personnes** (*ex.* : société en nom collectif) **exerçant une activité professionnelle. Le résultat est soumis à l'impôt en France si l'intéressé à sa résidence principale en France ou si bien que domicilié hors de France, l'exploitation a lieu en France.**

Le bénéfice taxable est un bénéfice net de toutes les charges engagées dans l'intérêt de l'entreprise. Sous réserve de remplir les conditions légales, le bénéfice peut échapper totalement ou partiellement à l'impôt sur le revenu.

B. Régimes d'incitations fiscales

On trouve principalement un dispositif légal permettant aux entreprises nouvelles d'être exonérées totalement ou partiellement d'Impôt sur le Revenu et un autre concernant le régime des entreprises adhérentes de centre de gestion agréée. Certains de ces dispositifs sont exposés ci-après :

a. L'article 44 *sexies* du CGI

Afin de favoriser la création d'entreprises nouvelles, le législateur a prévu que, sous le respect de certaines conditions, les bénéfices réalisés ne soient pas imposés. Ces mesures sont également applicables aux sociétés relevant de l'impôt sur les sociétés et exerçant une activité éligible.

1. Conditions

– l'activité doit être commerciale, industrielle ou artisanale (les activités financières, location d'immeubles non équipés sont exclues) ;
– l'activité non commerciale relevant du régime fiscal BNC est retenue si elle est exercée en zone de revitalisation rurale ou si elle relève de l'impôt sur les sociétés ;
– l'entreprise doit être réellement nouvelle (et ne pas être créée à la suite d'une restructuration, extension d'activités préexistantes ou d'une reprise d'une activité exercée), le caractère nouveau n'est pas reconnu pour les entreprises ayant conclu un contrat de franchise ou de distribution ;
– l'entreprise doit être soumise à un régime réel d'imposition ;
– si l'entreprise est une société, le capital ne doit pas être détenu directement ou indirectement pour plus de 50 % par d'autres sociétés. La détention indirecte est retenue si un associé exerce les fonctions de direction dans une autre entreprise dont l'activité est similaire ou complémentaire à celle de l'entreprise nouvelle ;
– l'entreprise doit employer 3 salariés au moins à la clôture de chaque exercice relevant de ce régime fiscal.

2. Avantages : exonération

– De 100 % pour les bénéfices et les plus-values réalisés les 24 premiers mois ; (ou jusqu'au terme du 47e mois suivant celui de leur création pour les entreprises créées dans les zones de revitalisation rurale) :
  • de 75 % pour les bénéfices réalisés les 12 mois suivants ;
  • de 50 % pour les bénéfices réalisés du 37e au 48e mois ;
  • de 25 % pour les bénéfices réalisés entre le 49e et le 60e mois.

REMARQUE

Cette exonération bénéficie également aux sociétés soumises à l'impôt sur les sociétés. Les activités de location d'établissements industriels et commerciaux munis de mobilier et de matériel sont éligibles au dispositif si l'immeuble est situé dans une zone de revitalisation rurale.

À compter du 1er janvier 2007 et jusqu'au 31 décembre 2020, les entreprises créées pendant cette période doivent répondre à d'autres conditions pour satisfaire au régime de faveur.
En effet, le siège social et les moyens d'exploitation doivent être situés dans des zones géographiques précises telles que :
– les zones « d'aides à finalité régionale » ;
– les zones de revitalisation rurale et urbaine.
Il convient de préciser que ce régime est applicable aux activités non commerciales développées par des sociétés soumises à l'impôt sur les

sociétés à la condition supplémentaire qu'elles emploient un effectif de 3 salariés au moins à la clôture de chacun des cinq exercices.

L'exonération concerne le bénéfice et les plus-values. Pour les entreprises créées entre le 1er janvier 2011 et le 31 décembre 2015 au sein de zones de revitalisation rurale, l'exonération est totale jusqu'au 59e mois suivant leur création et partielle pendant les 3 années suivantes. Pour les entreprises créées à compter du 1er janvier 2000, le bénéfice exonéré ne peut dépasser 200 000 € (avantage en impôt) par période de 36 mois.

Pour les entreprises relevant du régime BIC, le cumul d'abattement est possible avec d'autres abattements.

b. L'article 44 *undecies* du CGI (Pôles de compétitivité)

Les entreprises individuelles ou les sociétés soumises à l'impôt sur les sociétés qui participent au 16 novembre 2009 à un projet agrée peuvent prétendre à des avantages fiscaux dès lors que certaines conditions soient respectées.

1. Conditions

- Participation à un projet de recherche et de développement agréé par les services de l'État ;
- implantation dans une zone de recherche et de développement (Pôles de compétitivité délimités par décret ministériel).

2. Avantages : exonération

- de 100 % des bénéfices réalisés au cours des trois premiers exercices bénéficiaires pendant 36 mois suivis ;
- de 50 % pendant 24 mois.

Ce régime permet de bénéficier d'une exonération totale ou partielle de 5 années de résultats bénéficiaires au titre d'une période maximale de 120 mois.

Les produits non concernés par la réalisation de projets de recherche et de développement sont exclus du régime de faveur.

L'avantage procuré par les exonérations (BIC et impôts locaux) est plafonné à 200 000 € par période de trois exercices fiscaux (règle européenne des « minimis »). Il ne peut se cumuler avec d'autres régimes d'exonération d'impôt sur le revenu sauf le crédit d'impôt recherche.

Les entreprises qui s'implantent à compter du 17 novembre 2009 dans les zones de recherche et de développement d'un pôle de compétitivité et participent à un projet agrée ne peuvent plus bénéficier de ce régime de faveur. Il en est de même pour les entreprises qui au 16 novembre 2009 n'ont pu participer à un projet agréé.

c. L'article 44 *octies* du CGI

Les entreprises répondant à la définition de PME, installées dans des zones franches urbaines (3 générations de zones) peuvent être exonérées d'impôt sur le revenu ou d'impôt sur les sociétés pendant cinq ans puis faire l'objet d'un abattement dégressif pendant 9 ou 3 ans selon que le nombre de salariés est inférieur ou non à 5.

1. Conditions

Les conditions à réunir sont les suivantes :

- être implanté sur la zone franche entre le 1er janvier 2006 et le 31 décembre 2020 (zones créées en 1996, 2003 et 2006) ;
- exercer une activité industrielle, commerciale, artisanale, non commerciale, locations d'immeubles professionnels munis de leurs équipements ;
- pour celles implantées ou créées à compter du 1er janvier 2006, réaliser un chiffre d'affaires inférieur à 10 M € ou total du bilan inférieur à 10 M €, employant moins de 50 salariés et non détenues à 25 % ou plus par d'autres entreprises de plus de 250 salariés dont le chiffre d'affaires est supérieur à 50 M € ou un total bilan supérieur à 43 M €. Il pourra être également retenu les établissements existant au 1er janvier 2007 dans des parties de communes correspondant aux extensions du périmètre des zones franches urbaines.

À compter du 1er janvier 2012, les entreprises doivent employer au moins un salarié et remplir les conditions pour être exonérées de cotisations sociales patronales. À partir du 2e emploi, les entreprises doivent employer 50 % au moins de salariés résidant en ZFU ou en ZUS.

2. Avantages : exonération d'impôt sur les bénéfices régulièrement déclarés

- de 100 % des bénéfices pendant 60 mois courant ;
- de 60 %, 40 %, 20 % sur les bénéfices réalisés au cours des 3 périodes suivantes de la 6e à la 10e années, de la 11e et 12e années et de la 13e à la 14e années ;
- et pour les entreprises installées avant le 1er/01/2006 dans les zones de 1re et 2e générations dont l'effectif salarié est inférieur à 5 constaté au cours de la dernière période bénéficiant de l'exonération totale ou partielle, l'abattement dégressif s'élève à 60 %, 40 %, 20 % des bénéfices réalisés respectivement au cours des cinq premières, de la 6e, 7e ou de la 8e ou 9e suivant la période d'exonération totale.

Pour les entreprises implantées ou créées dans les ZFU à compter du 1er janvier 2015, les bénéfices sont exonérés d'impôt à concurrence de 60 %, 40 %, 20 %, au cours de la première période de 12 mois, de la deuxième et de la troisième suivant la période d'exonération totale de 60 mois.

Le bénéfice exonéré ne peut excéder par période de 12 mois, un montant de 100 000 € majoré de 5 000 € par salarié embauché à temps complet domicilié sur la zone urbaine sensible ou la ZFU.
Le plafond des bénéfices exonérés est fixé à 50 000 € pour les entreprises qui créent une activité ou implantent une activité à compter du 1er janvier 2015. Il en est ainsi également pour ces dernières en ce qui concerne la durée qui passe à 3 ans pour l'exonération à taux progressif.

d. L'article 44 *sexies*-OA du CGI (Jeunes entreprises innovantes)

1. Conditions

Pour les exercices ouverts à compter du 1er janvier 2004 et pour les petites et moyennes entreprises créées depuis moins de huit ans qui engagent au cours de chaque exercice des dépenses de recherche et de développement représentant au moins 15 % de leurs charges totales et représentant les conditions suivantes :

- entreprise réellement nouvelle au sens de l'article 44 *sexies* du CGI ;
- en cas de mise en place de société, celle-ci doit être détenue de manière continue à hauteur de 50 % par des personnes physiques ou des sociétés de capital-risque ou des associations.

À compter du 1er janvier 2008, le régime est appliqué aux jeunes entreprises universitaires (valorisation des travaux universitaires) qui ne sont pas soumises à la condition concernant les dépenses de recherche.

2. Avantages : exonération

- de 100 % des bénéfices des trente-six mois ;
- de 50 % des bénéfices des vingt-quatre mois suivants ;
- plafonnée à 200 000 € par période de trois exercices fiscaux (*ex.* : 2009 : plafond de 200 000 € d'aides est apprécié au titre des années 2007 à 2009).

Le statut de JEI s'applique pour les entreprises créées jusqu'au 31 décembre 2019.

e. L'article 44 *duodecies* du CGI (bassins d'emplois à redynamiser)

Une exonération d'impôt sur les bénéfices est prévue pour les entreprises qui créent une activité jusqu'au 31 décembre 2020 dans les bassins d'emplois à redynamiser.
La période totale d'exonération d'impôt sur les bénéfices est de 60 mois à compter de la date de début d'activité. Le bénéfice de l'exonération est perdu pour les sociétés par actions qui distribuent des dividendes.

Le bénéfice de l'exonération est réservé aux activités commerciales, industrielles, artisanales ou non commerciales si elles sont exercées par une société soumise à l'impôt sur les sociétés.

f. Le centre de gestion agréé

Dans le but de favoriser la « transparence fiscale », les entreprises commerciales, industrielles ou artisanales soumises à l'impôt sur le revenu peuvent adhérer à des centres de gestion agréés. Elles bénéficient ainsi, sous réserve de déterminer leur bénéfice selon le régime réel d'imposition, de la dispense de l'application de la majoration de 25 % à la base d'imposition du revenu professionnel soumis au barème progressif de l'impôt sur le revenu. Dans certaines conditions, les très petites entreprises bénéficient d'une réduction d'impôt sur le revenu. À partir du 1er janvier 2010 le délai de reprise de l'administration est ramené de 3 à 2 ans en l'absence de constatation de manquement délibéré du contribuable. Cet avantage a été supprimé par la loi de Finances rectificative pour 2014 pour les délais de reprise venant à expiration après le 31 décembre 2014.

C. Domaine de la catégorie BIC

La définition fiscale du bénéfice industriel et commercial est plus large que la notion retenue par le Code de commerce. En effet ce revenu catégoriel concerne les entreprises industrielles, commerciales, artisanales (CGI, art. 34). Il vise également par détermination de la loi le bénéfice provenant de la location d'un immeuble aménagé (CGI, art. 35)[1].
La définition fiscale du bénéfice industriel et commercial a un caractère attractif : les activités agricoles ou libérales seront taxées dans cette catégorie si elles sont complémentaires de l'activité commerciale, industrielle ou artisanale (CGI, art. 155).
Le contribuable doit exercer à titre personnel son activité et y consacrer suffisamment de temps pour que son revenu soit retenu comme BIC professionnel et non BIC non professionnel.

D. Personnes imposables

Les personnes soumises à l'impôt dans cette catégorie sont les suivantes :

a. Personnes physiques

Les personnes physiques exploitant une entreprise individuelle (fonds de commerce...).

1. Sur la notion d'établissement muni de matériel (CE 29-1-1992 *RJF* 3/92 n° 287).

b. Associés de sociétés commerciales

Les associés des sociétés de personnes (SNC...) soumis à l'impôt sur le revenu.

ATTENTION

Les SARL peuvent opter (dans les statuts ou ultérieurement) pour le régime fiscal des sociétés de personnes si deux conditions sont réunies :

- l'activité doit être industrielle, commerciale, artisanale ou agricole ;
- les associés sont parents en ligne directe, ou frères et sœurs, ainsi que les conjoints y compris les partenaires d'un Pacs.

L'option s'applique sans limitation de durée tant que les conditions sont remplies.
Les SA, SAS peuvent également opter pour le régime de l'impôt sur le revenu mais l'option n'est valable que pour 5 ans.

E. Période d'imposition

La détermination du revenu a lieu chaque année (principe d'annualité). En l'absence de bilan, un résultat provisoire doit être déclaré, il vient en déduction du résultat du bilan de la période. Le principe d'indépendance comptable oblige à rattacher à l'année d'imposition que les produits et charges qui s'y rapportent. Les événements postérieurs à la période d'imposition ne peuvent interférer sur cette dernière.

F. Détermination du résultat fiscal

Le résultat fiscal est déterminé à partir du résultat comptable réalisé au cours de l'exercice social. Les normes comptables s'appliquent (*cf.* art. 38 *quater* de l'annexe II au CGI) pour la détermination du résultat fiscal sauf si elles diffèrent des dispositions de la loi fiscale.
Compte tenu des dispositions de l'article 38-2 du CGI, le bénéfice net est déterminé également par la différence entre les valeurs de l'actif net à la clôture et à l'ouverture de la période dont les résultats servent de base à l'impôt majorée par les prélèvements effectués par l'exploitant et diminuée des suppléments d'apport.
Le bénéfice imposable est établi en tenant compte des créances acquises et des dettes certaines même si leur règlement intervient ultérieurement.
Si l'exercice social coïncide avec l'année civile, l'impôt est déterminé d'après le résultat annuel. Lorsqu'il ne coïncide pas avec l'année civile, il sera retenu le résultat de l'exercice clos au cours de l'année civile.

EXEMPLE

Bilan arrêté le 31/08/2018.
Impôt dû au titre de 2018 d'après le résultat de l'exercice social 1/09/2017 au 31/08/2018

Une imposition est due, même lorsque le bilan n'est pas clos au cours d'une année. La période d'imposition s'étale alors du premier jour de l'exercice social au 31 décembre de l'année.
Ce résultat provisoire est imposé et vient en déduction du résultat fiscal de l'exercice social :

EXEMPLE

– Entreprise créée le 1/09/2016
– Exercice clos le 31/08/2017
– En 2016, aucun bilan arrêté
– Au titre de l'impôt dû en 2016
Base imposable = résultat provisoire du 1/09/2016 au 31/12/2016.

G. Principe de territorialité

Les bénéfices industriels et commerciaux réalisés en France, dans les DOM et à l'étranger, par des entreprises dont le siège social est situé en France ou dans les DOM, sont imposables dans cette catégorie (sous réserve des conventions internationales) *au nom des contribuables domiciliés en France.*
Les personnes *domiciliées à l'étranger* sont soumises à l'impôt sur le revenu en *France* pour le bénéfice dégagé uniquement par leur entreprise française.

II. Détermination du revenu

Le résultat imposable est déterminé d'après les dispositions de l'article 38 du Code général des impôts, c'est-à-dire :
– soit d'après le résultat d'ensemble des opérations de toute nature effectuées par l'entreprise (art. 38-1 du CGI), ce résultat correspond au compte du résultat comptable ;
– soit d'après la comparaison de deux bilans successifs (art. 38-2 du CGI). Il n'est pas envisagé une réévaluation des éléments bilantiels à chaque exercice pour assurer cette comparaison. Cette définition est plus large que la première car elle intègre tous les gains réalisés par l'entreprise (*ex. :* extinction d'une dette).

Sur le plan pratique, le résultat sera dégagé ainsi

La clôture du bilan N – 1 correspond à l'ouverture du bilan N, soit X (valeur de l'actif net).
La clôture du bilan N, soit Y (valeur de l'actif net).
R = (Y – X) + Prélèvement de l'exploitant ou des associés – Apports réalisés au cours de l'exercice

Le résultat fiscal soumis à l'impôt correspond au résultat comptable auquel sont apportées les rectifications propres au droit fiscal (le retraitement du bénéfice comptable est étudié p. 108). Ce résultat est intégré au revenu annuel d'ensemble des personnes physiques.

Les charges et les produits comptabilisés hors taxes (TVA) ne se rapportant pas à une activité commerciale, industrielle, artisanale ne sont pas retenus pour la détermination du bénéfice industriel et commercial. Ils seront pris en compte au titre d'un autre revenu catégoriel (*ex.* : la location d'un immeuble non aménagé relève du régime des revenus fonciers même si l'immeuble est inscrit à l'actif du bilan de l'entrepreneur individuel).

Néanmoins, les produits qui ne proviennent pas de l'activité BIC peuvent sur option du contribuable rester soumis à ce revenu catégoriel s'ils n'excèdent pas 5 % de la totalité des produits de l'exercice.

A. Bénéfice industriel et commercial

Le bénéfice industriel et commercial est déterminé d'après le résultat mathématique des opérations suivantes réalisées au cours du même exercice social :

- les produits tirés de l'exploitation courante ;
- les produits divers ;
- les charges d'exploitation ;
- les amortissements et les provisions ;
- les charges financières ;
- les produits et charges exceptionnels : les plus et moins-values.

Le résultat d'exploitation de l'entreprise est égal à la différence que l'on pourra constater entre les produits de l'exercice augmentés du montant du stock en fin d'exercice et le montant des achats, frais généraux, amortissements, provisions et le montant des stocks en début d'exercice.

Le résultat comptable définitif appréhende le résultat financier et celui des opérations exceptionnelles.

P	Produit	Am	Amortissements
Ss	Stock de sortie	P	Provisions
A	Achats	SE	Stock d'entrée
FGX	Frais généraux		

Résultat d'exploitation =
P + SS – (A + FGX + Am + Prov) – SE

a. Produits tirés de l'exploitation courante

Les produits sont rattachés à l'exercice comptable de la constatation de la créance. Une créance est acquise à la livraison du bien ou lorsque la prestation de service est achevée. Le paiement ne doit pas influencer le résultat de l'exercice. Ils doivent être comptabilisés hors taxe si l'activité exercée entre dans le champ d'application de la TVA sans en être exonérée.

- **L'évaluation de la créance :** la créance est comptabilisée pour sa valeur nominale. Si elle est libellée en monnaie étrangère, elle doit être convertie en euros au jour où elle est comptabilisée.

À la clôture de l'exercice, les créances comme les dettes sont évaluées en fonction du dernier cours connu. Si la créance est compromise en fin d'exercice elle peut faire l'objet d'une provision pour couvrir par exemple le risque d'irrécouvrabilité.

b. Produits divers

Les produits divers sont tous les produits autres que ceux qui participent à la détermination du résultat d'exploitation.

1. Revenus des immeubles

L'entrepreneur individuel a la faculté d'inscrire ou non à l'actif de son bilan les immeubles dont il est propriétaire. Il peut les conserver dans son patrimoine privé. Si l'immeuble est inscrit à l'actif du bilan, les loyers sont compris non pas dans le résultat BIC mais en revenus fonciers.

2. Produits financiers

Ils doivent être comptabilisés car ils participent au résultat. Sur le plan fiscal, il conviendra d'opérer des retraitements pour la détermination du résultat fiscal.

On trouve dans cette catégorie :

- **Les revenus de créances, dépôts, comptes courants, cautionnements :** ces revenus sont retenus sur l'exercice au cours duquel les intérêts ont couru.

- **Les produits des valeurs mobilières** (actions, obligations…) : l'entrepreneur est libre d'inscrire, ou non, à l'actif de son bilan les valeurs mobilières. Si les valeurs sont inscrites, les produits seront exclus du résultat BIC pour être imposés en revenus de capitaux mobiliers et pourront ainsi bénéficier de l'abattement de 40 %.

- **Les subventions :** le régime d'imposition des subventions reçues diffère selon que la subvention est affectée à un équipement ou au fonctionnement de l'entreprise : les subventions d'équipement accordées par les organismes publics bénéficient sur option d'un échelonnement d'imposition différent selon que le bien est amortissable ou non. Si le bien est non amortissable, la subvention est rapportée par dixième au résultat sur dix ans. Les autres subventions sont en principe imposées au titre de l'exercice où elles sont acquises.

- **Les remises de dettes :** nous avons vu que le bénéfice net est constitué par la différence entre les valeurs de l'actif net à la clôture et à l'ouverture de la période. La remise d'une dette par un créancier entraîne une diminution du passif (et donc une augmentation de l'actif net). Le profit qui en résulte est imposable.

- **Les indemnités diverses** (*ex. :* indemnité versée lors d'un vol de marchandises) : les indemnités perçues sont toutes imposables si elles couvrent une charge déductible. Elles peuvent être soumises au régime des plus-values à long terme si elles compensent la disparition d'un bien immobilisé.

c. Charges d'exploitation

Le revenu soumis à l'impôt est net de toutes les charges qui permettent sa conservation ou son acquisition.

1. Conditions de déductibilité des charges

Les charges sont déductibles si elles remplissent les conditions suivantes :
- être engagées dans l'intérêt de l'entreprise (les dépenses personnelles ne sont pas admises) ;
- être justifiées par une facture ;
- entraîner une diminution de l'actif net (les immobilisations qui sont amortissables ne sont pas immédiatement déductibles) ;
- être comptabilisées dans l'exercice de leur engagement, c'est-à-dire celui au cours duquel la dette est certaine dans son principe et dans son montant.

Un traitement particulier est effectué pour les charges :
- qui se rapportent à un exercice ultérieur (*ex. :* loyer exigible d'avance et couvrant deux exercices ; ces charges seront comptablement, et par suite fiscalement, constatées d'avance) ;
- qui sont considérées comme des charges à étaler sur plusieurs exercices par le plan comptable. En matière fiscale de telles charges doivent être déduites totalement l'année de leur engagement. La frac-

tion comptabilisée chaque année est réintégrée extra comptablement au résultat déclaré.

En outre, certaines dispositions du Code général des impôts excluent des charges déductibles celles qui sont réputées « somptuaires » telles que par exemple les charges liées à l'achat ou la location de résidences d'agrément, de bateaux de plaisance.

2. Nature des charges

Les achats effectués au cours de l'exercice

C'est-à-dire toutes les matières, fournitures, objets destinés à être revendus directement ou incorporés à des produits ou des services qui seront vendus. Il est rappelé que le résultat est déterminé également par la variation du stock entre l'ouverture et la clôture de l'exercice, qui vient augmenter ou diminuer les autres charges. Les variations constatées sur les encours de production ou de service influencent les produits et non les charges (*cf.* plan comptable). Les stocks sont évalués au prix de revient ou au cours du jour de la clôture de l'exercice si ce cours est inférieur au prix de revient. Le prix de revient comprend le coût d'achat des produits augmenté des charges directes et indirectes de production.

Les charges de gestion

Les dépenses externes

- les loyers et les charges locatives des locaux professionnels et des matériels sont déductibles au titre de l'exercice où ils sont échus ou courus. Les redevances de crédit-bail sont également admises dans les charges;
- les frais d'entretien sont déductibles sauf s'ils ont pour but de prolonger la durée de vie du bien au-delà de la période d'amortissement;
- les primes d'assurance qui couvrent les risques courus sur les biens de l'entreprise. Par exception, les primes des contrats d'assurance-vie souscrites sur la tête du dirigeant mais au bénéfice de l'entreprise ne sont pas immédiatement déductibles. La déduction est repoussée lors du versement du capital, sauf pour les primes couvrant des emprunts contractés pour les besoins de l'exploitation;
- les dépenses diverses.

EXEMPLE

Les honoraires d'avocats engagés dans l'intérêt de l'entreprise, les frais de déplacements et de représentation d'ordre professionnel.

Les dépenses de personnel (rémunérations, charges sociales obligatoires)

Les appointements de l'exploitant individuel ne sont pas déductibles du résultat fiscal. Par contre, le salaire du conjoint est déductible, de manière différente, selon que l'entreprise est :
- adhérente d'un centre de gestion agréé.

À compter du 1er janvier 2005, le salaire du conjoint est intégralement déductible quel que soit le régime matrimonial à la condition que le travail soit effectif et que les cotisations sociales soient réglées. Avant le 1er janvier 2005, le montant déductible était plafonné à 36 fois le SMIC mensuel si les conjoints étaient mariés sous un régime de communauté : la rémunération était en totalité déductible si le régime matrimonial était un régime séparatiste. À compter du 1er janvier 2016, la déduction intégrale du salaire est supprimée et remplacée par une déduction plafonnée à 17 500 €.

– non adhérente d'un centre de gestion agréé.

Le salaire du conjoint est déductible dans la limite de 13 800 € pour les exercices ouverts à compter du 1er janvier 2005 à l'exception de ceux mariés sous un régime séparatiste (la rémunération est entièrement déductible). À compter du 1er janvier 2016, la limite de déduction sera de 17 500 €.

Bien entendu, les rémunérations versées à l'ensemble du personnel sont déductibles.

Les cotisations sociales obligatoires de l'exploitant ainsi que les cotisations facultatives (*ex.* : assurance groupe Loi Madelin) sont déductibles.

Les impôts, taxes et amendes

Tous les impôts et taxes sont déductibles de l'exercice de mise en recouvrement ou de celui où la taxe a le caractère de dette certaine sauf ceux dont la déduction est interdite par la loi (*ex.* : impôt sur le revenu).

EXEMPLE

Impôt sur le revenu.

Les amendes concernant la réglementation des prix et les pénalités afférentes à l'assiette des impôts ne sont pas déductibles ainsi que les pénalités appliquées par l'État et tous les organismes publics.

EXEMPLE

Intérêts de retard pour insuffisance de déclaration.

Les dons et subventions

Depuis le 1er janvier 2003 les dons aux œuvres et aux organismes d'intérêt général (*ex.* : association, fondations d'entreprises, fonds de dotation) ne sont plus déductibles du résultat imposable mais ouvrent droit à une réduction d'impôt égale à 60 % de leur montant plafonné à 5 pour mille du chiffre d'affaires hors taxes.

L'entrepreneur individuel a le choix entre ce nouveau dispositif et celui prévu pour les particuliers.

	Réduction d'impôt Entreprise	Réduction d'impôt Particulier
Plafond du don	5 pour mille du CA.HT	20 % du revenu global imposable
Réduction d'impôt	60 % du montant réglé	66 % du montant réglé

Il existe un régime particulier pour les actions de mécénat.
Les subventions versées sont déductibles si elles ne relèvent pas d'une gestion anormale.

d. Amortissements

Ils ont pour objet de constater dans la comptabilité la dépréciation subie par les éléments d'actif immobilisé qui s'usent avec le temps. Ainsi le coût de l'élément d'actif est réparti sur sa durée d'utilisation. Cette compensation doit permettre à l'entreprise de reconstituer le bien à l'expiration de sa durée de vie.

1. Conditions

Les biens sont amortissables s'ils répondent aux conditions suivantes :
- il doit s'agir de biens immobilisés (les biens dont la valeur hors taxe est inférieure à 500 € sont immédiatement déduits des résultats) ;
- les biens doivent se déprécier avec le temps (les terrains ne répondant pas à cette condition ne peuvent être amortis) ;
- les biens doivent être la propriété de l'entreprise ;
- seuls les amortissements effectivement pratiqués en comptabilité sont déductibles.

2. Base de l'amortissement

L'amortissement est calculé à partir de la valeur d'origine du bien : prix d'achat, coût de revient, valeur vénale pour les biens acquis à titre gratuit. Il se calcule sur le montant hors taxe, sauf si le bien n'ouvre pas droit à déduction de TVA. Il a pour point de départ la mise en service du bien pour l'amortissement linéaire.
Au plan comptable, lorsque plusieurs éléments constitutifs d'actif ont des utilisations différentes ou procurent des avantages économiques selon un rythme différent, il est nécessaire de les comptabiliser séparément selon un plan d'amortissement spécifique à chacun d'eux. On parle alors de méthode d'amortissement par composants. On distinguera la « structure » et les « composants » du bien. En matière immobilière il sera tenu compte du gros œuvre (structure : durée 30 ans par exemple), le second œuvre est constitué par les ascenseurs, la toiture, les agencements… Ces règles s'appliquent en pratique aux moyens de transport, aux immeubles.

EXEMPLE

Véhicules de tourisme.

3. Techniques d'amortissement

Le montant de l'amortissement est calculé selon les usages propres à chaque secteur d'activité et selon la réglementation fiscale.
Au plan fiscal, la méthode comptable est retenue.

L'amortissement linéaire

Il constitue le régime de droit commun.

Annuité d'amortissement =   *Valeur d'origine × Taux*

Le taux est fonction de la durée réelle d'utilisation du bien attendue par l'entreprise.

EXEMPLE

Mobilier : pour une durée de vie de 10 ans, le taux est de 10 %.

Le plan comptable distingue l'amortissement technique (linéaire) de l'amortissement dérogatoire (amortissement qui excède l'amortissement technique). L'amortissement dérogatoire est comptabilisé dans un compte de provision pour amortissements dérogatoires au passif du bilan.
Les composants sont amortis sur leur durée réelle d'utilisation. L'Administration admet les usages retenus antérieurement. La différence constatée entre l'amortissement fiscal et l'amortissement comptable fait l'objet d'une provision pour amortissement dérogatoire.
Le point de départ de l'amortissement est la date de mise en service du bien. L'année est décomptée par douze mois de trente jours.
En cas de cession du bien, l'entreprise peut s'abstenir de comptabiliser la dernière annuité. Elle a néanmoins intérêt à pratiquer l'amortissement, car la plus-value à court terme pourra être étalée sur trois années.
La modification du taux d'amortissement d'origine est possible si des événements nouveaux entraînent un allongement ou une réduction de la durée d'utilisation du bien. Le droit comptable distingue l'amortissement technique et l'amortissement dérogatoire. L'amortissement technique est calculé selon la durée réelle d'utilisation du bien. L'amortissement dérogatoire est celui qui dépasse l'amortissement technique. Il est inscrit à un compte de provision pour amortissement dérogatoire (au passif du bilan).
Cette modalité d'amortissement est utilisée lorsqu'il existe une différence avec l'amortissement technique (*ex.* : durée, base d'amortissement).

L'amortissement dégressif

Il est applicable sur option pour les entreprises soumises au régime du bénéfice réel. Seuls les biens visés à l'article 39 A du CGI peuvent faire

l'objet d'un tel amortissement, (il s'agit, par exemple, du matériel utilisé pour des opérations industrielles de fabrication : voir la liste des biens éligibles à l'article 22 de l'annexe II au CGI). Le point de départ est le premier jour du mois d'achat du bien.
Ces biens doivent répondre à deux autres conditions :
– la durée normale d'utilisation ne doit pas être inférieure à trois ans;
– le bien doit être acheté neuf.

CALCUL DE L'AMORTISSEMENT

Première annuité : Valeur comptable × Taux linéaire × Coefficient *Deuxième annuité et suivante : Valeur résiduelle comptable × Taux linéaire × Coefficient*

DÉTERMINATION DU COEFFICIENT

1,25	si la durée normale d'utilisation est de 3 ou 4 ans
1,75	si la durée normale d'utilisation est de 5 ou 6 ans
2,25	si elle est supérieure à 6 ans (31 décembre 2009)

La charge dégagée est plus importante les premières années d'utilisation du bien.
L'amortissement est calculé à partir de la date d'acquisition du bien et non celle de sa mise en service.
Le choix du mode d'amortissement est une décision de gestion et il n'est donc pas possible de substituer une méthode par une autre.

ILLUSTRATION

Une entreprise a acquis un ordinateur le 15 mars et une presse le 1er novembre.
Prix de l'ordinateur : 460 €
Prix de la presse : 22 870 €
– L'amortissement linéaire sur l'ordinateur est de 460 € × 285/360 × 20 % = 73 €
– L'amortissement dégressif est possible sur le matériel industriel.
La durée d'utilisation est supérieure à 3 ans.
– Le taux applicable est de 10 % (durée 10 ans) × 2,25 = 22,5 %
– La première annuité réduite au prorata du temps est de 22 870 € × 22,5 % × 2/12 = 857,60 €
– La deuxième annuité est égale à 22 012 € × 22,5 % = 4 952 €
etc. en partant de la valeur résiduelle.
– En linéaire la première annuité aurait été de 22 870 € × 10 % × 60/360 = 381 €

Pour les biens acquis ou fabriqués entre le 1er février 1996 et le 31 janvier 1997, les coefficients utilisés pour calculer les annuités d'amortissement dégressif sont majorés d'un point.

EXEMPLE

Bien acquis entre le 1er février 1996 et le 31 janvier 1997, le coefficient applicable pour un bien ayant une durée d'utilisation de 5 années passe de 2 à 3, soit un taux de 60 % (20 % × 3) au lieu de 40 % (20 % × 2) pour la première annuité qui doit être calculée en fonction du nombre de mois de détention du bien.

4. L'amortissement exceptionnel

Les entreprises peuvent pratiquer des amortissements exceptionnels sur des éléments d'actif qui se déprécient anormalement.
Cet amortissement s'analyse comme une mesure de politique fiscale d'aide à l'investissement. Il est qualifié de dérogatoire au plan comptable.

EXEMPLES

Amortissement de 50 %, dès la première année, pour les investissements destinés à la recherche ; amortissement sur 12 mois pour les logiciels acquis avant le 1er janvier 2017, amortissement sur 24 mois pour les dépenses de mise aux normes dans le secteur de l'hôtellerie et de la restauration.
Suramortissement de 40 % pour 6 catégories d'investissements productifs éligibles à l'amortissement dégressif sur la période du 15 avril 2015 au 14 avril 2017. Cette déduction optionnelle est effectuée de manière extra comptable.

En outre, dans le cadre de la politique fiscale de l'aménagement du territoire, il est prévu que les entreprises qui construisent ou font construire des immeubles situés dans certaines zones peuvent bénéficier d'un amortissement exceptionnel égal à 25 % du prix de revient de l'immeuble. La totalité de la dotation est déductible dans l'exercice d'achèvement de l'immeuble.

5. Les limitations à la déduction des amortissements

La loi fiscale interdit la déduction de certains amortissements qui visent les biens somptuaires (CGI, art. 39-4).

EXEMPLE

L'amortissement des véhicules de tourisme n'est pas admis fiscalement pour la fraction du prix d'acquisition supérieure à 9 900 € pour les véhicules les plus polluants et 18 300 € pour les autres véhicules...

En outre, l'article 31 de l'annexe II au CGI prévoit que l'amortissement des biens loués par une personne physique ou une société de personnes ne peut être supérieur à la différence entre le montant des loyers et le montant des autres charges (*ex. :* entretien, assurance...).
Ce dispositif limite temporairement la dotation aux amortissements car la fraction non déduite peut être reportée ultérieurement.
Par ailleurs, si l'entreprise diffère irrégulièrement la dotation aux amortissements, elle n'est pas autorisée à la déduire sur un autre exercice. En effet, elle doit respecter la règle prévue à l'article 39 B du CGI, le montant total des amortissements comptabilisés à la clôture d'un exercice doit être au moins égal au total formé par les amortissements linéaires que l'entreprise aurait pu comptabiliser (CGI, art. 393). À défaut lorsque l'amortissement comptable est inférieur à l'amortissement linéaire, l'entreprise ne peut pas déduire ultérieurement l'amortissement irrégulièrement différé. En cas de cession d'un bien ayant fait l'objet d'un amortis-

sement différé, la plus-value est déterminée comme si l'amortissement n'avait pas été différé.
L'amortissement est réputé *irrégulièrement différé* lorsqu'on peut constater que l'amortissement comptable depuis le début de la période d'utilisation du bien est inférieur à l'amortissement linéaire. Il n'est donc pas possible de déduire ultérieurement l'amortissement irrégulièrement différé.
A contrario, l'amortissement est réputé *régulièrement différé* lorsque l'entreprise ne constate pas comptablement la dotation aux amortissements mais qu'elle a procédé à un amortissement minimum (c'est-à-dire linéaire) sur l'ensemble de ses biens depuis le début de l'amortissement de ses biens.
Le traitement fiscal de l'amortissement régulièrement différé est différent selon le résultat de l'entreprise.

Si l'exercice est déficitaire	L'entreprise réduit son déficit en ne comptabilisant pas l'amortissement. L'amortissement régulièrement différé pourra alors être imputé sur les futurs exercices bénéficiaires. Cette dotation se rajoutera à celle de l'exercice
Si l'exercice est bénéficiaire	La dotation aux amortissements différés pourra être répartie sur la durée de vie du bien restant à courir. L'amortissement *réputé différé* (ARD) est l'amortissement constaté en comptabilité mais différé au plan fiscal lorsque l'exercice est fiscalement déficitaire. L'entreprise est autorisée à réintégrer fiscalement la dotation et donc à réduire le déficit ordinaire de l'exercice. L'amortissement réputé différé est reportable sans limitation de durée tant que l'entreprise conserve la même activité

ATTENTION

À compter des exercices ouverts au 1er janvier 2004, il n'est plus possible de constituer des amortissements réputés différés en période déficitaire. Depuis cette date, le déficit professionnel est reportable dans le délai de droit commun pour les entreprises relevant de l'impôt sur le revenu soit dans un délai de 6 ans. Les ARD constitués avant le 1er/01/2004 sont imputables sans limitation de durée.

ILLUSTRATION

Une entreprise a réalisé l'année N, un déficit fiscal de 19 820 €
après prise en compte des amortissements pour 4 575 €.
La gestion fiscale du résultat est la suivante :

Résultat fiscal (RF)	– 15 245 €	de déficit ordinaire
	4 575 €	d'amortissements réputés différés (ARD).

La même entreprise dégage l'année N + 1 un résultat fiscal de 9 150 €.
et après prise en compte des amortissements, soit 7 620 €.
Le résultat fiscal retraité sera donc de 9 150 € :

RF	16 770 €	(9 150 € + 7 620 €) (avant amortissement)
Déficit	15 245 €	(provenant de l'année N)
ARD	1 525 €	RF = 0
Amortissements réputés différés de N + 1	7 620 €	
Déficit ordinaire de N à reporter :	0,00 €	

Amortissements réputés différés de N reportés : 4 575 € – 1 525 € = 3 050 €

Les amortissements réputés différés peuvent être reportés sans limitation de durée.
Ils devront être imputés sur les résultats des premiers exercices bénéficiaires.

e. Provisions

1. Définition

C'est la fraction des résultats destinée à couvrir ultérieurement des pertes ou des charges non certaines mais probables. Au plan fiscal la constitution de provision n'est pas obligatoire, ce qui n'est pas le cas pour les amortissements.

> CGI, art. 39 : Sont « déductibles » les provisions constituées en vue de faire face à des pertes ou des charges nettement précisées et que des événements en cours rendent probables.

Certaines provisions, bien que régulièrement comptabilisées conformément à la réglementation comptable, ne sont pas déductibles sur le plan fiscal (*ex. :* provision d'impôts non déductibles).
D'autres sont édictées par le droit fiscal (par exemple les provisions pour hausse des prix concernant les biens en stocks).

2. Le régime des provisions

Pour être admises dans les charges, les provisions doivent répondre aux conditions suivantes :

- **Quatre conditions de fond :**

– elles doivent couvrir des *charges* qui, si elles avaient été certaines, auraient été *déductibles* (*ex. :* frais de procès : déductibles; dépenses personnelles du dirigeant : non déductibles);
– la perte ou la charge doit être nettement *précisée* :
  - quant à sa *nature* (*ex. :* liste des clients douteux),
  - quant à son *montant* (*ex. :* évaluation la plus précise possible);

– la perte ou la charge doit être probable : le risque éventuel n'est pas retenu (*ex. :* provision la plus précise possible);
– la probabilité de la perte doit trouver son *origine* dans l'exercice en cours. Elle n'est pas déductible si l'événement a pris naissance après la clôture de l'exercice.

Une provision comptabilisée, si elle répond aux conditions de déductibilité, doit être obligatoirement déduite du résultat fiscal du même exercice. La reprise de cette provision au cours d'un exercice ultérieur entraîne un produit imposable (CE 23 déc. 2013, n° 346018).

- **Une condition de forme :** seules les provisions comptabilisées sont déductibles si elles remplissent les conditions indiquées ci-dessus.

Au plan comptable, la provision pour risques et charges est un élément de passif et comporte une obligation de l'entreprise à l'égard d'un tiers dont il est probable ou certain qu'elle provoquera une sortie de ressources sans contrepartie équivalente.

ATTENTION

Lorsqu'une provision a été constatée dans les comptes et qu'elle est fiscalement déductible, l'entreprise est tenue de la déduire de cet exercice (CE 23 déc. 2013, n° 346018).

3. Les différentes provisions

Les provisions pour dépréciation

La réglementation comptable prévoit que toute dépréciation constatée sur les éléments d'actif doit faire l'objet d'une provision. Il en est ainsi d'une dépréciation constatée entre la valeur nette comptable et la valeur vénale du bien.

Si la dépréciation est définitive, on procédera à une sortie de l'élément d'actif et donc à la constatation éventuellement d'une moins-value.

Les provisions pour dépréciation sur les immeubles de placement ne sont déductibles que pour la part qui excède la plus-value latente sur les autres immeubles de même nature en fin d'exercice.

- **Les provisions pour dépréciation des éléments non amortissables** (CGI annexe III, art. 38)

L'amortissement n'étant pas admis, seule la provision constatera la dépréciation de l'élément d'actif (*ex. :* provision sur fonds de commerce : non déductible, sauf si sa détermination est basée sur des éléments de fait non contestables).

CAS PARTICULIER : LES PROVISIONS POUR DÉPRÉCIATION DU PORTEFEUILLE TITRES

Titres concernés	
Titres de placement	Titres achetés en vue d'en retirer un profit ou un revenu. La provision pour dépréciation des titres détenus depuis deux ans au moins est soumise au régime des moins-values à long terme. La provision peut donc être imputée uniquement sur des plus-values à long terme ou être reportée sur les exercices suivants
Titres de participation	Titres acquis en vue d'exercer le contrôle de la société émettrice. La baisse du cours de la valeur n'est pas un critère suffisant pour pratiquer une provision. Encore faut-il justifier d'une dépréciation réelle (valeur économique) par rapport au prix de revient. La provision pour dépréciation des titres de participation détenus depuis deux ans au moins est également soumise au régime des moins-values à long terme. Les provisions devenant sans objet relèvent du régime des plus-values à long terme

- **Les provisions pour créances douteuses**

Une créance peut être douteuse, litigieuse ou irrécouvrable :
- *douteuse :* le recouvrement est incertain,
- *litigieuse :* désaccord du client et du fournisseur,
- *irrécouvrable :* créance perdue qui peut être constatée en perte au cours de l'exercice concerné.

Les créances douteuses et litigieuses peuvent faire l'objet de provisions si les conditions suivantes sont remplies.

Conditions de provisions	
Le risque de perte doit être nettement précisé	– individualisation du risque : le risque général n'est pas admis (ex. : crise économique) – le risque évalué par voie statistique est admis (ex. : taux moyen d'impayé)
Les événements constatés lors de l'exercice d'inventaire rendent la perte probable	la provision ne peut être constatée qu'au cours de l'exercice où naît le risque. Si la créance comprend de la TVA, la provision est arrêtée en valeur hors taxe, car l'entreprise peut obtenir du Trésor Public la déduction de la TVA déclarée

Les provisions pour risques et charges

Au plan comptable une provision pour risques et charges est considérée comme un passif dont le montant n'est pas fixé avec précision. Il s'agit de constater une obligation de l'entreprise à l'égard d'un tiers dont il est probable qu'elle se traduira par une sortie de ressources sans contrepartie équivalente. Le fait générateur de la provision doit être apprécié à la clôture de l'exercice.

- **Les provisions pour frais de personnel**

> EXEMPLE
>
> Congés payés.

- Les provisions pour congés payés portant sur les droits acquis des salariés à la clôture de l'exercice sont déductibles. Un régime applicable sur option permet aux entreprises de ne déduire ces charges qu'au titre de l'exercice de paiement (l'option a dû être prise en 1988).
- Les provisions pour primes au personnel ne sont déductibles que si elles résultent d'engagements formels (écrit irrévocable).

Les provisions pour retraite ne sont pas déductibles.

- **Les provisions pour travaux, pour garantie**

Les provisions pour travaux (investissements) ne sont pas déductibles.
Seules les grosses réparations, qui sont d'un montant élevé pour un seul exercice, peuvent donner lieu à des provisions déductibles.

- **Les provisions pour garantie des appareils, installations vendues aux clients,** peuvent être constituées si la mise en jeu de la garantie est probable pour l'ensemble des biens vendus. L'évaluation doit être faite avec beaucoup de précision.
- **Les provisions pour risque de procès**

EXEMPLE

Litiges, salaires, commerciaux.

Les provisions à caractère purement fiscal

Il s'agit de fausses provisions, elles ne sont pas destinées à couvrir une moins-value. Ce sont des aides fiscales qui doivent répondre aux conditions de déductibilité des provisions.

EXEMPLES

– Provision pour implantation d'entreprises à l'étranger (CGI articles 39 *octies* A et *octies* B) ;
– provision pour hausse des prix supérieure à 10 % constatées sur deux exercices successifs ;
– provision pour fluctuation des cours.

Un certain nombre d'événements peuvent remettre en cause la déduction de la provision.

- **Provision devenue sans objet :** le risque ne se concrétise pas, la provision devient donc sans objet. Elle doit être réintégrée au résultat. À défaut l'administration fiscale peut l'exiger au titre de l'exercice concerné ou s'il est prescrit, au titre du résultat du plus ancien exercice non prescrit.
- **Le risque se réalise :** il convient de réintégrer la provision et de constater la charge. Si la provision a été constatée en méconnaissance des prescriptions fiscales, l'administration exigera la réintégration de la provision, soit au cours de l'exercice de constitution, soit au titre de l'exercice le plus ancien non prescrit.

f. Les charges financières

Les intérêts dus à des tiers (*ex. :* agios bancaires, frais d'emprunt), sont déductibles si la dette a été contractée pour les besoins de l'entreprise. Par exception, si le compte personnel de l'exploitant est débiteur à la suite de prélèvements, les intérêts de l'emprunt ne sont pas déductibles, sauf ceux qui se rapportent à la fraction de l'emprunt excédant le solde débiteur du compte personnel.
Les intérêts des comptes-courants des associés des sociétés de personnes sont limités fiscalement à la moyenne annuelle des taux effectifs moyens pratiqués par les établissements de crédit pour des prêts à taux variable

aux entreprises d'une durée initiale supérieure à deux ans (pour 2018, taux admis : 1,47 %). Ils ne sont déductibles que si le capital a été entièrement libéré.

g. Les abandons de créance

Un abandon de créance effectué par une entreprise est déductible du résultat s'il relève d'un acte normal de gestion et si la créance ne constitue pas un élément du prix de revient d'une participation dans une autre société.
Les aides commerciales relevant d'une gestion normale sont donc déductibles du résultat.
Seules les aides financières (abandon de créance financier) accordées dans le cadre d'une procédure (ex. : procédure de sauvegarde) devant le Tribunal de commerce sont admises en déduction.
Il constitue un produit chez l'entreprise bénéficiaire de l'abandon. Peu importe qu'il revête un caractère financier ou commercial et qu'il soit déductible ou non chez l'entreprise qui le consent.
Un dispositif particulier prévoit une exonération conditionnelle de certains abandons de créance à caractère financier (art. 216 A du CGI).

h. Les produits et charges exceptionnels : plus-values et moins-values professionnelles

Les plus et moins-values professionnelles concernent les cessions des éléments de l'actif commercial, industriel ou artisanal, immobilisés. Ces profits ou pertes sur l'actif immobilisé ne sont soumis à l'impôt qu'à compter de leur réalisation.

1. Généralités

Les plus-values ne portent pas sur les éléments qui constituent l'objet de l'entreprise (immeubles en stock d'un marchand de biens). Elles visent les biens immobilisés.
La date de réalisation de la plus ou moins-value est :
- en cas de vente : la date de l'acte (transfert de propriété) ;
- en cas de retrait du bien de l'actif professionnel : la date du retrait ou de l'établissement du bilan.

Les plus-values latentes ne sont donc pas imposées.

2. Calcul

Plus-value ou moins-value = Prix de cession ou valeur de retrait – Valeur résiduelle comptable

3. Modalités d'imposition

Principes

En règle générale, la taxation est moins élevée que celle qui s'applique au bénéfice des entreprises.

Le régime des plus-values professionnelles a été aménagé à compter du 1er janvier 2004, il institue une exonération totale et partielle pour les entreprises individuelles (CGI, art. 151 *septies*) et concerne les cessions à titre onéreux ou gratuit de tous les éléments d'actif sauf les terrains à bâtir. L'exonération totale est acquise si le chiffre d'affaires n'excède pas 250 000 € pour les activités commerciales et 90 000 € pour les prestations de service. Toutefois, si le chiffre d'affaires excède 250 000 € et ne dépasse pas 350 000 € ou 90 000 € et 126 000 € l'entreprise bénéficie d'une exonération partielle dégressive. Seule une partie de la plus-value est alors imposée.

Sous réserve du non-dépassement de ces chiffres, la plus-value à court terme ou à long terme est exonérée si l'activité est exercée depuis plus de cinq ans.

ILLUSTRATION

Entreprise de négoce qui réalise une plus-value de 100 000 € en 2016
Si le chiffre d'affaires réalisé est :

1) supérieur à 350 000 € HT	= Plus-value imposable
2) inférieur à 250 000 € HT	= Plus-value exonérée
3) est égal à 300 000 € HT	= Plus-value partiellement exonérée est de : $\frac{100\,000\ € \times (350\,000 - 300\,000)}{100\,000} = 50\,000\ €$

En outre, la plus-value de cession de fonds de commerce de branche complète d'activité, peut être exonérée sur option du contribuable sous réserve de respecter certaines conditions. En effet, l'article 238 *quindecies* du CGI prévoit l'exonération des plus-values réalisées dans le cadre de l'exercice d'une profession commerciale, artisanale ou libérale sous réserve que la valeur du fonds de commerce, clientèle, branche complète d'activité ne dépasse pas 500 000 €. L'activité cédée doit avoir été exploitée pendant 5 ans.

Les immeubles sont exclus de l'exonération.

L'exonération est accordée à la condition que le cédant n'exerce aucun contrôle sur l'entreprise bénéficiaire en raison des liens de participations (> 50 % avec le groupe familial) ou des fonctions exercées (direction de droit ou de fait). Cette condition d'absence de liens doit être respectée tout au long de la période de 3 années qui suit la date de la cession. L'exonération concerne les plus-values à court terme et à long terme.

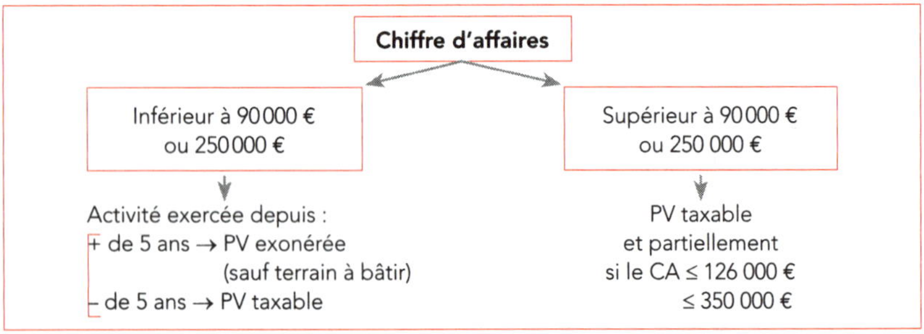

Le régime des plus-values professionnelles est divisé entre :
– les plus-values réalisées depuis – de deux ans (PVCT) ;
– les plus-values réalisées depuis + de deux ans (PVLT).
La durée de détention est calculée au jour le jour.
La durée entre le court terme et le long terme est liée à :
– la durée de détention des biens ;
– la nature des biens.

Nature des éléments cédés	Date de détention des éléments cédés			
	Plus values		Moins-values	
	< 2 ans	≥ 2 ans	< 2 ans	≥ 2 ans
Éléments amortissables	CT	CT dans la limite de l'amortissement déduit LT au-delà	CT	CT
Éléments non amortissables	CT	LT	CT	LT

On retiendra pour le calcul de la plus-value ou moins-value tous les amortissements déduits (*cf. amortissements* p. 94), ainsi que les amortissements non déduits des dépenses somptuaires.

Modalités

• **Plus-values à court terme (PVCT)**

Les *plus-values* à court terme de l'exercice peuvent faire l'objet d'une compensation avec les *moins-values* de même durée.

Si la compensation laisse apparaître :
– une plus-value à court terme → elle est intégrée au résultat imposable au taux de droit commun ;
– une moins-value nette à court terme → elle est déduite du résultat imposable.

En matière d'impôt sur le revenu, la plus-value à court terme peut faire l'objet d'un étalement sur trois ans. Les plus-values résultant de l'encaissement d'indemnités d'assurance, d'expropriation sur des éléments d'actif peuvent, sur option, être étalées sur une durée maximale de quinze ans.

• **Plus-value et moins-value à long terme**

Les *plus-values à long terme (PVLT)* de l'exercice doivent faire l'objet d'une compensation avec les moins-values de même durée.

La plus-value à long terme est taxée à un taux réduit : droit commun : 16 %.

La plus-value à long terme peut servir :

– à réduire le déficit de l'exercice ou compenser les déficits reportables sur le résultat de l'exercice ;

– à réduire les moins-values à long terme reportées des dix exercices précédents.

RAPPEL DES TAUX DE BASE APPLICABLES AUX PLUS-VALUES À LONG TERME

Entreprise soumise à l'IR	Entreprise soumise à l'IS
Éléments d'actif 16 % (jusqu'au 31 déc. 2017) À compter du 1er janv. 2018 le taux est ramené à 12,8 %	(cf. p. 168)

La moins-value nette à long terme doit être imputée sur les plus-values de même nature des dix exercices suivants.

ILLUSTRATION

1. Cession d'un élément amortissable :

– Bien acquis le 1er janvier 2012 pour le prix de 22 870 € HT

– Amortissements linéaires pratiqués jusqu'à la date de cession 31 décembre 2015 : 18 296 € (taux de 20 %)

– Valeur nette comptable : 4 574 €.

– Prix de cession : 12 200 €.

Le montant de la plus-value taxable s'établit à : 12 200 € – 4 574 € = 7 626 €

La plus-value est à court terme à hauteur des amortissements déduits. Elle peut être étalée par fractions égales sur trois années, soit l'année d'imposition (⅓) et les deux années suivantes.

Si le prix de cession avait été de 3 052 €, la vente aurait dégagé une moins-value à court terme de :

4 574 € – 3 052 € = 1 522 €

La moins-value nette est imputable sur le résultat.

2. Cession du droit au bail d'un local utilisé à des fins professionnelles.

S'agissant d'un élément incorporel, la cession d'un bien détenu depuis plus de 2 ans relève du régime des plus-values à long terme.

Acquisition, le 1er janvier 2014 d'un droit au bail d'une valeur de 15 245 € et cession le 1er septembre 2016 pour le prix de 18 290 €.

La plus-value est à long terme à hauteur de : 18 290 € – 15 245 € = 3 045 €

Elle est taxable au taux principal de 16 %.

Cette plus-value de 3 045 € peut faire l'objet d'une compensation avec une moins-value à long terme de l'exercice ou des exercices antérieurs (les dix derniers) ou bien avec le déficit fiscal de l'exercice.

Ainsi dans ce cas la cession du bien échappera à l'impôt.

La vente pour un prix de 12 195 € dégagera une moins-value à long terme qui pourra être compensée avec des plus-values de même durée ou être reportée sur les plus-values à long terme des dix années suivantes.

i. Cas particuliers

1. Apport en société d'une activité professionnelle (CGI, art. 151 *octies*)

L'apport, par les personnes physiques, de leur entreprise à une société peut bénéficier sur option d'un régime spécial de taxation des plus-values constatées lors de cette opération.
L'exonération est *provisoire* (il s'agit d'un report d'imposition) sur les plus-values calculées sur *les éléments non amortissables.*
L'imposition est reportée jusqu'à la vente des droits sociaux reçus lors de l'apport ou la vente du bien apporté à la société.
Elle doit faire l'objet d'une déclaration spécifique l'année de cet apport.

ATTENTION

Les plus-values sont imposables au nom de l'apporteur s'il vend les titres reçus en échange lors de l'apport, ou si la société vend le bien apporté.

Les plus-values sur les *éléments amortissables* sont imposées au niveau de la société et non de l'apporteur au taux de droit commun, avec la possibilité de les étaler par parts égales sur cinq ans. La société calcule ses amortissements à partir de la valeur de l'apport.

2. Profits réalisés sur les titres du portefeuille

Les valeurs mobilières sont évaluées de manière différente selon qu'elles sont des titres de participation ou des titres de placement :
- les titres de participation permettent d'exercer une influence sur la société émettrice et sont utiles pour la société qui les détient ;
- les autres titres se divisent en titres immobilisés (placements à long terme) et valeurs mobilières de placement (court terme) ;
- les titres de placement sont évalués à leur valeur de négociation. Les plus-values latentes ne sont pas comptabilisées ; les moins-values sont inscrites à un compte de provisions. De telles provisions sont soumises au régime des moins-values à long terme.

Pour les titres de participation, l'entreprise doit justifier d'une dépréciation réelle par rapport au prix de revient, compte tenu de la valeur économique des titres à la clôture de l'exercice.
Les valeurs mobilières font partie de l'actif immobilisé si les titres sont détenus depuis plus de deux ans, ou moins de deux ans si le portefeuille comprend des titres de même nature détenus depuis deux ans au moins.
La cession de tels titres relèvera du régime des plus ou moins-values.

3. Profits réalisés sur les biens immobiliers immobilisés

(art. 151 *septies* B du CGI)

Les plus-values à long terme constatées sur les biens immobiliers sont imposées après un abattement de 10 % par année de détention au-delà de la cinquième. Les plus-values sont donc exonérées en totalité pour les biens acquis depuis plus de 15 ans.

Ce régime est applicable uniquement aux immeubles bâtis ou non bâtis affectés à l'exploitation. Il ne concerne pas les immeubles de placement et les terrains à bâtir..

Régimes particuliers concernant le régime des plus et moins-values sur cessions d'actif	
Article 151 *septies* du CGI (de droit) Cession d'éléments d'actif	Régime d'exonération des plus-values des petites entreprises (*cf.* p. 103)
Article 238 du CGI (de droit) Cession de fonds de commerce d'une valeur inférieure à 500 000 €	Régime d'exonération des plus-values de cession de fonds de commerce, clientèle, branche d'activité (à compter du 16/06/2004)
Article 41 du CGI (sur option) Transmission d'entreprise individuelle	Régime d'exonération des plus-values constatées sur les éléments d'actif lors de la transmission à titre gratuit. Exonération définitive si l'activité est exercée par les bénéficiaires pendant cinq ans
Article 151 *octies* du CGI (sur option) Apport d'entreprise individuelle	Régime de différé d'imposition pour les plus-values d'éléments d'actif d'entreprises individuelles apportés à une société : – Apport de fonds de commerce et d'éléments non amortissables : exonération au niveau de l'apporteur est reporté le jour de la cession des titres sociaux reçus en échange. – Apport d'éléments amortissables : exonération au niveau de l'apporteur – plus-value imposée de manière échelonnée au niveau du bénéficiaire de l'apport

4. Vente de l'entreprise à l'occasion du départ à la retraite

(art. 151 *septies* A du CGI)

Les plus-values constatées lors de la vente d'une entreprise (dont le chiffre d'affaires n'excède pas 50 M € ou a un bilan inférieur à 43 M €, emploie moins de 250 salariés) à l'occasion du départ à la retraite, (droits à retraite exercés soit dans les 24 mois précédents la cession, soit dans les 24 mois suivant la cession de l'exploitant) sont exonérées à condition que l'activité ait été exercée pendant au moins 5 ans, que le vendeur ne contrôle pas l'entreprise acquéreur et qu'il cesse toute fonction dans l'entreprise cédée.

L'exonération ne vise pas les plus-values immobilières.

Les plus-values restent soumises aux contributions sociales (17,20 %).

5. Autres transmissions

Les transmissions à titre gratuit (donation, succession) d'entreprises individuelles peuvent être placées sous un régime fiscal de faveur. L'article 41 du CGI prévoit que les plus-values d'actif immobilisé selon la branche d'activité peuvent être placées sous un régime de report d'imposition à la date de la donation de la succession. Si le bénéficiaire exerce son activité professionnelle au sein de l'entreprise transmise pendant 5 ans, le report d'imposition se transforme en exonération.

B. Détermination du résultat fiscal

a. Le passage du résultat comptable au résultat fiscal

Afin de tenir compte des règles fiscales dont les principales ont été indiquées plus haut, le résultat comptable doit être modifié. Ces rectifications, effectuées par l'entreprise sont indiquées extra comptablement sur le tableau de passage (n° 2058) du régime réel d'imposition. Elles s'imposent à toutes les entreprises. Il s'agit :

1. Soit de réintégrations

On rajoute au résultat comptable, les charges non déductibles au plan fiscal par application des principes généraux de déduction ou des dispositions légales et réglementaires.

EXEMPLES

– « Salaire » de l'exploitant (non déductible) ;
– amendes et pénalités (non déductibles) ;
– charges somptuaires (*ex.* : amortissement excédentaire des véhicules de tourisme) ;
– intérêts excédentaires des comptes-courants ;
– moins-values à long terme (imputation uniquement sur les plus-values à long terme) ;
– amortissements réputés différés ;
– provisions non déductibles.

2. Soit de déductions

On soustrait du résultat comptable des éléments non soumis à l'impôt ou bénéficiant d'un régime de faveur.

EXEMPLES

– Les plus-values à long terme (taxables au taux réduit) ;
– la fraction des plus-values nettes à court terme (imposition différée) ;
– les charges réparties sur plusieurs exercices (la déduction de ces charges est immédiate sur le plan fiscal).

Le résultat rectifié est soumis à l'impôt.

ILLUSTRATION

Exemple de détermination du résultat fiscal d'une entreprise soumise au régime réel normal d'imposition :

I – Bénéfice comptable de l'exercice	90 500 €
II – Réintégrations	
– Rémunérations du travail de l'exploitant	24 000 €
– Amortissement excédentaire (art. 39-4 du CGI)	1 900 €
– Amendes	300 €
– Moins-value nette à long terme	4 000 €
Total des réintégrations	30 200 €
III – Déductions	
– Provision non déductible antérieurement taxée et réintégrée dans le résultat comptable	6 500 €
Total des déductions	6 500 €
IV – Résultat fiscal (I + II – III)	114 200 €

b. Mutation des normes comptables et incidences fiscales

Le Plan comptable général est en profonde mutation depuis le 1er janvier 2005, date d'entrée en vigueur des règlements comptables issus des normes « IFRS » (normes internationales d'information financière).

Ainsi, les modifications concernent :

1. les règles d'amortissements et de dépréciation des actifs immobilisés ;
2. la définition, comptabilisation et évaluation des actifs ;
3. les passifs (les provisions).

En application de l'article 38 *quater* de l'annexe III au CGI, les entreprises sont tenues de respecter les définitions du Plan Comptable général sous réserve qu'elles ne soient pas incompatibles avec les règles applicables pour l'assiette des impôts.

On parle donc de manière générale du principe de connexion des règles fiscales et comptables.

En vue de réduire au plan fiscal les conséquences du passage aux nouvelles règles comptables, la Loi de Finances rectificative pour 2004 a prévu que la majoration ou la minoration des nouvelles règles d'amortissement (amortissements par composants) sera répartie par parts égales sur l'exercice 2005 et les quatre exercices suivants. L'entreprise pourra renoncer à l'étalement si l'écart n'excède pas 150 000 €. Certaines charges comptabilisées avant le 31 décembre 2004 à un poste de charges différées ou à étaler, devront en raison de la suppression du poste à compter des exercices ouverts en 2005, être portées en immobilisations et donc amortissables selon la nature de l'actif concerné. La fraction de l'amortissement constatée en 2005 et les années suivantes devra être réintégrée au résultat fiscal car la dépense ayant fait l'objet de cet étalement, a été déduite en totalité l'année de son engagement (2004 et antérieur).

En ce qui concerne les amortissements, ceux-ci devront être calculés de la manière suivante, qui ne devrait pas dans la plupart des biens concernés, entraîner de modifications en termes de charge. En effet, le montant amortissable d'un actif est sa valeur brute sous déduction de sa valeur résiduelle si elle est significative et mesurable (possibilité de déterminer dès l'origine la valeur de marché à la revente du bien en fin de période d'utilisation).

ILLUSTRATION

Valeur brute :	10 000 €
Valeur résiduelle :	3 000 €
Base amortissable :	7 000 € (sur la durée d'utilisation du bien)

L'amortissement de l'actif par composants (éléments) est obligatoire lorsqu'ils font l'objet d'utilisation différente

Prix d'un avion :	700 000 €
dont structure :	560 000 €
dont sièges :	140 000 € (à changer tous les 5 ans)

III. Régimes d'imposition

Les bénéfices industriels et commerciaux sont imposés de manière différente selon le montant du chiffre d'affaires réalisé par l'entreprise :

CA HT ≤ 82 800 € (achat, revente, fourniture de logement) ≤ 33 200 € (prestation de services)	MICRO BIC
CA HT < 789 000 € (achat, revente, fourniture de logement) < 238 000 € (prestation de services)	Régime simplifié
CA HT > 789 000 € (achat, revente, fourniture de logement) > 238 000 € (prestation de services) ou option des régimes simplifiés d'imposition	Réel normal

A. Régime de la micro-entreprise

À compter du 1er janvier 2019, les entreprises dont le chiffre d'affaires ne dépasse pas 82 800 € HT pour les activités indiquées ci-dessus ou 33 200 € HT pour les autres activités relèvent du régime forfaitaire de la micro-entreprise.

Le bénéfice imposable est égal à 29 % du chiffre d'affaires HT et à 50 % pour les prestations de service, (à compter du 1er janvier 1999). Le montant du chiffre d'affaires est porté directement sur la déclaration d'ensemble des revenus.

Les plus et moins-values réalisées lors de la vente d'éléments d'actif sont imposables selon le régime de droit commun.

Le régime n'est pas remis en cause pour les deux premières années de dépassement si le montant des recettes HT n'excède pas 84 000 € ou 30 500 € (prestations de services).

Depuis le 1er janvier 2009 est institué un dispositif de versement forfaitaire libératoire social et fiscal (art. 151 du CGI) pour les contribuables placés sous le régime de la micro-entreprise (art. 151-0 CGI). Ceux-ci peuvent régler auprès d'un seul service (Urssaf) l'impôt sur le revenu et les cotisations sociales. Cette option est valable que lorsque le montant des revenus nets du foyer fiscal perçus en N – 2 ne dépasse pas pour une part de quotient familial la troisième tranche du barème de l'impôt sur le revenu. Le taux est de 1 % (négoce), 1,7 % (prestation de service), 2,2 % pour les BNC, appliqué au chiffre d'affaires réalisé hors taxe.

B. Régime du réel simplifié

La détermination du bénéfice est faite par l'entreprise selon les éléments tirés de sa comptabilité.

Il est admis que les obligations fiscales soient restreintes : la comptabilité peut enregistrer uniquement les encaissements et les paiements ; en fin de période, l'entreprise doit rétablir les comptes clients et fournisseurs.

Les entreprises doivent déposer chaque année une déclaration à laquelle est jointe un bilan et un compte de résultat simplifié.

Le régime permet donc aux entreprises de bénéficier de règles simples concernant l'établissement de leurs déclarations fiscales.

C. Régime du réel normal

Ce régime ne concerne que les entreprises réalisant un chiffre d'affaires important. En conséquence les obligations fiscales correspondent aux obligations comptables édictées par le Code de commerce.

Elles doivent déposer tous les ans une déclaration comprenant des renseignements comptables (bilan, compte de résultat, état des échéances des créances et dettes) et fiscaux.

QUIZ N° 5

1. Le régime des Bénéfices Industriels et Commerciaux s'applique pour les activités exercées sur le territoire français que le chef d'entreprise soit domicilié fiscalement en France ou non :

Vrai □ Faux □

2. Les biens inscrits à l'actif immobilisé et non utilisés pour l'activité imposable BIC (ex. : location de locaux nus) ne peuvent être retenus pour la détermination de BIC :

Vrai □ Faux □

3. Le résultat fiscal est différent du résultat comptable :

Vrai □ Faux □

4. Des abattements sur le résultat fiscal sont prévus pour certaines entreprises :

Vrai □ Faux □

5. Le prix d'achat d'une immobilisation peut faire l'objet d'une dépréciation par la voie d'un amortissement ou d'une provision :

Vrai □ Faux □

6. L'exercice du rattachement d'un produit (matériel) à un exercice donné dépend de la date de livraison du produit et non de sa facturation :

Vrai □ Faux □

7. L'impôt sur le revenu est déductible du résultat fiscal :

Vrai □ Faux □

8. Les intérêts générés par le compte débiteur de l'exploitant sont toujours déductibles ?

Vrai □ Faux □

9. La dotation aux amortissements des véhicules automobiles est déductible quel que soit le prix du véhicule ?

Vrai □ Faux □

10. La durée d'amortissement d'un bien est fixée d'après les règles comptables mais aussi d'après les durées d'usage :

Vrai □ Faux □

11. L'amortissement dégressif a un caractère facultatif :

Vrai □ Faux □

12. Les amortissements irrégulièrement différés sont toujours perdus :

Vrai □ Faux □

13. Les provisions pour clients douteux s'appliquent sur une base TTC :

Vrai □ Faux □

14. Il existe trois régimes d'imposition des bénéfices industriels et commerciaux :

Vrai □ Faux □

› Voir les réponses p. 311

§ 6. Rémunérations de certains dirigeants de sociétés

I. Domaine de l'impôt

Sont imposables dans cette catégorie (dite de l'article 62 du CGI) les rémunérations perçues par :

- **les gérants majoritaires de SARL** (n'ayant pas opté pour le régime fiscal des sociétés de personnes) ;

Gérant majoritaire =	au minimum 50 % des parts + 1	
	seul ou collectivement (collège de gérants)	
	directement : gérant + conjoint + enfant non émancipé	ou indirectement : société dont il a le contrôle

- **les gérants de sociétés en commandites par actions ;**
- **les associés en nom des sociétés de personnes, les membres des sociétés en participation, les associés mentionnés aux 4° et 5° de l'article 8,** lorsque ces sociétés ou exploitations ont opté pour le régime fiscal des sociétés de capitaux.

Le régime fiscal des dirigeants de sociétés est complexe. Il varie suivant le régime fiscal de la société versante et parfois même en fonction de la nature et du montant des rémunérations.

Le régime de la rémunération perçue par le gérant majoritaire relève des règles des traitements et salaires avec déduction forfaitaire pour frais de 10 % comme celle des salariés et du gérant minoritaire de SARL.

Les mandataires sociaux des sociétés anonymes, des sociétés par action simplifiée relèvent du régime fiscal des salariés.

II. Détermination du revenu imposable

Les traitements, remboursements forfaitaires de frais et toutes autres rémunérations, sont soumis à l'impôt sur le revenu, au nom de leurs bénéficiaires, s'ils sont admis en déduction des bénéfices soumis à l'impôt sur les sociétés en application de l'article 211 du CGI.

Le montant imposable des rémunérations est déterminé après déduction des cotisations et primes mentionnées à l'article 154 *bis* du CGI, selon les règles prévues en matière de traitements et salaires.

§ 7. Bénéfices agricoles (CGI, art. 63 et s.)

Sont fiscalement qualifiés de bénéfices agricoles les revenus que l'exploitation de biens ruraux procure aux propriétaires exploitant leurs terres en faire-valoir direct, ou bien aux fermiers et métayers.

I. Personnes imposables

Les profits taxables dans la catégorie « bénéfices agricoles » sont ceux réalisés par les exploitants individuels ou par les membres des sociétés ou groupements agricoles non soumis à l'impôt sur les sociétés. Ils proviennent de la culture, de l'élevage et profits assimilés (production forestière, champignonnières, élevages de poissons…).

A. Les exploitants individuels

L'imposition est établie au nom :
– du propriétaire exploitant sa propriété en faire-valoir direct;
– du fermier bénéficiaire d'un bail à ferme.

Deux cas particuliers

- **L'exploitant et ses enfants majeurs sont copropriétaires indivis des biens exploités en commun :** chacun est imposable sur la part des bénéfices lui revenant dans l'association.

- **Les biens sont exploités en métayage :** le bailleur et le métayer ont tous deux la qualité d'exploitant agricole.

Le partage des fruits (le métayage est un bail à portion de fruits) s'effectue selon les conventions des parties ou les usages. Chacun d'eux est imposable sur la part lui revenant (CGI, art. 77).

B. Les membres de sociétés et groupements agricoles n'ayant pas opté pour l'impôt sur les sociétés

Conformément aux dispositions de l'article 8 du Code général des impôts (*cf.* p. 163), chacun des associés et membres des groupements agricoles non soumis à l'impôt sur les sociétés, est personnellement

imposable sur la part des bénéfices sociaux correspondant à ses droits dans l'exploitation. Il en est ainsi notamment pour :
- les associés des sociétés de personnes, sociétés de fait, sociétés en participation, sociétés civiles exerçant une activité essentiellement agricole ;
- les membres des GAEC, GFA et GAF.

II. Revenus imposables

Deux cas doivent être distingués :

A. L'exploitation des biens ruraux est assurée par le propriétaire ou par un métayer

Le revenu agricole est constitué par :

- **les produits de l'exploitation (culture, élevage...) (CGI, art. 63).** L'avantage en nature résultant de la consommation par l'exploitant de ses propres produits est également imposable (CGI, ann. III, art. 38 *sexdecies* JD) ;
- **le revenu du capital ayant servi de base à la taxe foncière établie à raison des terres affectées à l'exploitation au titre de l'année d'imposition** (CGI, art. 65).

Toutefois, en ce qui concerne les revenus accessoires tirés du droit de propriété (par exemple les redevances tréfoncières), trois hypothèses sont envisagées :
- L'exploitation est imposée selon le régime forfaitaire : les revenus accessoires sont imposés dans la catégorie « revenus fonciers ».
- L'exploitation est imposée sous le régime du bénéfice réel et les terres ou bâtiments générateurs de ces revenus sont inscrits à l'actif de l'exploitation : les revenus accessoires relèvent de la catégorie « bénéfices agricoles ».
- L'exploitation est imposée sous le régime du bénéfice réel et les terres ou bâtiments restent dans le patrimoine privé : les revenus accessoires appartiennent à la catégorie « revenus fonciers ».

B. L'exploitation est donnée en fermage

Le revenu agricole est uniquement constitué du bénéfice d'exploitation du fermier.

III. Régimes d'imposition des exploitants agricoles

Les *trois régimes* d'imposition :
– le micro-bénéfices agricoles,
– le régime réel simplifié,
– le régime réel normal
s'appliquent au titre d'une année donnée en fonction de la moyenne des recettes calculées sur les deux années précédentes.

A. Le régime micro-BA

a. Champ d'application

Ce régime s'applique de plein droit aux exploitants dont la moyenne des recettes hors taxes des trois années précédentes (soit 2016, 2017 et 2018) n'excède pas 82 200 €.
Certains exploitants sont expressément exclus du régime micro-BA, même si le montant des recettes n'excède pas les limites prévues pour l'application de ce régime. Il s'agit, par exemple, des sociétés agricoles, autres que les Gaec, les groupements forestiers et certaines EARL, créées depuis le 1er janvier 1997.
En outre, les exploitants placés de plein droit sous le régime micro-BA peuvent opter pour le régime réel d'imposition simplifié ou normal.

b. Détermination du résultat

Le bénéfice imposable des exploitants, exception faite des plus-values, est égal à la moyenne triennale des recettes de l'année d'imposition et des deux années précédentes, diminuée d'un abattement de 87 %. Cet abattement ne peut être inférieur à 305 €. Les plus-values de cession d'éléments de l'actif immobilisé suivent le régime des plus-values professionnelles.
Les exploitants soumis de plein droit au régime micro peuvent opter pour le régime réel simplifié ou le régime réel normal.

c. Obligations des exploitants relevant du régime forfaitaire

Les exploitants doivent tenir un journal des recettes professionnelles et conserver les factures et pièces justificatives de ces recettes (CGI, art. 72 à 74 B).

B. Le régime réel simplifié

a. Champ d'application

Le régime réel simplifié s'applique aux exploitants dont la moyenne triennale des recettes (hors taxes) est comprise entre 82 000 € et 352 000 €. Les exploitants soumis à ce régime peuvent opter pour le régime réel normal.

b. Détermination du résultat

Le bénéfice agricole des exploitants placés sous un régime réel simplifié est déterminé et imposé selon les principes généraux applicables aux entreprises industrielles et commerciales, sous réserve de certains aménagements destinés à tenir compte des particularités inhérentes à la production agricole (par exemple, les stocks à rotation lente).

C. Le régime réel normal

a. Champ d'application

Le régime réel normal concerne les exploitants dont la moyenne des recettes des deux années précédentes est supérieur à 352 000 €.

b. Détermination du bénéfice

Les règles de détermination du résultat fiscal dans le cadre des régimes réels d'imposition simplifié et normal sont, pour l'essentiel, les mêmes. La principale différence concerne les obligations comptables et déclaratives qui sont allégées dans le régime simplifié.

§ 8. Bénéfices non commerciaux (BNC)

I. Domaine de l'impôt

A. Revenus non commerciaux professionnels

(CGI, art. 92)

Ces revenus relèvent « par nature » de la catégorie BNC.

Il s'agit, notamment :
– des bénéfices des professions libérales (médecins, avocats…) ;
– des revenus des charges et offices (notaires, huissiers…).
Lorsque l'importance des moyens employés (matériels utilisés, personnels employés), est telle que la spéculation sur ces moyens est prépondérante par rapport à l'exercice d'un « art » ou d'une « science » alors, l'activité est placée sous le régime fiscal des BIC (*cf.* p. 80).

B. Revenus non commerciaux non professionnels (CGI, art. 156 I 2°)

Ces revenus (produits des opérations de bourse, produits perçus par les inventeurs…) relèvent « par défaut » de cette catégorie.
En effet, l'article 92-1° du Code général des impôts assimile à des BNC les gains résultant de « toutes occupations, exploitations lucratives et sources de profits ne se rattachant pas à une autre catégorie de bénéfices ou revenus ».
À ce titre, la catégorie BNC peut être qualifiée de « cédule-balai ».

II. Détermination du revenu imposable

A. Règles générales : revenus non commerciaux professionnels ou non professionnels

Deux modes de détermination du revenu imposable = Évaluation réelle ou régime des micro-entreprises

a. Évaluation réelle : régime de la déclaration contrôlée (CGI, art. 96 et s.)

Ce régime est applicable de plein droit lorsque le montant des recettes annuelles, TVA comprise, excède 33 100 € (à compter du 1er janvier 2017).

1. Principe : régime de la comptabilité de caisse

En principe (CGI, art. 93), le bénéfice est déterminé selon le régime de la comptabilité de caisse :

Assiette des BNC = Recettes encaissées – Dépenses payées

Recettes encaissées

Doivent être prises en compte toutes les recettes encaissées au cours de l'année d'imposition sans qu'il y ait lieu de rechercher à quel exercice se rattachent les sommes perçues.
Il est également tenu compte des plus-values ou moins-values qui résultent de la cession d'éléments d'actifs affectés à l'exercice de la profession (CGI, art. 93, 1). Toutefois, à condition que l'activité soit exercée depuis au moins cinq ans, les plus-values bénéficient d'une exonération totale lorsque les recettes annuelles ne dépassent pas 90 000 € et une exonération dégressive lorsqu'elles sont comprises entre 90 000 € et 126 000 € (CGI, art. 151 *septies*).

Dépenses payées

Pour être déductibles des recettes, les dépenses doivent être :
- nécessitées par l'exercice de la profession (achats, frais de personnel, impôts et taxes...) ;
- effectivement acquittées au cours de l'année d'imposition ;
- appuyées de justifications suffisantes. (CGI, art. 93).

Les amortissements sur les éléments d'actif sont également retenus.

2. Sur option : comptabilité d'engagement

Assiette des BNC = Créances acquises – Dépenses engagées

Le mode de calcul des BNC est alors calqué sur celui applicable aux BIC. La demande d'option doit être établie sur papier libre, en un seul exemplaire, au service des impôts dont relève le contribuable, avant le 1er février de la première année au titre de laquelle le résultat a été déterminé selon les principes de la comptabilité d'engagement (CGI, ann. III, art. 41 *bis* A, I). L'option est ensuite renouvelée par tacite reconduction.

b. Régime « micro-BNC »

Le contribuable qui perçoit des revenus imposables dans la catégorie des BNC est placé sous le régime déclaratif spécial dit régime « micro BNC » lorsque les recettes annuelles n'excèdent pas 33 100 € hors taxes (CGI, art. 102 *ter*) et lorsqu'il est exonéré de TVA ou bénéficie de la franchise en base de TVA.
Dans ce cas, le bénéfice net est calculé automatiquement après application d'un abattement forfaitaire représentatif de frais égal à 34 % au montant des recettes encaissées. Le montant minimal de l'abattement est fixé à 305 €.
Le contribuable placé sous le régime du « micro » peut opter pour le régime de la déclaration contrôlée (CGI, art. 102 *ter* 5°). L'option reste valable deux années.

À compter du 1er janvier 2009, a été institué un dispositif de versement forfaitaire libératoire social et fiscal en faveur des petits entrepreneurs individuels (« auto entrepreneurs ») placés sous le régime de la micro-entreprise. Sur option, les contribuables peuvent régler auprès d'un guichet unique l'impôt sur le revenu et les cotisations sociales. Ces versements mensuels ou trimestriels sont calculés à partir d'un pourcentage appliqué aux recettes réalisées le mois ou le trimestre précédent. Le montant du versement libératoire est fixé à 2,2 % des recettes encaissées. L'option ne peut être exercée que si le montant des revenus nets du foyer fiscal encaissés en N – 2 ne dépasse pas pour une part la limite supérieure de la troisième tranche du barème de l'impôt sur le revenu soit 26 818 € pour les revenus 2016.

B. Particularités des revenus non commerciaux professionnels : adhésion à une association agréée

Les membres des professions libérales et les titulaires de charges et offices qui :
- exercent à titre habituel et constant une activité professionnelle,
- appartiennent à un ordre ou une organisation professionnelle ayant pris l'engagement d'améliorer la connaissance des revenus de leurs membres, peuvent adhérer à des associations agréées.

a. Avantages fiscaux

L'adhésion à une association agréée permet aux adhérents de bénéficier d'avantages fiscaux dont la portée a été considérablement réduite par la loi de finances pour 2015 (art. 69, 70 et 80) :
- à compter du 1er janvier 2016, la déduction intégrale du salaire du conjoint de l'exploitant adhérent à un organisme de gestion agréé est supprimée. La déduction est limitée à 17 500 €. Le régime est ainsi aligné sur celui des non adhérents qui bénéficieront de cette limite revalorisée (elle était jusqu'ici de 13 800 €) ;
- la réduction d'impôt au titre des frais de tenue de comptabilité est supprimée à compter du 1er janvier 2016 ;
- le délai de reprise de l'administration en matière d'impôt sur le résultat professionnel (LPF, art. L. 169) et de taxes sur le chiffre d'affaires (LPF, art. L. 176) est porté de deux à trois ans. Ces dispositions s'appliquent aux délais de reprise venant à expiration postérieurement au 31 décembre 2014.

Les autres avantages accordés aux adhérents d'organismes de gestion agréés n'ont pas été remis en cause. Il s'agit essentiellement de la dispense de majoration de 25 % des revenus déclarés. Cette dispense s'applique également aux contribuables non adhérents qui font appel à un expert-comptable agréé par l'administration.

b. Obligations

Les adhérents ont l'obligation :
- de s'engager à suivre les recommandations qui leur ont été adressées par l'ordre ou l'organisation dont ils relèvent en vue d'améliorer la connaissance des revenus de leurs membres ;
- de fournir à l'association tous les éléments nécessaires à l'établissement d'une déclaration sincère et complète ;
- d'accepter les règlements par chèques libellés à leur nom ;
- d'informer leur clientèle sur leur qualité d'adhérent et sur la possibilité de régler par chèque ;
- de payer une cotisation annuelle (CGI, ann. II, art. 371 M et s.).

C. Particularités des revenus non commerciaux non professionnels

Les titulaires des revenus non commerciaux non professionnels ne peuvent adhérer à une association agréée. Ils ne bénéficient donc pas des avantages fiscaux générés par cette adhésion.
Les déficits ne sont pas imputables sur le revenu global, mais seulement reportables sur les bénéfices tirés d'activités de même nature pendant les six années suivantes.

CHAPITRE 4

Calcul du revenu net global

Pour chaque catégorie, un revenu net a été déterminé selon l'équation :

Revenu net catégoriel = Revenu brut – Charges

La deuxième étape de calcul consiste à faire la somme des revenus nets catégoriels qui ne sont pas imposés selon un barème proportionnel (les plus-values immobilières des particuliers, les revenus de capitaux mobiliers lorsqu'ils sont exceptionnellement soumis au prélèvement libératoire), ce qui permet de déterminer le revenu brut global.

Revenu brut global (ou déficit global) = Somme des revenus nets catégoriels

Mais, ce revenu brut global n'est pas encore le revenu imposable. Seul est saisi par l'impôt le revenu net global.

Revenu net global = (dans l'ordre indiqué) (Revenu brut global – Déficits reportables des années antérieures) – CSG – Charges déductibles du revenu global

Attention à ne pas confondre

- **Les charges déductibles du revenu catégoriel, qui sont des dépenses engagées pour l'acquisition ou la conservation du revenu ;**
- **et les charges déductibles du revenu global, dépenses limitativement énumérées par la loi fiscale qui constituent un emploi du revenu.**

§ 1. Imputation des déficits

I. Principes (CGI, art. 156.I)

- **Au niveau catégoriel :** le déficit subi par l'un des membres du foyer fiscal est compensé par des revenus :

– de même nature,
– réalisés au cours de la même année par un autre membre du foyer fiscal.

- **Entre catégories de revenus :** sauf exceptions (*cf.* ci-dessous), les déficits catégoriels s'imputent sur les autres catégories de revenus.

> **CGI, art. 13.3** « Le bénéfice ou revenu net de chaque catégorie de revenu… est déterminé suivant les règles propres à chacune d'elles. Le résultat d'ensemble de chaque catégorie de revenus est obtenu en totalisant, s'il y a lieu, le bénéfice ou revenu afférent à chacune des entreprises, exploitations ou professions ressortissant à cette catégorie et déterminé dans les conditions prévues par cette dernière. »
> sous déduction
> **CGI, art. 156-I** « Du déficit constaté pour une année dans cette catégorie de revenus… »

Si l'imputation totale ou partielle s'avère impossible du fait de l'absence ou de l'insuffisance de revenus d'autres catégories, le déficit non imputé est reportable sur le revenu global des années suivantes, jusqu'à la sixième inclusivement.

EXEMPLE

Un déficit catégoriel subi en 2018 est déductible du revenu global de 2018. Si l'imputation totale ou partielle s'avère impossible, le reliquat du déficit est reportable sur le revenu global de 2019. S'il subsiste encore un reliquat, celui-ci est à son tour reporté sur l'année suivante, et ainsi de suite jusqu'en 2024.

REMARQUE

En cas de répétition de déficits, le report doit être effectué en commençant par les plus anciens.

II. Exceptions aux principes

A. Les déficits fonciers (CGI, art. 156 I-3°)

Par exception au principe, les déficits fonciers ne peuvent être imputés que sur les revenus fonciers des années suivantes. Toutefois, l'imputation sur le revenu global est possible sous certaines conditions et dans certaines limites. Sur cette question, on se reportera p. 70.

B. Les déficits agricoles (CGI, art. 156, I, 1°)

Les déficits agricoles peuvent être imputés sur le revenu global lorsque le total de tous les revenus nets *non agricoles* dont dispose le foyer fiscal est inférieur à 110 646 € (IR 2018). Dans le cas contraire, les déficits agricoles ne sont reportables que sur les bénéfices de même nature réalisés au cours des six années suivantes.

C. Des règles particulières

Sont également applicables en cas de :

– déficits d'activités non commerciales à caractère non professionnel (CGI, art. 156 1-2° : « ... n'est pas autorisée l'imputation : ... 2° – des déficits provenant d'activités non commerciales au sens de l'article 92, autres que ceux qui proviennent de l'exercice d'une profession libérale ou de charges ou offices dont les titulaires n'ont pas la qualité de commerçant ; ces déficits peuvent cependant être imputés sur les *bénéfices tirés d'activités semblables* durant la même année sur les six années suivantes... ») ; sur cette notion : lire CE 8e et 9e s.-sect., 29 juill. 1998 *M. Chassagnon,* conclusions de M. J. Arrighi de Casanova *Dr. fisc.* 1998, n° 49, p. 1518 ;

– déficits d'activités commerciales à caractère non professionnel (CGI, art. 156 I-1° *bis*).

§ 2. La contribution sociale généralisée sur les revenus du patrimoine (CGI, art. 154 *quinquies* II)

La contribution sociale généralisée sur les revenus patrimoniaux (revenus fonciers, plus-values mobilières, etc.) ou sur les produits de placement à revenus fixes ou variables soumis au barème progressif d'imposition (intérêts, dividendes, etc.) est déductible à hauteur de 6,8 % du revenu imposable de l'année du paiement de la taxe (l'excédent, soit 3,1 % n'est pas déductible).

REMARQUE

La CSG due sur les revenus d'activité (traitements, salaires, etc.) ou de remplacement (pensions de retraite, allocations chômage, etc.) est partiellement déductible (6,8 %, 5,9 % ou 3,8 % selon le cas) du montant imposable de ces revenus. En revanche, la déduction partielle sur les revenus du patrimoine s'impute sur le revenu global.

À l'inverse, la CSG payée sur les revenus du patrimoine et les produits de placement soumis à une imposition forfaitaire ou à un prélèvement libératoire n'est pas déductible (CSG sur les plus-values immobilières, CSG sur certains revenus de produits financiers). De même, la CSG payée sur des revenus exonérés d'impôt n'est pas déductible (Plan ou compte d'épargne logement, etc.).

§ 3. Les charges déductibles du revenu global

Ces *charges* constituent des dépenses d'emploi du revenu. Leur importance s'est sensiblement réduite depuis 1983 en ce sens que la plupart d'entre elles ont été progressivement remplacées par des *réductions* d'impôt. En effet, le mécanisme de déduction du revenu global n'était pas satisfaisant car il conférait un avantage croissant avec le revenu. Afin de mettre fin à cette anomalie tout en maintenant un avantage fiscal au profit des contribuables qui exposent de telles dépenses, l'article 3 de la loi de finances pour 1984 a remplacé ces déductions par des réductions d'impôt. Ainsi, à dépense égale, l'allégement d'impôt est exactement le même, quelle que soit l'importance du revenu imposable.
En pratique, cependant, les réductions d'impôt obéissent sur bien des points aux mêmes règles que les charges déductibles du revenu global, en particulier pour la nécessité d'un texte exprès qui doit être strictement interprété (C. David, *L'impôt sur le revenu des ménages*, Economica, n° 2551 et s.) et par leur caractère subsidiaire (*ibid.* n° 2560) ce qui les oppose aux charges catégorielles.

Les charges déductibles du revenu global, limitativement énumérées par la loi :
– ne doivent pas avoir été déjà déduites des revenus catégoriels ;
– doivent être justifiées.

Liste des charges déductibles du revenu global	
Pensions alimentaires	CGI, art. 156, II-2°
Frais d'accueil de personnes âgées de plus de 75 ans	CGI, art. 156, II-2° *ter*
Cotisations sociales	CGI, art. 163 *quatervicies*
Versement pour la retraite mutualiste du combattant	CGI, art. 156, II-5°
Intérêts des prêts consentis aux rapatriés	CGI, art. 156, II-1°
Arrérages de certaines rentes	CGI, art. 156, II-2°
Charges foncières des immeubles historiques et assimilés	CGI, art. 156, I-3° ; CGI, art. 156 *bis*

Deux exemples de traitement de ces charges déductibles sont donnés ci-après.

I. Pensions alimentaires (CGI, art. 156, II-2°)

Les pensions alimentaires peuvent être versées dans le cadre d'une obligation alimentaire ou en vertu d'une décision de justice.

A. L'obligation alimentaire

a. Définition

Conformément aux articles 205 à 211 et 367 du Code civil, il existe une obligation alimentaire réciproque :
– entre ascendants et descendants;
– entre gendre, belle fille et beaux-parents (sauf lorsque l'époux qui produisait l'affinité et les enfants issus du mariage sont décédés).
Le bénéficiaire doit être dans le besoin.

b. Principe

La somme versée à titre de pension alimentaire est :
– déductible des revenus du débiteur,
– imposable au nom du bénéficiaire.
Elle doit être versée en tenant compte des besoins du bénéficiaire et de l'état de fortune de celui qui la verse (C. civ., art. 208). C'est ainsi que la pension allouée à un ascendant est normalement déductible du revenu global du débiteur pour son montant réel et justifié.
Toutefois, en cas de pension versée aux enfants majeurs *célibataires*, la limite de déduction (et donc d'imposition) est plafonnée à 5 887 € (IR 2018) par enfant et par an. Cette limite peut être doublée si le contribuable subvient seul aux besoins de ses enfants majeurs célibataires, veufs ou divorcés ou chargés de famille.
Si la pension est versée à un enfant majeur *marié*, la limite de déduction (et donc d'imposition) est de 5 887 € (IR 2018) si les beaux-parents de l'enfant participent également à l'entretien du foyer. Elle est de 11 775 € (IR 2018) si le contribuable assure seul la charge du ménage.

c. Deux cas particuliers

- **Enfant majeur ou ascendant sans ressources suffisantes et vivant sous le toit du contribuable** (pension acquittée en nature) : possibilité de déduire, sans justificatifs, pour les dépenses de nourriture et de logement, une somme forfaitaire de 3 466 € (IR 2018) par enfant majeur et par ascendant. Les dépenses réelles de nourriture et de logement et les autres frais peuvent être déduits s'ils sont justifiés et dans la limite de 5 888 € (IR 2018).

- **Ascendants hospitalisés privés de ressources suffisantes :** les frais d'hébergement dans une maison de retraite, et les frais d'hospitalisation les concernant peuvent être déduits dans leur intégralité.

B. Décision de justice

a. Divorce ou séparation de corps

- **La pension, *autre que celle destinée à l'entretien des enfants*, est déductible si les trois conditions suivantes sont réunies :**

– les époux doivent être soit séparés de corps, soit divorcés, soit en instance de séparation de corps ou de divorce et faire l'objet d'une imposition séparée ;

– les sommes versées doivent avoir le caractère de pension alimentaire (les versements en capital et les sommes versées à titre de dommages et intérêts ne sont pas déductibles). Les rentes et les versements en capital effectués sur une période de plus de douze mois à titre de prestation compensatoire sont assimilés à des pensions alimentaires ;

– le versement de la pension doit résulter d'une décision de justice. Si aucune clause d'indexation n'a été prévue par le jugement de divorce ou de séparation, la pension alimentaire peut être spontanément revalorisée par référence à la variation de l'indice moyen annuel des prix à la consommation.

- **La pension versée pour l'entretien des enfants mineurs dont le contribuable n'a pas la garde est déductible à hauteur du montant fixé par le juge.** Cette pension peut être spontanément révisée par le débiteur sans nouvelle décision de justice (L. du 4 mars 2002 relative à l'autorité parentale). Cette revalorisation doit être conforme à l'évolution du coût de la vie. La pension est imposable au nom du parent qui la reçoit. Cette pension peut être remplacée par le versement à l'enfant d'un capital constitutif d'une rente. Dans ce cas, la somme déductible annuellement est égale au montant du capital, divisé par le nombre d'années de service de la rente, sans pouvoir dépasser 2 700 € (CGI, art. 156, II,-2°).

- **La pension alimentaire fixée par le juge au profit d'un enfant majeur ne peut être déduite au-delà de 5 888 €** (IR 2018).

b. Cessation de la vie commune sans dissolution du mariage

Les sommes versées au titre de la contribution aux charges du mariage sont déductibles à deux conditions :

1. Le montant de la contribution doit avoir été fixé par le juge.
2. Les deux conjoints doivent faire l'objet d'impositions distinctes (p. 23).

II. Frais d'accueil sous le toit du contribuable d'une personne âgée de plus de 75 ans (CGI, art. 156, II-2e *ter*)

A. Conditions

La personne recueillie doit :
- être âgée de plus de 75 ans au 1er janvier ou au 31 décembre de l'année de l'imposition ;
- ne pas être en mesure de bénéficier d'une pension alimentaire ;
- vivre en permanence sous le toit du contribuable ;
- avoir un revenu imposable inférieur ou égal au plafond de ressources prévu pour l'octroi de l'allocation de solidarité aux personnes âgées (Aspa), soit 9 998,40 € en 2018 pour une personne seule, 15 522,54 € pour un couple marié ou lié par un Pacs dont l'un des conjoints a plus de 75 ans.

B. Conséquences

- Les avantages en nature sont déductibles pour leur montant réel dans la limite de 3 500 € (IR 2018) par an et par personne recueillie.
- Constituant des libéralités ils ne sont pas imposables au nom du bénéficiaire.

§ 4. Abattements spéciaux

I. Abattements accordés aux personnes âgées ou invalides (CGI, art. 157 *bis*)

Le contribuable âgé de plus de 65 ans au 31 décembre de l'année de l'imposition ou invalide (dans les conditions posées par l'article 195 du

CGI) peut déduire du revenu global auquel nous sommes parvenus après les charges déductibles, une somme de (IR 2018) :

– 2 414 € si ce revenu n'excède pas 15 140 € ;
– 1 207 € si ce revenu est compris entre 15 140 € et 24 390 €.

Dans le cas de personnes mariées soumises à imposition commune, l'abattement est applicable à partir du moment où l'un des époux remplit les conditions d'âge ou d'invalidité.
La déduction est doublée si les deux époux remplissent ces conditions.

II. Abattement pour rattachement d'enfants à charge mariés ou chargés de famille (CGI, art. 6, 3 et 196 B)

Cet abattement est de 5 888 € (IR 2018) pour chacun des enfants du jeune ménage. Les conditions d'application de cette déduction sont précisées en p. 21.

POUR EN SAVOIR PLUS

David (C.) – *L'impôt sur le revenu des ménages*, Economica, n° 2425.

CHAPITRE 5

Détermination du montant de l'impôt

Le calcul du montant de l'impôt peut être décomposé en trois phases.

§ 1. Première phase

Il faut déterminer le revenu global imposable correspondant à une part (système du quotient familial) :

$$\frac{\text{Revenu global}}{\textit{Nombre de parts}} = \text{Revenu d'une part}$$

I. Nombre de parts

Chaque membre du foyer fiscal représente une demi-part ou une part. Un couple dispose de deux parts de quotient familial. Chacun des deux premiers enfants ouvre droit à une demi-part supplémentaire. Chacun des enfants à partir du troisième ouvre droit à une part entière.

ILLUSTRATION

Un couple a trois enfants à charge. Le revenu imposable du foyer est de 20 000 €.

– Mari	=	1 part
– Épouse	=	1 part
– 1er enfant	=	½ part
– 2e enfant	=	½ part
– 3e enfant	=	1 part
Calcul du nombre de parts	=	4
– Revenu d'une part	:	$\frac{20\ 000\ €}{4} = 5\ 000\ €$

REMARQUE

L'article 194 du CGI prévoyait que le premier enfant à charge des contribuables célibataires ou divorcés ouvrait droit à une part entière du quotient familial.

Jusqu'à l'imposition des revenus de 1995, cette demi-part supplémentaire jouait en faveur des couples non mariés. Ainsi, des concubins avec un enfant bénéficiaient de trois parts, un couple marié avec un enfant de 2,5 parts. Selon le niveau et la répartition des ressources entre conjoints, l'économie d'impôt réalisée par les concubins pouvait être substantielle.

L'effet était encore plus important lorsque deux concubins apporteurs de ressources prenaient chacun un enfant à charge (Conseil des impôts, 11e rapport, 1990).

Certes, l'avantage en impôt procuré par cette demi-part supplémentaire était (et reste sous le nouveau régime) plafonné. Mais, jusqu'à l'imposition des revenus de 1995, ce plafonnement spécifique limitait, en fait, assez peu les conséquences de cette situation (même rapport du Conseil des impôts).

L'égalité entre les couples mariés et les concubins a été rétablie par la loi de finances pour 1996 (imposition des revenus de 1995). L'article 3 de la loi pose le principe de l'attribution d'une demi-part de quotient familial pour le premier enfant à charge de tous les contribuables. Toutefois, sous certaines conditions, les foyers réellement monoparentaux peuvent conserver le bénéfice d'une part entière de quotient familial au titre de leur premier enfant à charge.

II. Résidence alternée et calcul du nombre de parts

A. Premier cas : le foyer fiscal est uniquement composé d'enfants en résidence principale

Nombre d'enfants	Nombre de parts du foyer fiscal	Parent isolé (case T de la déclaration)
1	1 ½ (contribuable 1, enfant ½)	+ ½ part pour le foyer fiscal
2	2	
3	3	
4	4	

ILLUSTRATION

Une personne divorcée vit seule ; son foyer fiscal est composé de trois enfants en résidence principale.

Nombre de parts :

– Contribuable	=	1 part
– 1er enfant (charge exclusive)	=	½ part
– 2e enfant (charge exclusive)	=	½ part
– 3e enfant (charge exclusive)	=	1 part
– Majoration personne seule	=	½ part
		3,5 parts

B. Deuxième cas : le foyer fiscal est exclusivement composé d'enfants en résidence alternée

Nombre d'enfants	Nombre de parts du foyer fiscal	Parent isolé (case T de la déclaration)
1	1 ½ (contribuable 1, enfant ½)	+ ½ part Si les enfants en résidence alternée sont au moins 2
2	1 ½	
3	2	
4	3 ½	

ILLUSTRATION

Une personne divorcée vit seule; son foyer fiscal est composé de trois enfants en résidence alternée.

Nombre de parts :

– Contribuable	=	1 part
– 1er enfant (garde alternée)	=	¼ part
– 2e enfant (garde alternée)	=	¼ part
– 3e enfant (garde alternée)	=	½ part
– Majoration personne seule	=	½ part
		2,5 parts

C. Troisième cas : le foyer fiscal est composé d'enfants en résidence principale et d'enfants en résidence alternée

a. Cas général

Pour le calcul du nombre de parts, les enfants en résidence alternée sont décomptés après les enfants dont la charge est assumée à titre principal et après les personnes vivant sous le toit et titulaires de la carte d'invalidité.

La majoration du quotient familial est calculée de la façon suivante :

– lorsque le conjoint assume par ailleurs la charge exclusive d'un enfant : ¼ pour le premier enfant en résidence alternée et ½ part à compter du deuxième;

– lorsque le contribuable assume par ailleurs la charge exclusive d'au moins deux enfants : ½ part pour chacun des enfants en résidence alternée.

b. Cas particulier des parents isolés

Dès lors que l'un des parents assume la charge exclusive d'au moins un enfant, le nombre de parts auquel il peut prétendre est majoré d'½ part, quel que soit par ailleurs le nombre d'enfants dont la charge est partagée avec l'autre conjoint.

ILLUSTRATION

Une personne divorcée vit seule; son foyer fiscal est composé d'un enfant dont elle a la charge unique et de trois enfants en résidence alternée.
Nombre de parts (*rappel : les enfants en résidence alternée sont décomptés après les enfants dont la charge est assumée à titre principal*) :

– Contribuable	=	1
– 1er enfant (charge exclusive)	=	½
– 2e enfant (résidence alternée)	=	¼
– 3e enfant (résidence alternée)	=	½
– 4e enfant (résidence alternée)	=	½
– Majoration personne seule	=	½
		3,25 parts

§ 2. Deuxième phase

REMARQUE

Les plus-values ou profits imposables au taux proportionnel de 19 % (plus-values réalisées par les personnes physiques lors de la cession d'immeubles ou de droits immobiliers) sont exclus de la taxation calculée selon le barème progressif (*cf.* correction à apporter à l'impôt brut, p. 134).

Le montant de l'impôt brut est déterminé en deux étapes :

I. Première étape

Il s'agit de déterminer l'*impôt dû pour une part*, ce qui revient à appliquer à cette part le *barème progressif par tranches* de l'impôt sur le revenu.
Le **tarif de l'impôt** peut être fixe, proportionnel ou progressif. La progressivité est globale ou par tranches :

Fixe	La cession d'un bail à durée illimitée de droit de chasse est taxée à un droit d'enregistrement de 125 € quel que soit le montant de la créance
Proportionnel	Le taux est proportionnel lorsqu'il constitue un pourcentage fixe de la base d'imposition. Par exemple, l'impôt sur les sociétés est de 33 ⅓ % du bénéfice imposable, que le montant de ce dernier soit de 1 525 € ou de 152 500 €

Progressif	Le taux est progressif lorsqu'il croît plus vite que la base d'imposition. La progressivité est dite globale lorsque la base d'imposition est divisée en cédules d'importance croissante et que le taux correspondant frappe la totalité de la cédule considérée. La progressivité est « par tranches » lorsque chaque taux n'atteint que la cédule concernée. Pour obtenir le montant de l'impôt, il faut totaliser les différents produits déterminés tranche par tranche. Le système de la progressivité par tranches atténue considérablement la progressivité de l'impôt pour les familles : quatre impôts calculés sur 100 font moins qu'un impôt calculé sur 400

CALCUL DU MONTANT DE L'IMPÔT BRUT : APPLICATION DU BARÈME AU REVENU D'UNE PART (LES CHIFFRES SONT SUPPOSÉS D'APRÈS LE CAS DÉCRIT DANS LA 1RE ILLUSTRATION)

Tranche	%	Base de calcul	Impôt pour une part
de 0,00 à 1 000 €	0	1 000 €	0,00 €
de 1 000 à 2 000 €	5	1 000 €	50 €
de 2 000 à 3 000 €	10	1 000 €	100 €
de 3 000 à 4 000 €	20	1 000 €	200 €
de 4 000 à 6 000 €	25	5 000 – 4 000 = 1 000 €	250 €
			= 600 €

II. Deuxième étape

L'impôt dû par le foyer fiscal est, bien évidemment, égal à :

Impôt pour une part × nombre de parts

Pour le cas décrit dans la 1re illustration :
Impôt brut du foyer = 600 € × 4 = 2 400 €

§ 3. Troisième phase

L'impôt brut doit être corrigé afin de tenir compte, dans un ordre précis, des données suivantes :

Ordre d'application	Corrections à apporter à l'impôt brut
1	Plafonnement des effets du quotient familial
2	Décote

3	Réductions d'impôt
4	Impôt sur les plus-values ou profits à taux proportionnel
5	Reprises de réductions ou de crédits d'impôts antérieurs
6	Contribution représentative du droit de bail et contribution additionnelle
7	Imputations diverses

I. Première correction : plafonner les effets du quotient familial

La technique du quotient familial, en faisant porter le barème progressif par tranches sur le revenu d'une part et non sur la totalité du revenu imposable du foyer fiscal, atténue les effets de la progressivité de l'impôt. Toutefois, l'avantage fiscal procuré par ce mécanisme favorise les foyers disposant de hauts revenus, les « gosses de riches ». La parade consiste à plafonner les effets du quotient familial pour les contribuables dont le revenu excède un montant tel que, à défaut de plafonnement, l'avantage en impôt excéderait la limite impartie. Ces seuils sont publiés annuellement par l'administration.

A. Principe

- **En vertu de l'article 197-1, 2° du Code général des impôts, l'avantage fiscal résultant de l'application du quotient familial est limité pour chacune des demi-parts ou quart de parts additionnelles.**

- **Sont qualifiées ainsi les demi-parts ou quart de parts qui s'ajoutent à :**

– deux parts pour les contribuables mariés ou liés par un Pacs faisant l'objet d'une imposition commune ainsi que les veufs ou veuves dont le conjoint ou le partenaire d'un pacs est décédé au cours de l'année d'imposition ;

– une part pour les contribuables, célibataires, divorcés, époux ou partenaires d'un pacs faisant l'objet d'une imposition séparée et veufs ou veuves dont le conjoint ou le partenaire est décédé avant le 1er janvier de l'année d'imposition.

- **Le plafond de l'avantage fiscal procuré par l'augmentation du nombre de parts s'élève à (IR 2018) :**

– 1 551 € pour chaque demi-part additionnelle ;

– 775,50 € pour chaque quart de part additionnel.

B. Cas particuliers

a. Contribuables célibataires, divorcés ou séparés vivant seuls et ayant la charge d'un ou plusieurs enfants

Ces contribuables ont la charge exclusive ou principale d'au moins un enfant. L'avantage en impôt procuré par la part entière accordée au titre du premier enfant est plafonné à 3 660 € (IR 2018).

b. Contribuables célibataires, divorcés ou séparés ou veufs vivant seuls, sans enfant à charge mais ayant élevé un ou plusieurs enfants

Les célibataires, divorcés, séparés ou veufs sans enfant à charge, qui vivent seuls et qui ont un enfant imposé distinctement, ont droit à une demi-part de quotient supplémentaire. L'économie en impôt en résultant est limitée à 927 € (IR 2018) pour les contribuables ayant supporté la charge exclusive ou principale de ces enfants pendant au moins 5 années au cours desquels ils vivent seuls (CGI, art. 197-I, 2°, al. 3).

c. Contribuables dans l'une au moins des situations suivantes

- titulaires d'une pension militaire d'invalidité ou de victime de guerre ;
- titulaires d'une pension pour accident du travail d'au moins 40 % ;
- titulaires personnellement de la carte d'invalidité prévue à l'article L. 241-3 du Code de l'action sociale et des familles, ou ayant à charge une personne titulaire de cette carte ;
- titulaires d'une pension de veuve de guerre ;
- personnes âgées de plus de 75 ans et titulaires de la carte du combattant ou d'une pension militaire d'invalidité ou de victime de guerre ;
- veuves âgées de plus de 75 ans d'une personne titulaire de la carte du combattant ou d'une pension militaire d'invalidité ou de victime de guerre.

- **L'avantage en impôt procuré par les majorations de quotient familial attaché à ces différentes situations est plafonné à (IR 2018) :**

- 3 098 € par demi-part additionnelle ;
- 1 549 € par quart de part additionnelle.

d. Veufs chargés de famille (dont le conjoint ou le partenaire est décédé avant le 1er janvier 2018)

L'avantage maximal en impôt attaché à la part supplémentaire dont bénéficient ces contribuables au titre du maintien du quotient conjugal (CGI, art. 194) est de 4 830 € (IR 2018).

C. Calcul du plafonnement

Le mécanisme du plafonnement consiste à comparer deux termes :
1er terme : impôt calculé en fonction du quotient familial de l'intéressé sans plafonnement ;
2e terme : impôt calculé sur la base d'un quotient familial :
- de deux parts, si le contribuable est marié ou lié par un Pacs et soumis à imposition commune ;
- d'une part, si le contribuable est veuf, célibataire, divorcé ou séparé.

Le montant de l'impôt ainsi obtenu, est diminué du montant du plafond correspondant à l'ensemble des demi-parts ou quart de parts additionnelles selon la situation de famille du contribuable.
Si le premier terme est inférieur au second, le plafonnement est applicable et l'impôt à retenir est celui correspondant au second terme.
Si le premier terme est supérieur au second, le plafonnement n'est pas applicable et le montant de l'impôt à retenir est celui correspondant au premier terme.

ILLUSTRATION

Un contribuable marié a trois enfants à charge. Son revenu imposable est de 130 000 €.
Le quotient familial est de 4 parts, 2 pour les parents et 4 ½ parts additionnelles :
- Couple = 2 parts
- 1er enfant = ½ part
- 2e enfant = ½ part
- 3e enfant = 1 part

Calcul du plafonnement :
- 1er terme : impôt calculé sur la base de 4 parts : (supposition) : 24 000 € ;
- 2e terme : impôt calculé sur la base de 2 parts : (supposition) : 50 000 €.
- À retrancher : plafond de l'avantage octroyé par le quotient familial pour 4½ parts additionnelles : 2 000 € × 4 = 8 000 €.
- Impôt correspondant : 50 000 € – 8 000 € = 42 000 €.

Le 1er terme est inférieur au second ; l'impôt à retenir est celui correspondant au 2e terme, soit 42 000 €.

II. Deuxième correction : appliquer la décote

La décote a pour effet d'abaisser la pression fiscale sur les bas revenus. L'origine de la décote réside dans la volonté du législateur d'exonérer d'impôt les salariés rémunérés au SMIC. Jusqu'en 1980, les salariés imposables sur une part et dont les revenus ne dépassaient pas un certain plafond, bénéficiaient d'un abattement. Au-delà de ce plafond, ils devenaient imposables. L'introduction de la décote, en 1980 a permis d'éviter cet effet de seuil. À partir des revenus de 1986, la décote fut généralisée aux couples et aux familles.

Le mode de calcul et le montant de la décote ont été modifiés par la loi de finances pour 2015 (art. 2, I-A-3°) puis, de nouveau, par la loi de finances pour 2016. Le nouveau mode de calcul est beaucoup plus favorable aux contribuables.
Désormais, bénéficient de la décote les contribuables dont l'impôt, avant application éventuelle des réductions d'impôt, est inférieur à (IR 2018) :
- 1 595 € pour les contribuables célibataires, divorcés, et veufs;
- 2 627 € pour les contribuables mariés ou liés par un Pacs soumis à une imposition commune.

Les bénéficiaires bénéficieront d'une décote égale à la différence entre son plafond (1 196 € ou 1 970 € en fonction de la situation des contribuables) et les trois quarts du montant de la cotisation d'impôt brut.

ILLUSTRATION

Le montant de l'impôt d'un contribuable célibataire, résultant du barème de l'impôt progressif par tranches, s'élève à la somme de 600 €.

Ce montant est diminué d'une décote égale à 1 196 € – (¾ × 600 €) = 746 €

Impôt après décote : 600 € – 746 € = 0

Pour un couple soumis à imposition commune, le montant de la décote serait égal à : 1 970 € – (¾ × 600 €) = 1 520 €

Impôt après décote : 600 € – 1 520 € = 0

III. Troisième correction : pratiquer les réductions d'impôt

A. Charges ouvrant droit à réduction d'impôt

Elles sont limitativement énumérées par la loi et comprennent :

Les dons versés aux organismes d'aide aux personnes en difficulté	CGI, art. 200
Les dons versés aux œuvres d'intérêt général ou d'utilité publique et aux partis politiques	CGI, art. 200
Les primes de rente-survie et contrats d'épargne handicap	CGI, art. 199 *septies*
Les prestations compensatoires versées en cas de divorce	CGI, art. 199 *octodieces*
Les sommes versées pour l'emploi d'un salarié à domicile (dans certaines hypothèses, ces sommes peuvent faire l'objet d'un crédit d'impôt)	CGI, art. 199 *sexdecies*
Les frais de scolarité des enfants à charge	CGI, art. 199 *quater* F
Les dépenses liées à la dépendance en cas d'accueil dans un établissement pour personnes âgées	CGI 199, art. *quindecies*
Les souscriptions au capital des PME	CGI, art. 199 *terdecies* 0A I à V
Les souscriptions de parts de FCP dans l'innovation (FPCI)	CGI, art. 199 *terdecies* 0A, VI
Les souscriptions de parts de fonds d'investissement de proximité	CGI, art. 199 *terdecies* 0A, VI *bis*
Les souscriptions au capital de SOFICA	CGI, art. 199 *unvicies* et 238 *bis* HE
Les souscriptions au capital de SOFIPECHE	CGI, art. 199 *quatervicies*
L'aide apportée aux créateurs et repreneurs d'entreprise	CGI, art. 200 *octies*
Les intérêts d'emprunts contractés pour la reprise d'une société. Cette réduction d'impôt est supprimée à compter du 1er janvier 2016 (LF 2015, art. 70). Ces frais restent déductibles du résultat imposable de l'exploitant	CG I 199 *terdecies*-0B
Les frais de comptabilité et d'adhésion à un centre de gestion ou à une association agréé	CGI, art. 199 *quater* B
Les investissements réalisés dans les départements et territoires d'outre-mer	CGI, art. 199, *novovicies X I I*
L'investissement locatif dans le secteur touristique	CGI, art. 199 *decies* E à 199 *decies* G
Les investissements dans le secteur forestier	CGI, art. 199 *decies* H
Dépenses de préservation du patrimoine naturel	CGI, art. 199 *octovicies*
Les investissements locatifs dans des résidences hôtelières à vocation sociale	CGI, art. 199 *decies* I
Les investissements locatifs non professionnels dans des résidences meublées	CGI, art. 199 *sexvicies*

Les intérêts perçus en cas de cession d'une exploitation agricole avec paiement différé	CGI, art. 199 *vicies* A
Les cotisations versées pour la prévention des incendies de forêt	CGI, art. 200 *decies* A
Les travaux de conservation ou de restauration d'objets classés monuments historiques	CGI, art. 199 *duovicies*
Les investissements immobiliers « Scellier »	CGI, art. 31, I-1°-h et 199 *septvicies*
Les opérations de restauration immobilière « Malraux »	CGI, art. 199 *tervicies*
Les investissements « Duflot » (« Pinel »)	CGI, art. 199 *novovicies*
Travaux de grande ampleur visant à la rénovation énergétique globale des résidences de tourisme	PLF pour 2017, art. 41
Foyers fiscaux à revenus modestes	CGI, art. 197-4

B. Conditions

– Ces réductions d'impôt ne doivent pas avoir déjà été déduites des revenus.
– Toutes les charges doivent être justifiées.
– Les réductions sont réservées aux personnes fiscalement domiciliées en France.

C. Exemple de calcul d'une réduction d'impôt : dons à des œuvres (CGI, art. 200)

• Les dons aux organismes non lucratifs qui procèdent à la fourniture de repas à des personnes en difficulté, ou qui contribuent à faciliter leur logement, ou qui assurent à titre principal la fourniture de soins, ouvrent droit à une réduction d'impôt égale à 75 % de leur montant dans la limite des 546 premiers euros versés (IR 2018), soit une réduction maximale de 410 €. Ces versements n'entrent pas en compte pour l'application du plafond général égal à 20 % du revenu imposable. La fraction de versement qui excède 546 € est ajoutée aux dons consentis aux autres organismes.

• Les dons aux associations ou fondations reconnues d'**utilité publique** ; aux organismes d'**intérêt général** à caractère philanthropique, éducatif, scientifique, social, familial… ; aux établissements publics ou privés agréés et aux organismes agréés pour la **création d'entreprise** ; les dons pour le **financement des élections et des partis politiques**, ouvrent droit à une réduction d'impôt égale à 66 % de leur montant plafonné à 20 % du revenu imposable. Si les versements excèdent la limite de 20 %, l'excédent est reporté sur les cinq années suivantes et ouvre droit à la réduction d'impôt dans les mêmes conditions.

ILLUSTRATION

Un contribuable verse en 2018 les dons suivants :

– 600 € à une association d'aide au logement de personnes en difficulté ;

– 700 € au « denier du culte » ;

– 500 € à la Fondation de France.

Son revenu imposable de 2018 s'élève à 30 000 €.

Quel est le montant de la réduction d'impôt auquel il peut prétendre ?

Les conditions d'application de cette réduction d'impôt sont posées à l'article 200 du CGI. Il faut s'assurer que les conditions sont strictement satisfaites. Si tel est le cas, les donateurs peuvent bénéficier de la réduction d'impôt. Les incidences sont différentes selon la nature des associations ou organismes bénéficiaires des dons.

– Le don au profit de l'association d'aide au logement de personnes en difficulté bénéficie d'une réduction d'impôt à un taux de 75 % sur les 546 premiers euros versés :

546 € × 75 % = 410 €

– Le surplus du versement :

600 € – 546 € = 54 €, rejoint les autres versements et subit le « sort commun » des dons.

54 € + 700 € + 500 € = 1 254 € (< 30 000 € × 20 % = 6 000 € (le total des dons ne peut excéder 20 % du revenu imposable ; les versements qui fournissent un logement, des repas, des soins à des personnes en difficulté n'entrent pas en compte pour le calcul de ce plafond).

1 254 € × 66 % = 828 €

Montant de la réduction d'impôt : 410 € + 828 € = 1 238 €

D. Réduction d'impôt en faveur des foyers fiscaux à revenus modestes (CGI, art. 197-4)

a. Conditions

La réduction d'impôt concerne les contribuables domiciliés en France (CGI, art. 4 B) dont le montant des revenus du foyer fiscal est inférieur à 21 037 € pour la première part de quotient familial (célibataires, veufs, divorcés) et à 42 073 € pour les deux premières parts de quotient familial (contribuables mariés ou pacsés soumis à une imposition commune). Ces limites sont majorées de 3 797 € pour chacune des demi-parts suivantes et de la moitié de ce montant pour chacun des quarts de part suivants.

Le revenu pris en considération pour l'application de la mesure s'entend du revenu fiscal de référence (CGI, art. 1417, IV-1°) de l'année au titre de laquelle l'imposition est établie.

b. Montant de l'allégement d'impôt

Le montant de l'impôt est réduit de 20 %. La réduction est calculée sur l'impôt après application de la décote. Toutefois, pour les contribuables dont le montant du revenu fiscal de référence tel que défini à l'article 1417, IV-1° du CGI, excède 18 985 € pour la première part de quotient familial (contribuables célibataires, veufs ou divorcés) et 37 969 € pour les deux premières parts de quotient familial (contribuables mariés ou pacsés soumis à une imposition commune), limites éventuellement majorées, le taux de la réduction d'impôt serait dégressif.

IV. Quatrième correction : intégrer l'imposition de certains revenus

Un certain nombre de revenus sont imposés selon des modalités particulières. Il en est ainsi de l'impôt au taux forfaitaire, hors prélèvements sociaux, calculé sur les plus-values professionnelles à long terme imposables. Il en est ainsi, également, du prélèvement forfaitaire de 24 % sur les intérêts de placements financiers n'excédant pas 2 000 €, ou encore du prélèvement forfaitaire de 7,5 % calculé sur les pensions de retraite versées en capital. Ces impositions supplémentaires doivent être intégrées à l'impôt sur le revenu pour chiffrer la charge fiscale totale du contribuable.

V. Cinquième correction : reprise de réductions d'impôt antérieures

Le bénéfice des réductions d'impôt est généralement subordonné au respect de certains engagements. Le non-respect de ces obligations est sanctionné par la réintégration des avantages en impôt indûment accordés.

VI. Sixième correction : imputations diverses

Ces imputations, très nombreuses, clôturent le calcul du montant de l'impôt exigible. Il s'agit, essentiellement, des crédits d'impôt. D'autres imputations sont prévues par le législateur.

A. Crédits d'impôt

Qu'il s'agisse de réduction d'impôt ou de crédit d'impôt, le raisonnement à mener est identique :
- il existe une liste légale des crédits d'impôt;
- l'application de chaque crédit d'impôt est soumise à des conditions qui doivent être respectées.

En revanche, il existe une différence essentielle entre les deux mécanismes :
- la réduction d'impôt peut « effacer » l'imposition;
- Le crédit d'impôt s'impute sur le montant de l'impôt sur le revenu dû au titre de l'année au cours de laquelle la dépense a été payée. Si le crédit d'impôt excède le montant de l'impôt dû, l'excédent est restitué au contribuable.

a. Liste des crédits d'impôt

- Dépenses en faveur de la qualité environnementale de l'habitation principale[1] (CGI. art. 200 *quater*);
- dépenses d'équipement de l'habitation en faveur de l'aide aux personnes (CGI, art. 200 *quater* A);
- intérêts d'emprunt de la résidence principale (CGI, art. 200 *quaterdecies*);
- cotisations syndicales (CGI, art. 199 *quater C*);
- emploi d'un salarié à domicile (CGI, art. 199 *sexdecies*);
- frais de garde des jeunes enfants (CGI, art. 200 *quater B*);
- intérêts des prêts contractés pour le financement d'études supérieures (CGI, art. 200 *terdecies*);

b. Exemples de crédits d'impôt

Exemple 1 : Intérêts des prêts contractés en vue de financer l'acquisition de l'habitation principale.

Le bénéfice du crédit d'impôt est subordonné à des conditions codifiées à l'article 200 *quaterdecies* du CGI.

Les conditions

- Les prêts doivent être contractés en vue de financer l'acquisition ou la construction d'un logement affecté à l'habitation principale. Sont

1. La résidence qualifiée de « principale » lorsque le contribuable y vit avec sa famille la majeure partie de l'année. C'est dans cette résidence que se trouve le centre de ses intérêts matériels, professionnels et familiaux.

concernés les logements acquis neufs, anciens, en l'état futur d'achèvement, à rénover ou à construire ou encore acquis pour être transformés en logement. Le logement peut être acquis directement ou par l'intermédiaire d'une SCI non soumise à l'IS ;
- le logement doit répondre à des normes minimales de surface et d'habitabilité ;
- les logements doivent bénéficier du label BBC 2005 (bâtiment basse consommation).

Le calcul du crédit d'impôt

- L'assiette du crédit d'impôt est égale au montant des intérêts payés au titre des cinq premières annuités de remboursement (sept annuités pour les logements répondant aux conditions d'attribution du label BBC 2005). Les frais d'emprunt (frais de dossier, assurance, etc.) sont exclus. En principe, la date à partir de laquelle sont décomptées les cinq annuités est celle de la première mise à disposition des fonds.
- Les intérêts payés chaque année ne sont pris en compte que dans la limite d'un plafond égal à 3 750 € pour une personne seule ou à 7 500 € pour un couple. Ce plafond est majoré de 500 € par personne à charge (250 € pour les enfants en garde alternée).
- Le taux du crédit d'impôt est fixé à 40 % pour la première annuité de remboursement et à 20 % pour les quatre suivantes. Si le prêt est conclu en cours d'année, le crédit d'impôt est calculé au taux de 40 % pour les intérêts versés au titre des douze premières mensualités. Il passe à 20 % à partir de la treizième.

Pour les logements répondant aux conditions d'attribution du label BBC 2005, l'avantage fiscal est applicable pendant sept années au taux uniforme de 40 % (CGI, ann. III, art. 46 AZA *septies*).

Exemple 2 : Dispositif PINEL

(CGI, art. 199 *novovicies*).

Quels logements ouvrent droit au dispositif ?

- Acquisition d'un logement neuf ou en l'état futur d'achèvement performant au niveau énergétique (respect de la réglementation thermique 2012 ou de la norme bâtiment basse consommation 2005) ;
- acquisition entre le 1er septembre 2014 et le 31 décembre 2017 d'un immeuble ayant fait l'objet d'une réhabilitation lui permettant d'acquérir des performances énergétiques semblables à celles des logements neufs. Le logement doit être achevé dans les trente mois qui suivent la date de la signature de l'acte authentique ou de la date d'obtention du permis de construire ;

– construction d'un logement entre le 1er janvier 2013 et le 31 décembre 2016.

Le logement doit être mis en location au plus tard dans les douze mois à compter de l'achat ou de l'achèvement. En cas de départ du locataire, il doit être reloué dans le même délai. L'administration fiscale peut admettre un délai plus long à condition de démontrer que le propriétaire a mis tout en œuvre pour trouver un locataire.

À qui louer ?

– Le logement doit être la résidence principale du locataire ;
– si le logement a été acheté après le 1er janvier 2015, le logement peut être loué à un descendant ou à un ascendant ne faisant pas partie du foyer fiscal du propriétaire ;
– le montant des plafonds de revenus des locataires est fixé par décret et dépend de la composition du foyer du locataire et de la zone géographique où se trouve le logement.

Plafonnement des loyers

Le logement doit être loué en deçà d'un **plafond** fixé par décret. Pour les baux conclus en 2015, le plafond de loyer est de :
– 16,82 € le m² pour un logement situé à Paris et sa proche banlieue (zone A *bis*) ;
– 12, 49 € le m² dans la 1re et 2e couronne parisienne, Côte d'Azur, zone frontalière avec la Suisse (zone A) ;
– 10,06 € le m² dans les agglomérations de plus de 250 000 habitants, côte atlantique basque, grandes villes du bassin parisien (zone B1) ;
– 8,74 € le m² dans les agglomérations de plus de 50 000 habitants non comprises dans la zone B1 et les villes proches de l'Île-de-France (zone B1).

Ces plafonds sont ensuite **pondérés** pour tenir compte de la surface du logement (surface habitable, augmentée de la moitié des surfaces annexes hors parking, dans la limite de huit mètres carrés).

Avantage fiscal

La réduction d'impôt est calculée sur le **prix de revient** du bien.

Elle est égale à :
– 12 % du montant de l'investissement en cas de location pendant 6 ans ;
– 18 % pendant 9 ans ;
– 21 % pendant 12 ans.

L'engagement de location de 6 ou 9 ans peu être prolongé de 3 ans en 3 ans pour atteindre une durée totale de 12 ans.

Cette réduction d'impôt est **plafonnée** dans la double limite de 300 000 € par an et d'un prix de 5 500 € par m², quelle que soit la zone de construction. L'avantage fiscal **maximal** est donc égal à :
– 36 000 € si le bien est loué pendant 6 ans (300 000 € × 12 %) ;
– 54 000 € pendant 9 ans (300 000 € × 18 %) ;
– 63 000 € pendant 12 ans (300 000 € × 21 %).
De plus, le dispositif Pinel est pris en compte pour le calcul du plafonnement global des niches fiscales (10 000 € par an).

B. Autres imputations

Il s'agit des imputations suivantes :
- retenue à la source appliquée aux revenus des auteurs, artistes et sportifs domiciliés en France qui optent pour ce régime ;
- retenus à la source appliquée aux indemnités de fonction perçues par les élus locaux qui renoncent à ce régime de retenue et optent pour l'imposition dans la catégorie des traitements et salaires ;
- retenues non libératoires appliquées à certains revenus réalisés par des contribuables non domiciliés en France ;
- prime pour l'emploi.

CHAPITRE 6

Déclaration et paiement de l'impôt

§ 1. Déclaration de l'impôt : généralisation du principe de la déclaration en ligne

Le principe de la déclaration en ligne est mis en place sur quatre ans, de 2016 à 2019, pour les contribuables dont la résidence principale est équipée d'un accès à internet (PLF pour 2016, art. 34).
Pendant la période de transition, les contribuables dont le revenu fiscal de référence est supérieur à 40 000 € en 2016, 28 000 € en 2017 et 15 000 € en 2018, devront souscrire leur déclaration de revenus en ligne. La déclaration informatique sera pleinement effective pour la taxation, en 2019, des revenus de l'année 2018.
Toutefois, les contribuables qui indiquent à l'administration ne pas être en mesure de souscrire leur déclaration par voie électronique conserveront la faculté d'utiliser le formulaire papier.

§ 2. Paiement de l'impôt : mise en place du prélèvement à la source

1. Depuis le 1er janvier 2018, **les produits de placement à revenus variables** ou fixes sont imposés « à la source » au taux de 12,8 % (CGI, art. 117 *quater*). Ce prélèvement forfaitaire non libératoire s'impute sur l'impôt sur le revenu dû au titre de l'année au cours de laquelle il a été opéré.

EXEMPLE

Un contribuable perçoit en 2018 des dividendes pour un montant de 1 000 €. Un prélèvement forfaitaire obligatoire à la source de 128 € € est opéré en 2018. Ce prélèvement s'impute sur l'impôt sur le revenu brut 2019 calculé sur les revenus imposables au titre de 2018. Si le prélèvement est supérieur à l'impôt sur le revenu brut, l'excédent est restitué au contribuable.

Jusqu'à la mise en place de la généralisation du prélèvement à la source, **les autres revenus** perçus par les contribuables ne bénéficiaient pas d'un prélèvement forfaitaire non libératoire : en 2018, les contribuables se sont acquittés de l'impôt sur le revenu afférent à leurs revenus de 2017. Ce décalage entre l'année d'encaissement des revenus et l'année de paiement de l'impôt afférent à ces mêmes revenus peut entraîner, notamment, des difficultés de trésorerie en cas de chute des revenus d'une année sur l'autre (retraite…).

2. Le législateur a donc envisagé de **généraliser** le prélèvement à la source de l'impôt sur le revenu tout en préservant le caractère personnel de notre système d'imposition : l'impôt sur le revenu atteint l'ensemble de la capacité contributive du contribuable en tenant compte de sa situation et des charges de famille (foyer fiscal ; quotient familial ; progressivité du barème).
L'une des **solutions** consiste à demander à un tiers déclarant (employeur, établissement bancaire…) de prélever en N une imposition forfaitaire à la source, tout en préservant la vie privée du redevable. En N + 1, celui-ci dépose ensuite, comme il le fait actuellement, une déclaration annuelle de revenus qui indique à l'administration la composition de son foyer fiscal, la nature et le montant des revenus non déclarés par les tiers (revenus fonciers, revenus des activités indépendantes) et les réductions d'impôt (pensions alimentaires…) et crédits d'impôts (emploi d'un salarié à domicile…) auxquels il peut prétendre.
Cette réforme du mode de recouvrement de l'impôt, prévue par la loi de finances pour 2017, devait s'appliquer à compter du 1er janvier 2018. Pour des raisons techniques, son entrée en vigueur a été reportée au 1er janvier 2019.

3. La **généralisation** du prélèvement à la source peut-elle être envisagée **sans année transitoire ?**
Raisonnablement non. À compter du 1er janvier 2019, les contribuables devraient s'acquitter de l'impôt afférent à leurs revenus 2018 (N – 1) et de l'impôt portant sur leurs revenus 2019 (année N), au fur et à mesure de leur perception. Cette solution exposerait l'immense majorité des contribuables à des compréhensibles difficultés de trésorerie.

Le Parlement, en toute logique, a donc été conduit à instaurer une **année blanche fiscale, sous la forme d'un crédit d'impôt « modernisation du recouvrement »** (CIMR). À compter de 2019, les contribuables acquittent l'impôt sur les revenus de 2019 au fur et à mesure de leur perception (l'imposition étant régularisée en 2020 après le dépôt de la déclaration annuelle des revenus). Les revenus de l'année 2018 échappent à toute imposition.

Pour éviter que des contribuables avertis retardent ou anticipent en 2018 la réalisation d'impositions imposables, seuls les revenus d'activité sont concernés par « l'année fiscale blanche ». En revanche, les revenus exceptionnels réalisés en 2018 n'échapperont pas à l'impôt. Sont ainsi considérées comme revenus exceptionnels, par exemple, les prestations de retraite versées en capital, les primes de toute nature non prévues par le contrat de travail, ou encore toute rémunération ne correspondant pas à l'année 2018.

L'entrée en vigueur au 1er janvier 2019 du prélèvement à la source ne remet pas en cause les obligations déclaratives des contribuables au titre de leurs revenus de 2018. La liquidation de l'impôt dans les conditions habituelles permettra à l'administration de déterminer :

- le montant du crédit d'impôt modernisation du recouvrement destiné à effacer l'impôt sur les revenus de 2018 ;
- la part des réductions et crédits d'impôt afférente aux dépenses effectuées en 2018 restituables aux contribuables.

POUR EN SAVOIR PLUS

Beltrame (P.) et Melh (L.) – *Techniques, politiques et institutions fiscales comparées*, PUF, 2007.

Conseil des impôts, 11e rapport au président de la République (1990), p. 287 et s.

Conseil des prélèvements obligatoires, rapport sur le prélèvement à la source et l'impôt sur le revenu, févr. 2012 (https://www.ccomptes.fr).

www.prelevementalasource.gouv.fr

CHAPITRE 7

Les contributions sociales

§ 1. La contribution sociale généralisée sur les revenus d'activité et de remplacement

« Après l'instauration de l'impôt sur le revenu en 1914 et l'introduction de la TVA en 1953, la contribution sociale généralisée est une étape fondamentale de la réforme de notre système de prélèvement fiscal et social. »

Discours du Premier ministre à l'Assemblée nationale
le 15 novembre 1990

I. Dans la plupart des systèmes fiscaux, l'impôt sur le revenu des personnes physiques peut être décrit comme une imposition

- **Unitaire**, en ce sens qu'il est fait masse des revenus des contribuables et qu'un barème de taxation uniforme est applicable. **Dans le passé** un même contribuable pouvait subir simultanément plusieurs prélèvements :

des impôts (dits cédulaires) frappaient chaque catégorie de revenu ; à ceux-ci pouvait se superposer un impôt (dit général) portant sur l'ensemble des revenus.

- Calculée à **taux progressif** (en 1981, aux États-Unis, le barème comportait seize tranches dont les taux étaient échelonnés entre 14 et 70 %), et de ce fait investie d'une **fonction redistributive** (au Royaume-Uni, avant 1979, les revenus du capital étaient imposés jusqu'à 98 % et ceux du travail jusqu'à 83 %). Cette trop forte progressivité s'accompagnait d'une multiplication de régimes de faveurs et dispositions dérogatoires, facteurs de complexité. Progressivement le nombre de tranches diminue (il n'est plus que de trois en Grande-Bretagne, mais encore de six aux États-Unis et de cinq en France), ce qui devrait conduire, corrélativement à une disparition des mesures de tempérament ou d'exception.

Dans un même temps, les taux d'imposition ont été plafonnés à des niveaux moins confiscatoires (de 10 % à 40 % au Royaume-Uni, de 10 à 35 % aux États-Unis, mais encore de 0 à 40 % en France).

- Assise sur le revenu global, ce qui permet sa **personnalisation** pour tenir compte de la situation spécifique du contribuable.

- Enfin, à l'**exception notoire de la France**, **prélevée à la source** : des retenues sont effectuées par un tiers (employeur ou banquier) qui les verse au Trésor ; des ajustements ultérieurs sont effectués en fonction de la charge fiscale définitive.

II. Depuis les lois de finances pour 1991 et 1996

La France s'est fortement démarquée du « modèle international » et du système unitaire introduit en France par les lois Caillaux de 1914-1917, en introduisant successivement la *contribution sociale généralisée* (CSG), impôt à taux proportionnel (2,4 % en 1996 porté à 7,5 % à compter du 1er janvier 1997 et à 9,2 % à compter du 1er janvier 2018), à assiette large (aujourd'hui, la quasi-totalité des revenus) et prélevé à la source ; puis en 1996 une *contribution au remboursement de la dette sociale* (CRDS), elle aussi à taux proportionnel (0,5 %), à base large et prélevée à la source.

Ce système « plural » fait coexister l'impôt sur le revenu fortement personnalisé et à taux progressif mais de faible rendement (5,9 % du PIB en

1992[1], alors qu'à la même date les cotisations sociales représentaient 19,6 % du PIB), avec la CSG, prélèvement universel à taux proportionnel et à fort rendement[2] du fait, justement, de la généralité de son assiette et de son taux non négligeable.

Ainsi, plutôt que de financer la protection sociale par un recours accru à l'impôt sur le revenu, le législateur a-t-il préféré recourir à un nouveau prélèvement.

Le taux de la CSG est de 9,2 % pour les revenus d'activité. Les revenus de remplacement sont passibles du taux de 9,2 % pour les allocations de préretraite versées aux bénéficiaires dont la préretraite a pris effet depuis le 11 octobre 2007, du taux réduit de 8,3 % pour les autres allocations de préretraite et les pensions de retraite et d'invalidité, et de 6,2 % pour les autres revenus de remplacement (ces deux derniers taux peuvent être ramenés à 3,8 % dans certains cas).

§ 2. La contribution sociale sur les revenus du patrimoine

Les personnes physiques fiscalement domiciliées en France (CGI, art. 4 B) sont assujetties à cette contribution sur les revenus nets :
– des revenus fonciers ;
– des rentes viagères constituées à titre onéreux ;
– des revenus de capitaux mobiliers ;
– des plus-values, gains en capital et profits réalisés sur les marchés à terme d'instruments financiers et de marchandises, sur les marchés d'options négociables ainsi que sur les opérations de bons d'option, soumis à l'impôt sur le revenu à un taux proportionnel ;
– des revenus qui entrent dans la catégorie des BIC, des BNC ou des bénéfices agricoles, à l'exception de ceux qui sont assujettis à la contribution sur les revenus d'activité et de remplacement ;
– des plus-values professionnelles, revenus d'origine indéterminée taxés d'office et autres revenus non soumis à la CSG au titre des revenus d'activité imposés en France en vertu d'une convention fiscale.

Le **taux** de la contribution est de 9,9 %.

1. La moitié des revenus et la même proportion des ménages échappent à l'impôt sur le revenu.
2. Le rapport du point, sur une assiette suffisamment large serait de 48,2 milliards de francs ; *14e rapport du Conseil des impôts*, p. 1710.

La CSG sur les revenus du patrimoine imposés à l'impôt sur le revenu selon le barème progressif (ce qui exclut les revenus des plus-values) est déductible du revenu imposable de l'année de son paiement, à hauteur de 5,1 points. Le surplus, soit 3,1 % n'est pas déductible.

§ 3. La contribution sociale sur les produits de placements

Sont assujettis à cette contribution :
- les produits de placement à revenu fixe qui, à compter du 1er janvier 2013, sont soumis à un prélèvement forfaitaire non libératoire (CGI, art. 125 A, I);
- les dividendes et revenus assimilés;
- les plus-values immobilières et certaines plus-values sur biens meubles.

Le taux de la contribution est de 9,2 %.

§ 4. Les contributions pour le remboursement de la dette sociale (CRDS)

Les revenus d'activité et de remplacement (Code de la sécurité sociale, articles L. 136-2 à L. 136-4 et 136-8 III), les revenus du patrimoine (Code de la sécurité sociale, article L. 136-6 I) et les revenus de placements (visés à l'article L. 137-7 du Code de la sécurité sociale) supportent une contribution au taux de 0,5 %.

§ 5. Prélèvement social

Ce prélèvement de 4,5 % est applicable sur les revenus du patrimoine, la plupart des revenus mobiliers, les plus-values immobilières des particuliers et sur les produits de placements Les assiettes du prélèvement social et de la CSG sont identiques. Le prélèvement est opéré par voie de rôle.

§ 6. Contribution additionnelle au prélèvement social

Ces contributions additionnelles sont assises, contrôlées, recouvrées et exigibles dans les mêmes conditions que celles applicables aux prélèvements sociaux auxquels elles s'ajoutent.
La contribution additionnelle au prélèvement social sur les revenus de l'activité, les revenus de remplacement, les revenus du patrimoine et sur les produits de placement est fixée à 0,30 %.

§ 7. Contribution pour le financement du revenu de solidarité active

Pour financer le revenu de solidarité active (RSA), un prélèvement de solidarité au taux de 2 % est perçu sur les revenus du patrimoine et de placement soumis à la CSG.

POUR EN SAVOIR PLUS

La contribution sociale généralisée, *14e rapport du Conseil des impôts au président de la République*, 1995.

Gouadain (D.) – « La fiscalité directe sur le revenu des ménages sur les voies de la singularité. Vers un nouveau modèle de référence ? », *Dr. fisc.* 1996, n° 42, p. 1292-1297.

CHAPITRE 8

Contribution exceptionnelle sur les hauts revenus

(CGI, art. 223 *sexies*)

La contribution exceptionnelle s'applique depuis l'imposition des revenus de l'année 2011. Elle restera en vigueur jusqu'à l'imposition des revenus de l'année au titre de laquelle le déficit des administrations publiques est nul.

§ 1. Personnes concernées

Sont soumis à cette contribution les contribuables passibles de l'impôt sur le revenu dont le revenu fiscal de référence excède la limite de :
- 250 000 € s'il s'agit de contribuables célibataires, veufs, séparés ou divorcés ;
- 500 000 € s'il s'agit de contribuables mariés ou liés par un Pacs soumis à une imposition commune.

REMARQUE

Le revenu fiscal de référence est un revenu calculé par l'administration fiscale à partir du montant net des revenus et plus-values réalisés par le foyer fiscal et retenus pour le calcul de l'impôt sur le revenu de l'année précédente. Ce montant est majoré de certains revenus exonérés ou soumis à un prélèvement obligatoire, de certains abattements et charges déductibles du revenu global (CGI, art. 1417, IV-1°). Le revenu fiscal de référence est indiqué sur l'avis d'imposition adressé au contribuable.

§ 2. Assiette de la contribution

La contribution est assise sur le revenu fiscal de référence du foyer fiscal de l'année d'imposition. Ce revenu est calculé sans tenir compte des règles de quotient pour les revenus exceptionnels ou différés (CGI, art. 160-0 A).

En cas de changement de situation patrimoniale en cours d'année, les modalités d'imposition à la contribution obéissent aux mêmes règles qu'en matière d'impôt sur le revenu (BOI-IR-CHR, 70 à 100).

§ 3. Calcul de la contribution

I. Règle générale

La contribution est calculée en appliquant un barème progressif par tranches qui tient compte de la situation de famille du contribuable. En revanche, les charges de famille ne sont pas prises en compte.

Fraction du revenu fiscal de référence	Taux applicable	
	Contribuable célibataire, veuf, séparé ou divorcé	Contribuables mariés ou pacsés soumis à imposition commune
Inférieure ou égale à 250 000 €	0 %	0 %
Comprise entre 250 001 € et 500 000 €	3 %	0 %
Comprise entre 500 001 € et 1 000 000 €	4 %	3 %
Supérieure à 1 000 000 €	4 %	4 %

ILLUSTRATION

Un contribuable marié dont le revenu fiscal de référence est de 1 200 000 € sera redevable de la contribution suivante :

Fraction du revenu fiscal de référence	Assiette de l'imposition	Taux d'imposition	Imposition
Inférieure ou égale à 200 000 €	200 000 €	0 %	0
Comprise entre 250 000 € et 500 000 €	250 000 €	0 %	0
Comprise entre 500 000 € et 1 000 000 €	500 000 €	3 %	15 000 €
Comprise entre 1 000 000 € et 1 200 000 €	200 000 €	4 %	8 000 €
Montant de l'imposition			**23 000 €**

Éventuellement, le montant obtenu après application du barème est arrondi à l'euro le plus proche, la fraction d'euro égale à 0,50 étant comptée pour 1.

II. Lissage de la base d'imposition en cas de forte variation du revenu fiscal de référence

Un mécanisme de quotient permet d'atténuer l'imposition des contribuables qui bénéficient de revenus considérés comme exceptionnels (CGI, art. 233 *sexies*, II, 1).

A. Principe

Le bénéfice de ce mécanisme est réservé aux contribuables qui remplissent les trois conditions cumulatives suivantes :
- le contribuable a bénéficié, au titre de chacune des deux années précédant celle de l'imposition, d'un revenu fiscal de référence inférieur ou égal au seuil d'imposition à la contribution (250 000 € pour les contribuables célibataires, veufs, séparés ou divorcés; 500 000 € pour les conjoints ou partenaires de Pacs soumis à imposition commune);
- le revenu fiscal de référence de l'année d'imposition doit être supérieur ou égal à 1 fois et demie la moyenne des revenus fiscaux de référence des deux années précédant celle de l'imposition;
- le contribuable doit avoir été passible de l'impôt sur le revenu au titre des deux années précédant celle de l'imposition pour plus de la moitié de ses revenus de source française ou étrangère de même nature que ceux entrant dans la composition du revenu fiscal de référence.

B. Modalités de calcul

Pour le calcul de la contribution :
- la fraction du revenu fiscal de référence supérieure à la moyenne des revenus fiscaux des deux années précédentes est divisée par 2;
- le montant ainsi déterminé est ajouté à cette moyenne;
- la cotisation supplémentaire ainsi obtenue est multipliée par 2.

ILLUSTRATION

Un couple marié, non-résident, est titulaire d'un revenu fiscal de référence de 3 500 000 € au titre de l'imposition des revenus de l'année **2016**.

– Au titre de l'année **2014**, le revenu net global imposable en France du contribuable s'est élevé à 260 000 €. Le foyer fiscal a bénéficié d'une exonération d'impôt sur le revenu pour 10 000 €. Par suite, le revenu fiscal de référence « ordinaire » de ce contribuable s'est élevé à 270 000 €. Ce foyer fiscal a également perçu 100 000 € de salaires nets. Ces revenus de source étrangère, imposables dans son pays d'origine, ne sont pas pris en compte dans le revenu fiscal de référence au sens du droit français

(CGI, art. 1417). Toutefois, ils sont à rajouter au revenu fiscal de référence mondial qui s'élève donc à 370 000 € (360 000 € + 10 000 €).

– Au titre de l'année **2015**, le revenu net global imposable en France du contribuable s'est élevé à 330 000 €. Il a bénéficié d'une exonération d'impôt sur le revenu de 10 000 €. Dès lors, les revenus passibles de l'impôt sur le revenu se sont élevés à 340 000 €. Par ailleurs, ce contribuable a perçu 100 000 € de salaires et 50 000 € de plus-values immobilières dans son pays d'origine. Ces sommes sont à ajouter au revenu fiscal de référence ordinaire. Par suite, le revenu fiscal de référence mondial de ce contribuable est fixé à 490 000 €.

Les conditions d'application du mécanisme du quotient sont réunies, et notamment la dernière condition, puisque :

– au titre de l'imposition des revenus de 2014, les revenus passibles de l'impôt sur le revenu (270 000 €) sont supérieurs à la moitié du « revenu fiscal de référence mondial » (370 000 €/2 = 185 000 €) ;

– au titre de l'imposition des revenus de 2015, les revenus passibles de l'impôt sur le revenu (340 000 €) sont supérieurs à la moitié du « revenu fiscal de référence mondial » (490 000 €/2 = 245 000 €).

Toutes les conditions étant remplies, la base de la contribution est égale à :

– Revenu fiscal de référence au titre de l'imposition 2016 : 3 500 000 €.

– **Moins** moyenne des revenus passibles de l'IR en 2014 (340 000 €) et en 2015 (270 000 €) = 610 000 €/2 = 305 000 €.

– Total = 3 195 000 €, soit une moyenne de 1 597 500 € (3 195 000 €/2).

La moyenne du montant des revenus de 2014 (340 000 €) et 2015 (270 000 €), soit 610 000 €/2 = 305 000 €, est ajouté à la moyenne (1 597 500 €), soit une base de 1 902 500 €.

Liquidation de la contribution (application du barème) :

Fraction du revenu fiscal de référence	Assiette de l'imposition	Taux d'imposition	Imposition
Inférieure ou égale à 200 000 €	200 000 €	0 %	0
Comprise entre 250 000 € et 500 000 €	250 000 €	0 %	0
Comprise entre 500 000 € et 1 000 000 €	500 000 €	3 %	15 000 €
Comprise entre 1 000 000 € et 1 902 500 €	902 500 €	4 %	36 100 €
Double du montant de l'imposition (CGI, art. 223 *sexies* II, 1)			51 100 × 2 = 102 200 €

§ 4. Modalités de déclaration, de contrôle et de recouvrement

La contribution est déclarée, contrôlée et recouvrée selon les mêmes règles et sous les mêmes garanties et sanctions qu'en matière d'impôt sur le revenu (CGI, art. 233 *sexies*, I, 2).

CHAPITRE 9

Plafonnement de certains avantages fiscaux

Aux termes de l'article 200-0 A du CGI, le montant cumulé des déductions, réductions ou crédits d'impôt accordé au foyer fiscal ne peut pas procurer une réduction du montant de l'impôt sur le revenu supérieure à une somme modifiée chaque année. À compter de l'imposition des revenus de 2013, le plafond des avantages est abaissé à 10 000 €, sauf pour les réductions d'impôt liées aux investissements outre-mer et aux souscriptions au capital de Sofica qui continuent à bénéficier d'un plafond de 18 000 €.

§ 1. Avantages fiscaux concernés

Les avantages fiscaux concernés par le dispositif du plafonnement sont visés à l'article 200-0 A du CGI. Il s'agit, notamment :
- des réductions d'impôt sur le revenu énumérées par l'article de loi (souscription au capital de PME, de parts de FCPI, souscriptions au capital de Sofica, investissements outre-mer, investissements immobiliers Duflot...) ;
- des crédits d'impôt sur le revenu accordés à raison des dépenses suivantes : intérêts d'emprunt pour l'acquisition de la résidence principale, équipements de la résidence principale, emploi d'un salarié à domicile, frais de garde des jeunes enfants, intérêts des prêts étudiants, primes d'assurances pour garantir les loyers impayés.

§ 2. Calcul et imputation

Le revenu imposable servant de calcul au plafonnement des avantages fiscaux s'entend du revenu net global soumis au barème progressif de l'impôt sur le revenu.

L'administration applique le mécanisme du plafonnement en procédant à une double liquidation de l'impôt sur le revenu du foyer fiscal :

- tout d'abord, elle liquide l'impôt dans les conditions de droit commun, en tenant compte des déductions, réductions ou crédits d'impôt accordés au foyer fiscal ;
- ensuite, elle procède à une nouvelle liquidation de l'impôt en écartant les avantages fiscaux entrant dans le champ d'application du plafonnement.

La différence entre les deux liquidations permet de mettre en évidence l'économie d'impôt résultant des avantages fiscaux plafonnés. La part d'économie excédant le plafond (10 000 € à compter de l'imposition des revenus de 2013) est ajoutée à la cotisation d'impôt qui aurait dû être versée en l'absence de plafonnement.

SOUS-PARTIE 2

L'impôt sur le revenu professionnel des personnes morales

Les bénéfices des personnes morales sont soit imposés au nom des associés, soit passibles de l'impôt sur les sociétés.

CHAPITRE 10

Bénéfices imposés au nom des associés

Les personnes physiques imposées au sein des personnes morales suivantes sont soumises à l'impôt sur le revenu sur leur part de bénéfices conformément aux dispositions de l'article 8 du CGI.

Personnes morales
– Sociétés civiles – Sociétés en nom collectif – Groupements d'intérêt économique – Sociétés en commandite simple – Sociétés de fait – SARL unipersonnelles lorsque l'associé unique est une personne physique

Les résultats bénéficiaires ou déficitaires de ces groupements sont appréhendés fiscalement par les associés. La personne morale ne subit aucune imposition sur ses bénéfices, bien qu'ils soient calculés à son niveau.

Le résultat fiscal de ces personnes morales est déterminé selon des modalités, codifiées à l'art. 238 *bis* K du CGI, qui tiennent compte :

- de la nature de l'activité de la société lorsque les parts sont détenues par une personne physique ou une entreprise relevant du régime des BNC ou relevant du régime micro-BIC. Par exemple, une SCI de gestion a pour activité la location d'un immeuble dont elle est propriétaire. Les porteurs de parts de la société sont un salarié (TS) et un avocat (BNC). Le résultat de la SCI est déterminé selon les règles applicables aux revenus fonciers (conformément à l'activité de la société). Les éventuelles plus-values générées par la cession de l'immeuble sont taxées selon le régime des plus-values immobilières des particuliers ;
- du régime d'imposition des associés dans deux cas :
  - un associé de la société de personnes est une société IS soumise au taux de droit commun (CGI, art. 219) ;

CHAPITRE 11

Personnes morales relevant de l'impôt sur les sociétés

§ 1. Champ d'application

L'article 206-1 du CGI dispose que sont soumises à l'impôt sur les sociétés quel que soit leur objet :
– les sociétés anonymes,
– les sociétés à commandite par actions,
– les sociétés à responsabilité limitée,
– les sociétés coopératives.

Mais les sociétés de personnes qui ne relèvent pas de plein droit de l'impôt sur les sociétés peuvent aussi y être soumises sur option. La loi de finances pour 2019 prévoit que les sociétés ayant opté pour l'impôt sur les sociétés pourront renoncer à cette option avant le versement du premier acompte d'IS de la cinquième année qui suit celle de l'option. On trouve principalement les sociétés civiles, les entreprises unipersonnelles créées par des personnes physiques, les sociétés en nom collectif, les sociétés en commandite simple. D'autres collectivités peuvent relever du champ d'application de l'impôt sur les sociétés (art. 206-2 du CGI) si elles réalisent des activités commerciales.

EXEMPLES

- Société civile immobilière réalisant des opérations de marchand de biens.
- Associations effectuant des opérations de négoce.
- Associations ayant une activité de gestionnaire de leur parc immobilier (location soumise au taux d'impôt sur les sociétés de 24 %), bien que l'activité ne soit pas commerciale.

Par ailleurs, il existe un statut particulier pour l'entreprise individuelle à responsabilité limitée (« EIRL »). Il permet de séparer le patrimoine professionnel (patrimoine affecté) du patrimoine personnel.

CHAPITRE 10

Bénéfices imposés au nom des associés

Les personnes physiques imposées au sein des personnes morales suivantes sont soumises à l'impôt sur le revenu sur leur part de bénéfices conformément aux dispositions de l'article 8 du CGI.

Personnes morales
– Sociétés civiles – Sociétés en nom collectif – Groupements d'intérêt économique – Sociétés en commandite simple – Sociétés de fait – SARL unipersonnelles lorsque l'associé unique est une personne physique

Les résultats bénéficiaires ou déficitaires de ces groupements sont appréhendés fiscalement par les associés. La personne morale ne subit aucune imposition sur ses bénéfices, bien qu'ils soient calculés à son niveau.

Le résultat fiscal de ces personnes morales est déterminé selon des modalités, codifiées à l'art. 238 *bis* K du CGI, qui tiennent compte :

- de la nature de l'activité de la société lorsque les parts sont détenues par une personne physique ou une entreprise relevant du régime des BNC ou relevant du régime micro-BIC. Par exemple, une SCI de gestion a pour activité la location d'un immeuble dont elle est propriétaire. Les porteurs de parts de la société sont un salarié (TS) et un avocat (BNC). Le résultat de la SCI est déterminé selon les règles applicables aux revenus fonciers (conformément à l'activité de la société). Les éventuelles plus-values générées par la cession de l'immeuble sont taxées selon le régime des plus-values immobilières des particuliers ;
- du régime d'imposition des associés dans deux cas :
  - un associé de la société de personnes est une société IS soumise au taux de droit commun (CGI, art. 219) ;

- un associé de la société de personnes est une entreprise (exploitation individuelle ou personne morale) :
  - qui relève de l'impôt sur le revenu dans la catégorie des BIC ou dans celle des BA ;
  - qui est imposable de plein droit sous un régime de bénéfice réel (réel normal ou réel simplifié) ;
  - et qui a inscrit sa participation au bilan de l'entreprise lorsqu'il s'agit d'une exploitation individuelle.

EXEMPLE

Une SCI de gestion a pour activité la location d'un immeuble dont elle est propriétaire. Elle est détenue par deux associés : « A » dont l'activité est imposable selon le régime BIC réel ; « B », dont l'activité agricole est imposable au BA réel. Le résultat de la SCI est déterminé selon les règles applicables, pour « A » aux BIC (actif nécessaire à l'activité de l'entreprise), pour « B » aux BA (on ne tient plus compte de l'activité de la société mais du régime d'imposition de l'associé concerné). Les éventuelles plus-values de cession générées par la vente de l'immeuble seront déterminées selon les règles des plus-values privées professionnelles (CGI, art. 238 *bis* K).

Ce « sac d'embrouilles » selon l'expression de Maurice COZIAN peut conduire à des résultats surprenants. Supposons qu'une SCI ait deux associés : « A » particulier et « B » société imposable à l'impôt sur les sociétés. La SCI vend un immeuble en dégageant une plus-value. Pour « A », personne physique, le résultat doit être déterminé au niveau de la SCI par référence à l'activité de cette SCI. La plus-value sera donc déterminée selon les règles applicables aux plus-values privées. Pour « B », qui relève de l'impôt sur le revenu dans la catégorie BIC, le résultat sociétaire (la plus-value) doit être déterminé par référence à l'activité du porteur de parts. La plus-value sera ainsi calculée en appliquant les règles des plus-values professionnelles (élément d'actif nécessaire à l'entreprise). Ce qui fait donc que pour une même opération, la cession d'un immeuble par la SCI, le résultat sera différent !

Poursuivons le raisonnement. Le résultat ainsi déterminé est réparti entre les associés selon les règles prévues par les statuts ou dans un acte antérieur à la clôture de l'exercice. Il est soumis à l'impôt dont relève l'associé même s'il n'en a pas disposé (*ex.* : résultat mis en report à nouveau).

EXEMPLE

Poursuivons le cas précédent et supposons que pour « A », le salarié associé (particulier) de la SCI, la plus-value déterminée au niveau de la société selon le régime des plus-privées soit égale à 2 000 €. « A » détient par hypothèse 50 % des parts. L'assiette de l'imposition générée par la plus-value est de 1 000 €. Pour « B », la plus-value est calculée selon le régime des plus-values professionnelles. Elle est supposée égale à 3 000 €. « B », commerçant, devra intégrer à son bénéfice industriel et commercial la somme de 1 500 €.

Les sociétés de personnes peuvent néanmoins opter pour l'impôt sur les sociétés. L'option doit parvenir aux services fiscaux dans les trois premiers mois de l'exercice au cours duquel la société souhaite être soumise à l'IS. Afin de ne pas pénaliser les sociétés de personnes et groupements assimilés ainsi que les EIRL qui constatent, *a posteriori*, que l'option pour leur assujettissement à l'IS se révèle inadaptée à l'exercice de leur activité, les intéressés sont autorisés à renoncer à cette option jusqu'au cinquième exercice suivant celui au titre duquel ladite option a été exercée. En l'absence de renonciation dans ce délai, l'option pour l'IS devient irrévocable.

POUR EN SAVOIR PLUS

De Givre (Y.) – *Sociétés de personnes* EFE, Litec, 1995.

CHAPITRE 11

Personnes morales relevant de l'impôt sur les sociétés

§ 1. Champ d'application

L'article 206-1 du CGI dispose que sont soumises à l'impôt sur les sociétés quel que soit leur objet :
– les sociétés anonymes,
– les sociétés à commandite par actions,
– les sociétés à responsabilité limitée,
– les sociétés coopératives.

Mais les sociétés de personnes qui ne relèvent pas de plein droit de l'impôt sur les sociétés peuvent aussi y être soumises sur option. La loi de finances pour 2019 prévoit que les sociétés ayant opté pour l'impôt sur les sociétés pourront renoncer à cette option avant le versement du premier acompte d'IS de la cinquième année qui suit celle de l'option. On trouve principalement les sociétés civiles, les entreprises unipersonnelles créées par des personnes physiques, les sociétés en nom collectif, les sociétés en commandite simple. D'autres collectivités peuvent relever du champ d'application de l'impôt sur les sociétés (art. 206-2 du CGI) si elles réalisent des activités commerciales.

EXEMPLES

- Société civile immobilière réalisant des opérations de marchand de biens.
- Associations effectuant des opérations de négoce.
- Associations ayant une activité de gestionnaire de leur parc immobilier (location soumise au taux d'impôt sur les sociétés de 24 %), bien que l'activité ne soit pas commerciale.

Par ailleurs, il existe un statut particulier pour l'entreprise individuelle à responsabilité limitée (« EIRL »). Il permet de séparer le patrimoine professionnel (patrimoine affecté) du patrimoine personnel.

Il institue la création d'un patrimoine professionnel séparé pour un entrepreneur individuel. Il prévoit une possibilité d'opter pour l'impôt sur les sociétés afin d'assurer une neutralité fiscale entre l'EURL et l'EIRL.

§ 2. Territoire d'imposition

L'impôt sur les sociétés s'applique uniquement sur les bénéfices réalisés par des sociétés exploitées en France. Ce principe déroge à celui applicable pour l'impôt sur le revenu qui vise l'appréhension de la totalité des revenus de source française et étrangère.

Sauf conventions internationales, les bénéfices réalisés par des sociétés françaises dans les entreprises (établissements, succursales) exploitées à l'étranger ne sont pas soumis à l'impôt sur les sociétés en France. Corrélativement, les charges ne sont pas déductibles en France.

Il existe un régime dérogatoire qui permet de déduire les déficits subis par les filiales et succursales situées à l'étranger. Les déficits « étrangers » doivent être réintégrés si la filiale ou succursale devient bénéficiaire et à défaut la cinquième année (art. 209 C du CGI). Ce régime a été supprimé au titre des exercices clos le 31 décembre 2013.

Les entreprises (établissements) exploitées en France par des sociétés étrangères sont soumises à l'impôt sur les sociétés.

§ 3. Détermination du résultat imposable

La détermination du bénéfice soumis à l'impôt sur les sociétés est réalisée d'après les règles prévues par la fixation du résultat des entreprises relevant du régime des bénéfices industriels et commerciaux.

Il existe néanmoins des exceptions à ce principe concernant :

– les revenus mobiliers encaissés par les sociétés ;

– la taxation des plus-values à long terme ;

– les charges déductibles ;

– le report déficitaire ;

– le régime d'intégration fiscale.

I. Les revenus mobiliers ouvrant droit à crédit d'impôts encaissés par la société

Ces revenus sont soumis à l'impôt sur les sociétés pour leur montant brut (net encaissé + crédit d'impôt). Le crédit d'impôt vient en déduction de l'impôt sur les sociétés. Toutefois, il est admis que le crédit d'impôt peut ne pas être intégré au bénéfice. Dans cette hypothèse, le crédit d'impôt ne sera imputable que pour partie sur l'impôt dû ; la fraction est égale à 66,66 % pour les sociétés relevant de l'IS au taux de 33 ⅓ %. Pour les autres soumises au taux réduit de 15 %, la fraction est égale à 85 %.

EXEMPLES

Dividendes payés et portés en comptabilité : 3 049 €

Crédit d'impôt : 1 524 €

Imputation sur l'IS : 1 016 €

En outre, un régime particulier est prévu pour les sociétés mères soumises de plein droit ou sur option à l'impôt sur les sociétés quant aux dividendes perçus de leurs filiales. L'article 145 du Code général des impôts exonère chez la société mère les dividendes reçus de filiales dans lesquelles elle détient au moins 5 % du capital. Ce régime est optionnel. Corrélativement, une quote-part de frais et charges fixée forfaitairement à 5 % du revenu brut (net payé) doit être réintégrée au résultat fiscal de la société mère. Les titres doivent être détenus en pleine propriété ou nue-propriété. Les titres détenus en usufruit sont exclus.

À compter du 1er janvier 2016, le taux de 5 %, quote-part de frais et charges, est réduit à 1 % pour les sociétés faisant partie d'un périmètre d'intégration fiscale. Il en est de même pour les sociétés françaises détenant au moins 95 % des filiales situées dans un pays de l'Union européenne et soumises à l'impôt sur les sociétés dans leur pays.

II. Les plus-values nettes à long terme

Les plus-values et moins-values de transmission d'éléments d'actif relèvent de manière générale du résultat ordinaire soumis au taux de 33,33 %, ou 28 % ou de 15 % pour les PME dans la limite de 38 120 €.

Depuis le 1er janvier 2008 et pour les exercices sociaux ouverts à compter de cette date, seules les plus-values suivantes relèvent du régime des plus-values à long terme :

– Plus-values sur titres de participation qui bénéficient d'un régime d'exonération.
– Plus-values sur titres de participation de sociétés à prépondérance immobilières cotées taxables à 19 % depuis le 1er janvier 2009.
– Résultat net des concessions de licences d'exploitation de brevets taxables à 15 % si les conditions d'éligibilité sont réunies.

Les autres éléments de l'actif immobilisé sont exclus du régime des plus-values à long terme.

A. Les titres de participation

Ce sont les titres qui relèvent de cette définition au plan comptable et ceux qui relèvent de la loi fiscale (titres qui ouvrent droit au régime des sociétés mères). Pour les exercices ouverts à compter du 1er janvier 2017, la qualification de titres de participation est refusée si la société mère ne détient pas au moins 5 % des droits de vote dans sa filiale.

Les provisions pour dépréciations relatives aux titres de participation constituées depuis le 1er janvier 2007 ne sont plus déductibles du résultat fiscal et les reprises de provision ne sont plus imposées.

À compter des exercices ouverts le 1er janvier 2007, les plus-values réalisées sur des titres de participation détenus depuis plus de deux ans sont exonérées sous réserve de l'imposition d'une quote-part de frais et charges fixée forfaitairement à 12 % du résultat net des plus-values de cession.

À compter du 1er janvier 2019 la quote-part de frais et charges est ramenée à 5 %.

Les moins-values à long terme sur la cession de titres de participations ne peuvent plus être imputées sur le résultat fiscal imposable, ni être retenues pour compenser d'autres catégories de titres, à partir de 2007 (exercice ouvert au 1er janvier 2007).

B. Les titres de placement

Actions de sociétés autres que les titres de participation, bons de souscription d'actions, titres de sociétés à prépondérance immobilière sont exclus du régime des plus-values à long terme, ils relèvent donc du régime de droit commun de l'impôt sur les sociétés.

De plus, dérogeant au principe de taxation du profit ou de la constatation d'une moins-value dégagée lors de la vente, le régime parts ou actions d'OPCVM (SICAV…) oblige à constater à la clôture de chaque exercice social, la plus-value latente du titre constatée d'après sa valeur liquidative. Cet écart doit faire l'objet d'une réintégration fiscale au tableau de détermination du résultat.

	Exercice ouvert à compter du 31/12/2012	Exercice ouvert 2007	Exercice ouvert 2006
Taux d'imposition des titres de participation	0 % sauf taxation de la quote-part de frais et charges de 12 % du montant de la plus-value	0 % sauf taxation de la quote-part de frais et charges (5 %) à 33 ⅓ %	8 %

Les moins-values à long terme sur la cession de titres de participations ne peuvent plus être imputées à partir de 2007 (exercice ouvert au 1er janvier 2007).

III. Charges déductibles

A. Les intérêts des comptes-courants et prêts d'entreprises liées

Les limitations prévues par les BIC sont complétées ici par d'autres mesures limitant la déduction des intérêts en compte-courant des associés ou des prêts effectués auprès d'entreprises liées. Il est rappelé que la déduction des intérêts ne peut être effectuée que si le capital est entièrement libéré et si le taux maximum d'intérêts versés aux associés est égal à la moyenne annuelle des taux effectifs moyens pratiqués par les établissements de crédit (pour 2017 : 1,67 %) ou au taux du marché s'il est supérieur (pour les entreprises liées uniquement).

La déduction des intérêts par une société sous capitalisée à des entreprises liées (*cf.* art. 39-12 du CGI) est limitée et doit faire l'objet d'une réintégration si :

1) les avances consenties par des entreprises liées dépassent une fois et demie les capitaux propres ;

2) le montant des intérêts versés est supérieur à 25 % du résultat courant de l'emprunteuse majoré de ces intérêts, des amortissements, du loyer de crédit-bail ;

3) le montant des intérêts servis excède celui des intérêts reçus des entreprises liées.

La fraction des intérêts dépassant la plus élevée d'une de ces 3 limites est réintégrée au résultat fiscal sauf si la fraction excédentaire ne dépasse pas 150 000 €. Cette fraction peut être déduite selon certaines modalités des exercices suivants.

Par ailleurs, il est prévu depuis le 25 septembre 2013 une limitation de déduction pour les entreprises qui sont liées aux entreprises prêteuses soumises pour ces intérêts à une imposition inférieure au quart de l'impôt sur les bénéfices.

En outre les sociétés ne relevant pas du régime d'intégration fiscale ne peuvent déduire que 75 % des charges financières nettes au moins égales à 3 M€.
À compter du 1er janvier 2019 est prévue une révision de la déductibilité des charges financières. En effet, compte tenu de la Directive européenne ATAD un nouveau mécanisme de limitation des charges financières est mis en place.
Un mécanisme de limitation des charges financières à 3 millions d'euros ou à 30 % d'une EBITDA ajusté à partir du résultat fiscal sera appliqué au 1er janvier 2019. Le plafonnement de 3 millions d'euros ou 75 % des charges financières serait supprimé. Le ratio d'endettement dans la limite de 1 fois et demie les fonds propres serait appliqué de nouveau et constituerait le seul critère de sous capitalisation.
Pour les sociétés concernées, et dès lors que le critère de sous capitalisation est relevé, le montant des charges financières serait limité à 1 million d'euros ou 10 % de l'EBITDA fiscal si ce montant est supérieur.

B. Les rémunérations des dirigeants

Les rémunérations des dirigeants des sociétés soumises à l'impôt sur les sociétés sont déductibles dans la mesure où elles ne paraissent pas exagérées compte tenu du travail effectivement fourni.

IV. Report déficitaire

Ce report peut s'effectuer sur les bénéfices des exercices suivants le déficit, ou s'imputer sur option sur les bénéfices des exercices antérieurs (technique inspirée du « *carry back* » de la fiscalité américaine à condition que l'activité de l'entreprise n'ait pas été modifiée).

A. Report sur les exercices suivants

Le déficit fiscal d'un exercice peut être reporté en avant sans limitation dans le temps dès lors qu'il provient de charges fiscalement déductibles. Il est alors imputable dans la limite d'1 million d'euros augmenté de 50 % de la fraction de bénéfice excédant ce seuil (la part non imputable reste reportable en avant selon les mêmes conditions) sur le résultat de l'exercice ultérieur sauf si la société change d'objet ou d'activité réelle. Il en est de même en cas de changement de régime fiscal ou de disparition des moyens de production (cessation d'entreprise).

B. Report sur les exercices antérieurs

Ce report (« carry back ») sur option (décision de gestion opposable à la société) est prévu par l'art. 220 *quinquies* du CGI (loi de finances pour 1985).

Le déficit dans la limite indiquée plus haut vient diminuer le bénéfice fiscal non distribué du dernier exercice qui a été effectivement soumis à l'impôt sur les sociétés dégageant ainsi une créance sur le Trésor Public.

Le dispositif n'est pas applicable aux bénéfices exonérés d'impôt sur les sociétés.

La créance d'impôt (déficit utilisé par le taux de l'IS de droit commun) qui est dégagée par l'imputation du déficit peut être :

- imputée sur l'impôt sur les sociétés à payer pendant cinq ans,
- ou remboursée à l'issue de la cinquième année,
- ou mobilisée à titre de garantie auprès d'un établissement financier (en application de la loi du 2 janvier 1981, loi Dailly).

Le déficit reportable en arrière est limité à 1 million d'€.

ILLUSTRATION

Exercice N : déficit 15 245 €
Exercice N – 1 : bénéfice 4 573 € – 4 573 € (déficit).
Reste reportable en avant : 15 245 € – 4 573 € = 10 672 €.
Montant de la créance = déficit utilisé × taux de l'IS de l'exercice déficitaire.
Dans notre exemple : si année N = 2015, (créance sur le Trésor public) 4 573 € × 33 ⅓ % = 1 524 €.
Cette créance n'est pas soumise à l'impôt sur les sociétés et doit faire l'objet d'un retraitement fiscal.

C. Transfert sous agrément ministériel du déficit d'une société absorbée

Sous réserve de remplir des conditions légales prévues à l'article 209-II du CGI, le déficit fiscal d'une société absorbée peut être transféré à la société absorbante.

V. Régime fiscal de groupe

A. Régime d'intégration fiscale

La loi de finances pour 1988 (loi du 30 décembre 1987) a institué un régime particulier au profit des sociétés françaises relevant de l'impôt sur les sociétés.

Ce régime permet à une société « tête de groupe » de déterminer un résultat fiscal relevant de l'impôt sur les sociétés à partir des résultats de chaque société composant le groupe intégré. Il autorise donc l'imputation des déficits individuels sur le résultat d'ensemble du groupe et la correction des relations intra groupe (ex. : neutralisation des plus-values de cession d'actif intra groupe).
Ce régime est optionnel, il doit être formalisé auprès du Service des impôts des entreprises. Il ne nécessite pas d'agrément préalable.
La loi de finances pour 2009 a tiré les conséquences fiscales de l'arrêt « *Papillon* » rendu par la Cour de justice des Communautés européennes (CJCE 27 nov. 2008). Désormais une filiale française détenue par une société européenne elle-même détenue par une société française (société tête de groupe) peut être retenue dans le périmètre fiscal.
Le Conseil des prélèvements obligatoires dans son rapport de décembre 2016 a jugé le dispositif très onéreux. Les nombreuses décisions de la CJUE ont relevé des risques d'incompatibilité communautaire du régime français.
La loi de finances pour 2019 a apporté des modifications au régime d'intégration fiscale.
À la suite d'une mise en demeure par la Commission européenne, le gouvernement français a présenté la loi de finances rectificatives pour 2014 qui a prévu d'aménager le régime en permettant une intégration fiscale (horizontale) entre sociétés sœurs françaises d'une société mère établie dans un État membre de l'Union européenne. Dans cette situation, une société « sœur » sera considérée comme société intégrante et les autres sociétés comme sociétés intégrées.

- **Ce régime est soumis aux conditions suivantes :**
  - La société mère « tête de groupe » doit détenir directement ou indirectement 95 % en moins du capital des sociétés intégrées.
  - La société « tête de groupe » ne doit pas être détenue à plus de 95 % par une autre personne morale passible de l'impôt sur les sociétés.
  - Les exercices comptables des sociétés composant le groupe doivent être identiques (date d'ouverture et de clôture) et d'une durée de 12 mois.

Pour les exercices clos à compter du 31/12/2003, il est possible d'allonger ou de réduire pour tout le groupe la durée d'un exercice afin de décaler la date de clôture. Cette modification ne peut intervenir qu'une seule fois.
Ce régime permet donc une compensation entre les différents résultats sous réserve d'opérer des « retraitements » afin d'éviter des déductions ou des impositions en double. Seule la société tête de groupe est redevable de l'impôt sur les sociétés pour le compte des autres sociétés.

- **Particularités du régime :**
  - Les plus-values de cession d'immobilisation intragroupe sont neutralisées. La plus-value ou moins-value est déduite du résultat d'ensemble et les suppléments d'amortissement doivent être réintégrés.

– Les abandons de créance constatés au sein du groupe ne sont pas retenus pour la détermination du résultat d'ensemble.
À compter du 1er janvier 2019 cette neutralisation est supprimée.
– Les charges financières supportées pour l'acquisition d'une société qui devient membre du groupe par une société intégrée auprès d'un associé qui la contrôle font l'objet d'une limitation (art. 223 B du CGI).

B. Régime des sociétés mères et filiales

(art. 145 du CGI)

Le régime des sociétés mères et filiales permet d'éviter le cumul d'imposition dans la situation où une filiale réalise un résultat imposable à l'impôt sur les sociétés et distribue après impôt son résultat à sa société mère qui comprend dans son propre résultat le montant des dividendes distribués. Le régime est optionnel pour la société mère qui doit être soumise au taux normal de l'impôt sur les sociétés. Aucune condition de nationalité n'est requise pour les filiales.
Les titres doivent représenter au moins 5 % du capital social de la filiale et être détenus en pleine propriété ou en nue-propriété par la société mère. La société mère doit conserver les titres de sa filiale pendant deux ans au moins. Seuls les titres pour lesquels le droit de vote et le droit financier sont rattachés peuvent permettre de revendiquer l'exonération d'impôt sur les sociétés. À la suite de la décision du Conseil constitutionnel Natexis du 8 juillet 2016, la condition liée aux droits de vote est abandonnée (effet 3 févr. 2016).
Toutes les sommes reçues en qualité d'associé par la société mère ainsi que les avances consenties aux associés (art. 111 a du CGI) et certains intérêts excédentaires sont exonérés d'impôt sur les sociétés sauf une quote-part de frais et de charges égale à 5 % ou 1 % du produit total des participations (*cf.* revenus mobiliers, p. 168).
Le régime des sociétés mères et filiales ne peut s'appliquer à compter du 1er janvier 2016 si le montage répond à deux conditions cumulatives :
– un objectif principal d'obtention de l'exonération ;
– être dépourvu de motif commercial valable.

VI. Régime fiscal des restructurations (principes généraux)

La Loi a prévu pour les opérations de fusions et opérations assimilées un régime optionnel de faveur concernant l'impôt sur les sociétés, l'impôt de distribution et les droits de mutation.

Les opérations de fusion et les scissions entraînent en droit commun la dissolution des sociétés absorbées ou scindées et donc l'imposition des plus-values d'actif, des provisions et du résultat d'exploitation non taxé.

Il en est de même pour les apports de branche complète d'activité, la société apporteuse est alors imposée sur la plus-value constatée lors du transfert des éléments d'actif.

Le régime de droit commun peut donc être pénalisant pour les opérations menées par les sociétés.

Aussi, un régime spécial sur option visé à l'article 210 A du CGI permet pour la société apporteuse de bénéficier d'une exonération des plus-values de fusion. La société bénéficiaire doit reprendre dans son résultat fiscal les plus-values nettes constatées sur les éléments amortissables par parts égales sur une période de cinq ans. En contrepartie la société bénéficiaire pourra comptabiliser les amortissements correspondants d'après la valeur comptable (valeur d'apport). Elle doit s'engager dans le traité d'apport de respecter tous les engagements prévus à l'article 210 A du CGI.

L'attribution gratuite des titres sociaux aux associés de la société apporteuse représentant l'apport d'actif et de passif n'est pas considérée comme une distribution de revenus. Elle est exonérée d'impôt sur le revenu. Les plus-values réalisées par les associés ne sont pas taxées (différence entre la valeur d'acquisition du titre et la valeur d'échange) et bénéficient d'un report d'imposition. L'imposition sera effectuée lors de la cession des titres à partir de la valeur d'origine (valeur d'acquisition) et non de la valeur retenue par l'échange.

Les droits d'enregistrement pour de telles opérations relèvent du régime spécial prévu à l'article 816 du CGI et donc du droit fixe de 230 €.

§ 4. Calcul de l'impôt exigible

Les sociétés soumises à l'impôt sur les sociétés doivent déterminer elles-mêmes le montant de l'impôt à régler au Trésor public.

L'impôt se calcule sur le résultat fiscal de l'exercice au taux de 33 ⅓ % pour les exercices ouverts à compter du 1er janvier 1993. Il était de 24 % – exercice ouvert à compter du 1er janvier 1991 – et de 37 % pour les exercices ouverts à compter du 1er janvier 1990. Le résultat net des concessions de licences d'exploitation de brevets est imposé au taux de 15 %.

Taux applicable	Exercice ouvert à compter du 1er janvier 2017
	15 % (sur la fraction de bénéfice limité à 38 120 €) sous conditions
	28 % pour la fraction de bénéfice comprise entre 38 120 € et 75 000 € (sous conditions) et à compter du 1er janvier 2018 jusqu'à 500 000 € et en totalité en 2020
	33 % pour la fraction supérieure à 75 000 € (en 2017) et pour la fraction supérieure à 500 000 € à compter de 2018
	31 % pour la fraction supérieure à 500 000 € (2019)
	25 % en totalité (2022)

Les sociétés qui réalisent un chiffre d'affaires hors taxes inférieur à 7 630 000 € et dont le capital social entièrement libéré est détenu pour 75 % au moins par les personnes physiques, ou par des sociétés qui satisfont à ces conditions, bénéficient d'un taux réduit d'impôt sur les sociétés.

ILLUSTRATION

Résultat fiscal (2016) 60 980 €

Impôt dû :	38 120 €	×	15 %	= 5 718 €
	22 860 €	×	33,3 %	= 7 619 €
				13 337 €

Si le résultat fiscal est constaté au titre de 2017 :

38 120 €	×	15 %	= 5 718 €
22 860 €	×	28 %	= 6 400 €
			12 118 €

D'ici à 2022, il sera progressivement réduit à 25 % sur la totalité du résultat fiscal.

I. Impôt sur les sociétés

Le paiement est réalisé sous la forme du versement spontané de quatre acomptes trimestriels calculés à partir du dernier bénéfice connu soumis à l'impôt au taux normal. Le solde est versé lors de la détermination du montant du résultat fiscal.

Montant des acomptes pour les exercices ouverts à compter du 1er janvier 2017

1er acompte	8,33 %	(33,1/5) et 7 % (28 %) et 3,75 % (15 %)
2e acompte	8,33 %	(33,1/5) et 7 % (28 %) et 3,75 % (15 %)
3e acompte	8,33 %	(33,1/5) et 7 % (28 %) et 3,75 % (15 %)
4e acompte	8,33 %	(33,1/5) et 7 % (28 %) et 3,75 % (15 %)
total	33,32 %	(arrondi à 33,33 %), 28 % et 15 %

L'acompte est ramené à 3,75 % pour le résultat fiscal taxé à 15 % et 7 % pour celui imposé à 28 %.
À compter du 1er janvier 2017, le taux d'IS est ramené à 28 % jusqu'à 75 000 euros de résultat fiscal, en 2018 jusqu'à 500 000 € de bénéfice et en 2019 pour la quasi-totalité des entreprises.

II. Contribution sociale de 3,3 %

Elle est applicable aux exercices clos à compter du 1er janvier 2000. Les sociétés qui réalisent un chiffre d'affaires hors taxes inférieur à 7 630 000 € et dont le capital entièrement libéré est détenu pour 75 % au moins par des personnes physiques ou sociétés de personnes échappent à la contribution (3,3 %). Elle correspond à 3,3 % de l'IS de référence après un abattement en base de 763 000 €. Elles ne sont pas déductibles des résultats imposables.

III. Contribution sur les revenus distribués de 3 %

Les sociétés soumises à l'IS sont redevables d'une contribution sur les revenus distribués au taux de 3 % depuis le 17 août 2012.
La contribution n'est pas déductible du résultat fiscal.
Une exonération est prévue pour les PME selon la définition communautaire. Les distributions intragroupe fiscal ne relèvent pas de cette contribution. Cette dernière exonération est étendue aux sociétés qui ne sont pas membres d'un groupe intégré dès lors que le critère de 95 % au moins est respecté, quel que soit le lieu d'établissement des sociétés bénéficiaires.
Le Conseil constitutionnel a jugé le 30 septembre 2016 de l'inconstitutionnalité de cette contribution. Cette contribution est supprimée depuis le 1er janvier 2017.

IV. Crédits d'impôt

La société peut imputer sur l'impôt dû les crédits d'impôt attachés à des revenus distribués et ceux concernant d'autres crédits d'impôt comme celui concernant des dépenses de recherche, d'emploi, d'apprentissage, de famille. Elle peut également bénéficier de réduction d'impôt.

Les entreprises commerciales, industrielles, artisanales, agricoles relevant d'un régime réel d'imposition qui réalisent des dépenses de recherche peuvent bénéficier d'un crédit d'impôt imputable sur l'impôt sur le revenu ou l'impôt sur les sociétés ou être immédiatement remboursées s'agissant d'un exercice clos au plus tard le 31/12/2009.
Seules certaines dépenses de recherche fondamentale, appliquée, et de développement expérimental ouvrent droit au crédit d'impôt recherche :
- Amortissement des immobilisations affectées à la recherche.
- Rémunérations des chercheurs et techniciens de recherche.
- Dépenses de fonctionnement forfaitisées à 75 % des dépenses de personnel.
- Dépenses de recherche sous traitées à certains organismes.
- Dépenses diverses : veille technologique.

Le montant du crédit d'impôt recherche est fixé à :
- 30 % des dépenses de recherche annuelles limitées à 100 millions d'euros et à 5 % au-delà,
- 40 % pour la première année d'éligibilité et 35 % la deuxième année sont supprimés à compter du 1er janvier 2013 (dépenses supportées à compter de cette date).

Il est imputable sur l'impôt sur le revenu ou l'impôt sur les sociétés. À défaut il est remboursable à l'expiration d'une période de trois années suivant celle au titre de laquelle la créance est née.
Le cumul du Crédit d'Impôt Recherche et du Crédit d'Impôt Innovation au taux de 20 % (dépenses d'innovation au titre de la réalisation de prototypes au taux de 20 % de nouveaux produits).

V. Crédits d'impôt pour la compétitivité et l'emploi

Les entreprises soumises à un régime réel d'imposition peuvent bénéficier d'un crédit d'impôt calculé sur les rémunérations versées à leurs salariés. Il est calculé sur le montant brut des rémunérations qui ne dépassent pas 2,5 fois le SMIC.
Le crédit déterminé par année civile quelle que soit la durée de l'exercice social est égal à 6 %. Il est imputé sur l'impôt sur les sociétés ou l'impôt sur le revenu. L'excédent est une créance sur l'État utilisable pour payer l'impôt des 3 années suivantes. Le solde non utilisé est remboursé à l'issue des 3 années.
Le taux est de 7 % applicable aux rémunérations versées à compter du 1er janvier 2017.

VI. Réduction d'impôt Mécénat entreprise

Une réduction d'impôt égale à 60 % du versement effectué par une entreprise soumise à l'impôt sur le revenu ou l'impôt sur les sociétés est admis dans la limite d'un plafond de versement de 5 pour mille du chiffre d'affaires hors taxe en faveur d'organismes d'intérêt général, fondations, fonds de dotation. La fraction excédentaire peut être reportée sur les cinq exercices suivants.

CAS PRATIQUE N° 5

La Société par Actions Simplifiée FISCALA a été créée le 1er février 2010. Son capital social entièrement libéré par les associés est de 500 000 €. Trois associés détiennent le capital social :

– Monsieur Cédule : 30 %
Madame Cédule : 22 %
– Société Anonyme : 48 %

La SAS est soumise à l'impôt sur les sociétés. Son exercice social est d'une durée de 12 mois et correspond à l'année civile.

Elle a une participation de 10 % dans une SARL soumise à l'impôt sur les sociétés.

Le résultat fiscal de l'exercice social 2015 est déficitaire.

Au titre de l'exercice social 2016, la SAS FISCALA a comptabilisé dans son résultat déficitaire de 800 000 € :

– Le produit de la vente d'un local pour 300 000 €. La valeur nette comptable était de 230 000 €.
– Une distribution de résultat de l'exercice social 2015 par sa filiale SARL pour un montant de 10 000 €.
– L'échange standard d'un moteur d'une valeur de 5 000 € en charge.
– Le règlement d'un engagement de non-concurrence qui permet d'obtenir des gains de marché versé à une société dont l'activité est comparable à celle de la SAS FISCALA dont le montant est de 100 000 € a été comptabilisé en charge.
– Une indemnité transactionnelle versée par une société cliente ayant comme contre partie la renonciation par la SAS FISCALA d'engager des poursuites. Cette indemnité d'un montant de 30 000 € a été comptabilisée à l'actif immobilier du bilan de la SAS FISCALA.
– Dans le compte du chiffre d'affaires de l'année 2016, apparaît une vente de matériel pour un montant de 50 000 € alors que la livraison n'a été effectuée qu'en 2017.
– Les intérêts versés aux associés personnes physiques au titre des sommes disponibles en compte-courant d'associé étaient de 5 000 € (soit 50 000 € × 10 %).
– Elle a été amenée à aider sa filiale en lui abandonnant au plan financier l'avance consentie soit 20 000 €.
– L'amortissement de véhicule automobile a été constaté à hauteur de 12 000 € (60 000 € TTC × 20 %). Il s'agit d'un véhicule qualifié de polluant.

Déterminer le résultat fiscal de l'exercice social 2016.

› Voir les réponses p. 311

PARTIE 2

L'imposition de la dépense – La taxe sur la valeur ajoutée

Impôt général de consommation à très fort rendement, la TVA vise les transactions (biens ou services consommés) qui relèvent d'une activité économique.
C'est un impôt relativement récent. Les impôts indirects sont connus depuis longtemps (*ex.* : impôt spécifique sur la consommation de certains produits).
La taxation de la consommation, ancêtre de la TVA remonte à 1914 (taxe sur les paiements) à 1920 (impôt sur le chiffre d'affaires) et 1936 (taxe unique à la production).
La TVA dont le promoteur a été Monsieur Maurice Laure a été créée par la loi du 10 avril 1954 et son champ d'application a été étendu par une loi du 6 janvier 1966 (applicable à compter du 1er janvier 1968).
Les principes fondamentaux de cet impôt ont été à ce jour adoptés par plus de 100 États (*ex.* : Russie, Chine, Japon, Suisse et dans l'Union européenne). À ce jour, le régime de la TVA s'applique à 28 États membres de l'Union européenne.
La TVA représente plus de la moitié des recettes fiscales de l'État et se classe en tête des recettes fiscales et au deuxième rang derrière les cotisations sociales.
Le contexte juridique de la TVA présente des particularités liées à l'intégration du droit communautaire dans le droit français.
Dès 1968, la Communauté européenne a décidé d'adopter la TVA comme taxe sur le chiffre d'affaires.
Afin d'harmoniser les législations des États membres, les directives fiscales européennes ont été adoptées depuis plus de 40 ans en raison de la primauté du droit de l'Union européenne.
Le but de cette harmonisation est de faciliter la libre circulation des marchandises, des services entre les États membres et d'établir une assiette commune servant à financer le budget de l'Union européenne.
Les principales dispositions de droit interne sont donc fixées par les directives communautaires (*cf.* la directive du 16 décembre 2008). La directive du 28 novembre 2006 s'est substituée à la 6e directive à compter du 1er janvier 2007. La loi de finances du 30 décembre 2009 a transposé cette directive qui a été modifiée par celle du 12 février 2008 (règles de territorialité des prestations de service). L'objectif de parvenir à une taxation généralisée dans le pays d'origine n'est plus poursuivi. Le système actuel (transitoire) est pérennisé.
Cependant la Commission européenne a présenté le 4 octobre 2017 une directive concernant le régime définitif des opérations intra-communautaires c'est-à-dire une taxation généralisée des biens et services dans le pays d'origine des biens.
Néanmoins, les dispositions générales fixées par les directives laissent place à des précisions au niveau national mais la marge de manœuvre bien que réelle est très variable selon les domaines.

On peut noter également que l'apport de la jurisprudence de la Cour de justice de l'Union européenne (CJUE) est très important dans le droit fiscal français.
En effet, la CJUE est saisie par les juridictions nationales par la procédure des questions préjudicielles pour interpréter le droit communautaire ou apprécier la validité d'un acte communautaire.
Nous examinerons donc :

- **les opérations relevant du champ d'application de la TVA ;**
- **sur quel territoire les opérations sont soumises à la TVA (principe de la territorialité de l'impôt) ;**
- **l'assiette de la TVA ;**
- **à partir de quel moment la taxe est due (fait générateur) et quel est le taux applicable ;**
- **le régime des déductions.**

POUR EN SAVOIR PLUS

« Cinquante ans de TVA : de sa préhistoire à son actualité », Jean-Jacques Philippe, *RDF* n° 7-17 février 2005.

La TVA racontée aux dirigeants et à leurs conseils, Gwenaelle Bernier et divers auteurs, Litec, 2009.

CHAPITRE 12

Champ d'application de la TVA (CGI, art. 256 et 256 A)

§ 1. Opérations soumises de plein droit à la TVA

La TVA est un impôt général de consommation. Il vise toutes les activités relevant du secteur économique. Les opérations soumises à la TVA sont celles qui sont réalisées à titre onéreux ou celles qui sont visées par détermination de la loi (art. 257 du CGI).

Les critères de détermination d'assujettissement à la TVA sont les suivants.

I. L'opération doit relever d'une activité économique

(*cf.* art. 256-A, 5° alinéa du CGI) relevant du secteur commercial, artisanal, industriel, agricole, libéral. Certaines professions bénéficient d'un régime particulier tel que le secteur agricole. Les activités qui ne concernent pas le secteur économique n'entrent pas dans le champ d'application de la TVA. Ainsi, *les activités des services publics administratifs* n'entrant pas en concurrence avec ceux du secteur concurrentiel *ne sont pas soumises à la TVA. Il en est de même pour les opérations effectuées dans le cadre de la gestion du patrimoine privé des particuliers.*

La CJCE a une conception large de la notion d'activités économiques dès lors que l'exploitation d'un bien doit s'entendre de toutes opérations qui visent à « retirer du bien en question des recettes ayant un caractère de permanence » (*cf.* CJCE 4 déc. 1990, *Van-Tiem,* aff. 186/89). L'année suivante, elle a jugé (CJCE 20 mai 1991, *Polysar*, aff. 60/90) que « la simple prise de participations financières dans d'autres entreprises ne constitue pas une exploitation d'un bien visant à produire des recettes ayant un caractère de permanence dès lors que l'éventuel dividende fruit de cette participation résulte de la simple propriété du bien ». Mais la Cour applique un nouveau critère pour apprécier si une telle activité (prise de participation) entre dans le champ d'application de la TVA en retenant le principe d'immixtion directe ou indirecte dans la gestion des sociétés où s'est opérée la prise de participation.

EXEMPLE

Vente de biens mobiliers ou immobiliers, location d'immeubles non aménagés, opérations financières.

Le caractère habituel implique des actes répétés. Une personne qui réalise un acte isolé n'a pas la qualité d'assujetti.

Un régime d'exonération existe pour les activités des associations.

II. L'opération doit concerner

- **soit la livraison de biens meubles :** il y a livraison de bien lorsque l'on peut constater le transfert de propriété entre deux personnes agissant en toute indépendance. Le transfert est effectif lorsque l'acquéreur peut disposer du bien comme un propriétaire. La réserve juridique dite clause de propriétaire n'a pas pour effet au plan fiscal de retarder le transfert;
- **soit les prestations de service :** on englobe ici toutes les opérations autres que les livraisons de biens (*ex.* : commissions, expertises, conseils...). Les cessions ou concessions de brevets, de marques, les travaux immobiliers, les ventes à consommer sur place relèvent de la catégorie des prestations de service.

III. L'opération doit être réalisée à titre onéreux

La livraison de biens ou la réalisation d'un service est soumise à la TVA si elle comporte une contrepartie qui correspond au versement du prix demandé (espèces) ou à la remise d'un bien ou d'un service. Peu importe que l'opération ne soit pas génératrice d'un profit.

En outre, *il doit y avoir un lien direct entre le service rendu et la contrepartie reçue*. Cette notion a été dégagée en 1988 par la Cour de justice des Communautés européennes (CJCE 8 mars 1988, *Apple and pear Development Council*) – et par le Conseil d'État (CE 9 mai 1990, *Codiac*). Le Conseil d'État a jugé que le service doit être rendu au bénéficiaire directement, et qu'il doit exister une relation nécessaire entre le niveau des avantages retirés par le bénéficiaire du service et la contre-valeur versée au prestataire. Peu importe que le résultat de l'opération soit une perte.

L'administration prend en compte la notion de « lien direct » en retenant l'existence d'un service individualisé (engagement de fournir un service déterminé). La relation existe même si le prix est payé par un tiers et non par le bénéficiaire, ou s'il ne reflète pas la valeur normale du bien (*ex.* : opérations à perte) sauf si cela se traduit par une libéralité.

IV. L'opération doit être effectuée par un assujetti agissant en tant que tel

Un assujetti est une personne qui réalise de manière indépendante des opérations entrant dans le champ d'application de la TVA (imposable ou exonérée) quel que soit :

– son statut juridique,
– sa nationalité,
– le but de son intervention.

Le CJCE a précisé ce concept en 1991 (CJCE 11 juill. 1991, *Lennartz,* aff. 97/90) et en 1995 (CJCE 4 oct. 1995, aff. 291/92). Elle interprète cette notion en jugeant qu'un assujetti qui effectue une opération à titre privé n'agit pas en tant qu'assujetti.

De son côté, le Conseil d'État (CE 29 déc. 1995, *Société Sudfer*) a jugé que « le simple fait pour une société, même commerciale par son objet ou sa forme, de revendre des biens, tels en l'espèce, que des lingots d'or, qu'elle avait acquis non comme objet de négoce mais à titre de simple placement, ne constitue pas une opération effectuée par un assujetti agissant en tant que tel et se trouve ainsi placée hors du champ d'application de la taxe sur la valeur ajoutée. »

Certaines opérations sont obligatoirement soumises à la TVA par détermination de la loi. Il s'agit des livraisons à soi-même de biens ou de services, les opérations immobilières, des importations, des achats auprès de non-redevables de la TVA.

§ 2. Opérations soumises à la TVA par détermination de la loi

I. Livraisons à soi-même de biens ou de services (LASM)

A. Définition

On vise ici les opérations réalisées à partir de biens, de moyens par les assujettis pour :
– les besoins de l'entreprise ;

> **EXEMPLE**
> Création d'une machine.

– la satisfaction de besoins ne répondant pas à l'intérêt de l'entreprise.

> **EXEMPLE**
> Prélèvements du chef d'entreprise, utilisation de biens dans l'intérêt personnel du dirigeant.

L'imposition des livraisons à soi-même visée à l'article 257 du CGI se justifie par le souci de respecter l'impératif de neutralité attaché à la TVA. Il s'agit d'éviter des distorsions dans le jeu de la concurrence. La taxation annule l'avantage fiscal qu'aurait une entreprise d'effectuer elle-même de telles opérations plutôt que de faire appel à ses fournisseurs.
La taxation de la LASM n'est exigée que si le bien n'ouvre pas entièrement droit à déduction (ex. : limitations ou exclusions du droit à déduction).

> **EXEMPLES DE TAXATION DE LA « LASM »**
> – Opération réalisée pour les besoins de l'entreprise : machine construite par l'entreprise. S'il s'agit d'un bien immobilisé, la taxation est exigée si le bien ouvre droit à déduction : l'opération n'entraînera pas de taxes à payer car la taxe est déductible. S'il s'agit d'un bien constituant un élément du stock, la taxation est réalisée si le droit à déduction est limité ou exclu.
> – Opération pour les besoins autres que ceux de l'entreprise : la livraison à soi-même sera taxée si le bien a fait l'objet à l'origine d'une déduction (prélèvement dans le stock pour les besoins personnels du dirigeant…).

B. Détermination de l'imposition

– La *base d'imposition* est constituée par le coût de revient du bien ou du service.
– La *date d'exigibilité* de la taxe correspond à celle de la première utilisation du bien ou la réalisation du service.
– Le taux est celui correspondant au produit fini ou au service.

La TVA sur les livraisons à soi-même de biens est déductible de la taxe collectée sur les autres opérations, sauf s'il s'agit de livraisons à soi-même pour des besoins étrangers à l'entreprise.
La TVA sur les livraisons à soi-même de service n'est pas déductible.
Le défaut de déclaration de la livraison à soi-même entraîne l'exigibilité de la pénalité de 5 % de la TVA non déclarée.

II. Opérations immobilières (CGI, art. 257-1)

Afin de mettre le droit français en conformité avec le droit communautaire, la TVA immobilière a fait l'objet en 2010 d'une profonde réforme. Le régime de la TVA immobilière a été revu au regard du régime de la TVA de droit commun.
La TVA immobilière vise toutes les livraisons d'immeubles bâtis et de terrains dès lors que l'opération est réalisée dans le cadre d'une activité économique effectuée par un assujetti. Un particulier peut être soumis à la TVA s'il s'agit de la vente d'un immeuble neuf lorsque le cédant a acquis le bien dans le cadre d'une vente en état futur d'achèvement et qu'il revend dans les cinq ans de l'achèvement. En dehors de cette situation particulière (vente avant le 31 décembre 2012) une personne non assujettie qui vend un immeuble neuf ou un terrain ne relève pas de la TVA.

III. Importations ou introductions de biens

La neutralité fiscale par rapport aux produits nationaux est respectée par la taxation des produits importés lors du passage à la frontière en provenance de pays tiers (importations) ou de la Communauté européenne (introductions). Les déplacements de marchandises d'un pays à un autre relèvent de ce régime.

§ 3. Personnes assujetties sur option (CGI, art. 260)

Certaines activités économiques font l'objet d'exonération. Par disposition de la loi, il est reconnu aux personnes exerçant certaines activités exonérées la possibilité d'opter pour la TVA. Ainsi, l'exercice du droit à déduction est maintenu. Corrélativement, l'entreprise n'est plus soumise à la taxe sur les salaires si elle réalise plus de 90 % de son chiffre d'affaires dans le champ d'application de la TVA.

I. Qui peut opter ?

EXEMPLES

– Les personnes qui louent des immeubles non aménagés à usage professionnel ;
– les collectivités locales pour les services de fourniture d'eau, abattoirs publics, traitement d'ordures ménagères… ;
– les bailleurs ruraux.

II. Effets de l'option

- L'option prend effet à compter du premier jour du mois où elle est notifiée aux services fiscaux ;
- elle est valable jusqu'au 31 décembre de la quatrième année qui suit l'option (ou de la neuvième année pour la location d'immeubles non aménagés) ;
- l'option est renouvelable par tacite reconduction (la renonciation est possible après le délai indiqué ci-dessus, sauf s'il y a eu un remboursement de crédit de TVA).

L'option présente donc un avantage financier pour la personne qui devient assujettie.
Elle peut ainsi déduire la TVA afférente à l'activité soumise à TVA et être ainsi dispensée de la taxe sur les salaires.

§ 4. Opérations exonérées

Bien que rentrant dans le champ d'application de la TVA, certaines opérations échappent à l'impôt par dispositions particulières de la loi soit pour des raisons sociales (santé), soit pour des raisons commerciales (exportations). Il ne faut pas confondre ce régime avec celui qui permet une dispense de la TVA lors des transmissions d'une universalité des biens. Dans cette situation le bénéficiaire de la transmission est réputé continuer la personne du cédant et procéder le cas échéant aux régularisations du droit à déduction.

Il y a de très nombreuses opérations exonérées. Pour une énumération complète, voir CGI, art. 261.

EXEMPLES

– Les opérations d'assurance,
– les organismes philosophiques, religieux, politiques,
– les transports en ambulance,
– les établissements hospitaliers,
– les associations sans but lucratif (pour certaines de leurs opérations).

En principe, l'exonération entraîne la perte du droit à déduction. Par exception, la TVA ayant grevé les biens et services exportés ou livrés sur le marché européen est déductible.

CHAPITRE 13

Territorialité

La TVA est due à raison des opérations effectuées en France. La règle de territorialité permet donc de connaître le régime fiscal applicable à l'opération effectuée soit sur le territoire national soit en dehors du territoire.

Au regard de la TVA, la France correspond aux territoires suivants :
- France continentale,
- Corse,
- eaux territoriales,
- plateau continental,
- Monaco, Martinique, Guadeloupe, Réunion.

Depuis la création du marché unique européen (1er janvier 1993), on distingue les opérations réalisées avec les pays de l'Union européenne (28 pays) et celles réalisées avec les pays tiers qui comprennent aussi les collectivités d'outre-mer (*ex. :* Nouvelle-Calédonie, Polynésie française, Andorre…). Le régime de la TVA applicable aux opérations intracommunautaires est développé p. 220.

Les règles de territorialité s'appliquent différemment selon la nature de la transaction, livraison de biens ou prestations de services.

Les termes à connaître :
- UE : Union européenne;
- Pays tiers : pays n'appartenant pas à l'UE;
- Opérations intracommunautaires : acquisition intra communautaires et livraisons intra communautaires;
- Preneur : personne bénéficiaire effectif de la prestation de service;
- Identification : numéro individuel d'identification à la TVA attribué aux assujettis.

Sont imposables en France

§ 1. Livraisons de biens meubles corporels situés en France

- **Lors de leur expédition,**
- **ou lors de leur transport à destination de l'acquéreur.**

EXEMPLES

France	→ France	taxable
France	→ étranger	exonération (exportation)
Étranger	→ France	taxable (importation)

L'exonération des exportations s'étend à toutes les opérations relatives au commerce extérieur. Bien que les exportations soient exonérées de TVA, le droit à déduction leur est néanmoins accordé.
Les entreprises étrangères réalisant des opérations en France n'échappent pas au paiement de la TVA. Elles peuvent solliciter le remboursement de la TVA supportée lors de l'achat de biens en France lorsqu'elles n'effectuent aucune opération taxable.

EXEMPLE

Exposition, foire…

§ 2. Prestations de service

En principe sont imposables en France les prestations de service lorsque le prestataire est établi en France.
Les exceptions au principe du lieu d'établissement du prestataire concernent :

I. Les prestations matériellement localisables en France (CGI, art. 259 A)

Le *critère* est la localisation du service rendu.

EXEMPLES

– Les prestations se rattachant à un immeuble sont soumises à la TVA si l'immeuble est situé en France (quelle que soit la nationalité du prestataire) ;
– la prestation de transport est soumise à la TVA pour la distance parcourue en France.

Parmi les prestations de service, on relève celles qualifiées d'immatérielles par le Code général des impôts.

II. Les prestations liées aux échanges intracommunautaires (art. 259 A du CGI)

Les règles de taxation (art. 259 A du CGI) concernent principalement les transports intracommunautaires.

III. Les prestations « immatérielles » (CGI, art. 259 B et C)

– droits d'auteur, brevets, licences, marque,
– publicité,
– conseils, fourniture d'information,
– opérations financières,
– mise à disposition du personnel,
– les intermédiaires,
– localisations de biens autres que les moyens de transport.

Les prestations immatérielles sont soumises à des règles d'imposition spécifiques qui dépendent du lieu d'établissement du bénéficiaire et du prestataire.

Lieu d'établissement du bénéficiaire	Lieu d'établissement du prestataire		
	France	Autre État CEE	Hors CEE
France • assujetti • non assujetti	 taxable taxable	 taxable non taxable	 taxable taxable si le service est utilisé en France
Autres pays de la CEE • assujetti • non assujetti	 taxable dans le pays du bénéficiaire taxable	 non taxable non taxable	 non taxable non taxable
Pays hors CEE	non taxable	non taxable	non taxable

l'espèce, l'indemnité versée aux exploitants agricoles qui s'engagent à cesser leur activité ne peut être soumise à la TVA car la Communauté n'acquiert aucun bien ou service mais intervient dans l'intérêt général relatif au fonctionnement régulier du marché communautaire du lait. L'engagement de ne plus exercer n'apporte pas un avantage en nature tel que les autorités compétentes pourraient être considérées comme consommateur d'un service.

Le Juge National a fait application de ces critères dès 1998 (CE 29 juill. 1998, *Gefiroute*). Les indemnités reçues des compagnies d'assurance à la suite de vols ou de sinistres de véhicules doivent échapper à la taxation à la TVA à la différence des indemnités de résiliation.

Dans une autre affaire (CE 15 déc. 2000, *Société Polyclad Europ*), la haute juridiction a jugé que l'indemnité versée par un client à son fournisseur pour rupture de l'engagement d'acquérir des biens constituait la contrepartie et la rémunération du service que cette société avait fourni en prenant l'engagement de s'approvisionner.

Par ailleurs, il a été jugé (CE 17/5/2013 n° 359526) que l'indemnité reçue en contrepartie de travaux non prévus au contrat devait être soumise à la TVA.

II. Les subventions

Elles sont taxables si elles sont destinées à compenser l'insuffisance des recettes ou sont la contrepartie d'une opération conclue avec la partie versante.

EXEMPLE

Les subventions d'exploitation.

Les subventions d'équipement ne sont pas taxables.

Le Conseil d'État a précisé sa jurisprudence en la matière (*cf.* CE, *Codiac*). Il a jugé qu'en l'absence de prestations de services individualisées délivrées par le Comité (Codiac) et dès lors que les subventions étaient sans relation nécessaire avec les avantages immédiats que les collectivités pouvaient retirer des actions du comité, l'aide versée échappait à la TVA.

L'administration retient pour les taxer les subventions directement liées au prix qui répondent aux conditions suivantes :

- la subvention est versée par un tiers à l'opération. Il y a donc le « subventionneur », le « bénéficiaire » et l'acheteur ou le preneur;
- la subvention constitue la contrepartie totale ou partielle d'une livraison de biens ou d'un service;
- la subvention permet au client de payer un prix inférieur au prix de marché ou au prix de revient.

Le juge administratif exige pour admettre la taxation de la subvention à une condition tenant à l'existence d'un engagement explicite du bénéficiaire de la subvention quant au prix des prestations fournies (*cf.* CE 6 nov. 1996, *Sté des Courses de la Côte d'Armor*; CE 31 mai 2000, *Association « Strasbourg Musique et Progrès »*).

III. Les aides inter-entreprises

- Si l'aide a un caractère financier (avantage de trésorerie uniquement) elle échappe à toute taxation ;
- si l'aide a un caractère commercial, il faudra rechercher si elle est la contrepartie (lien direct) d'une opération imposable ou si elle complète le prix d'une opération imposable.

La subvention d'équilibre qui vise à couvrir les déficits constitue un complément de prix taxable.
À défaut de réunir ces conditions, l'aide n'est jamais imposable.

EXEMPLE
Les subventions d'équilibre.

IV. Les intérêts

Les frais financiers relatifs à une créance commerciale sont situés hors du champ d'application de la TVA lorsqu'il s'agit d'intérêts moratoires, et sont dans le champ d'application et exonérés lorsqu'ils correspondent à des intérêts réclamés par un fournisseur qui accepte de différer le paiement de sa créance (opération de crédit exonérée).

V. Les frais accessoires

Tous les frais accessoires à une opération imposable doivent être retenus : commissions, frais de transport, frais d'assurance, frais de poste et télécommunication.

VI. Les impôts

La base d'imposition comprend tous les impôts ou taxes à l'exclusion de la TVA et des taxes récupérées auprès du débiteur légal et reversée au Trésor public.

VII. Les débours

Ils sont engagés pour le compte et sur ordre d'un mandant qui donnent lieu à une réédition de comptes à celui-ci. Il ne peut s'agir de dépenses effectuées par un redevable pour les besoins de son entreprise. Ils ne doivent pas être retenus dans la base d'imposition.

EXEMPLE

Frais avancés par un avocat à son client.

VIII. Les remises

La base d'imposition à la TVA peut être réduite des remises accordées aux clients si elles ne constituent pas la contrepartie d'un service.
La remise effectuée hors facture d'origine peut être déduite du chiffre d'affaires du fournisseur avec l'obligation pour son client de reverser la TVA récupérée lors de la livraison des marchandises. Il est admis que le rabais soit net de taxe ce qui n'entraînera aucune régularisation pour le client.

CHAPITRE 15

Fait générateur et exigibilité

ATTENTION

Les deux notions doivent être soigneusement distinguées (CGI, art. 269).

Le fait **générateur** est l'événement qui donne naissance à la créance fiscale.
L'**exigibilité** est l'événement qui permet à l'État de réclamer le paiement de la taxe.

La date du fait générateur permet de fixer le taux de TVA en vigueur. Ainsi le taux de 20 % est applicable aux opérations dont le fait générateur de la taxe intervient à compter du 1er janvier 2014.

L'exigibilité fixe la période (mois, trimestres...) au titre de laquelle les opérations entrant dans le champ d'application de la TVA doivent faire l'objet d'une déclaration et d'un règlement.

Elle détermine également la date à laquelle le droit à déduction prend naissance.

Le fait générateur et l'exigibilité coïncident dans le régime des livraisons de biens meubles corporels. Par contre, dans le régime des prestations de services et dans les travaux immobiliers, les deux notions sont distinctes.

§ 1. Régime de livraisons de biens meubles corporels

Le fait générateur et l'exigibilité coïncident : ils se situent au moment de la délivrance du bien (*cf.* art. 1604 du Code civil), même si :

– la vente est assortie d'une clause de réserve de propriété ;

– la vente est payable à terme ou par fractions.

Le règlement d'un acompte à valoir sur l'achat d'un bien n'est pas à soumettre à la TVA car le transfert de propriété n'est pas intervenu.

Si la vente est affectée d'une condition suspensive, le fait générateur se situe au moment de la réalisation de la condition.

Ce n'est pas le cas si la vente est réalisée sous condition résolutoire car le fait générateur intervient au moment de l'accord des parties.

§ 2. Régime des prestations de services et des travaux immobiliers

I. Le fait générateur

C'est l'exécution du service (date d'achèvement de la prestation).

II. L'exigibilité

La taxe est due lors de l'encaissement du prix (sur l'acompte versé et sur le solde), sauf option pour les débits.

À compter du 1er janvier 2010 pour les prestations de services intracommunautaires auto-liquidées (sauf les prestations immobilières), le fait générateur et l'exigibilité sont confondus. Ce nouveau principe s'applique si le prestataire n'est pas établi en France et le preneur a en France le siège de son activité.

Les prestataires de services peuvent demander à l'administration fiscale l'autorisation de payer d'après les débits (débit du compte client). Le débit correspond normalement à la facturation. Mais l'administration considère que le paiement de l'impôt ne peut avoir pour effet d'acquitter la TVA postérieurement à l'encaissement des acomptes et du prix.

On retient, pour déterminer la date à laquelle la TVA est exigible :

- la date de remise en espèces ;
- la date du virement bancaire ;
- la date de réception du chèque ;
- la date du paiement direct par le client en cas d'escompte par le banquier ou par la société d'affacturage.

Les **principales situations** rencontrées sont les suivantes

- **Livraison de biens meubles corporels :** le fait générateur et l'exigibilité se situent à la date de remise du bien.
- **Prestations de services :** la date du fait générateur est distincte de celle de l'exigibilité (*cf.* plus haut).
- **Livraisons à soi-même taxables :** la date du fait générateur et celle de l'exigibilité se situent à la première utilisation du bien.
- **Acquisition intra-communautaire :** le fait générateur est la date de remise du bien et l'exigibilité intervient le 15 du mois suivant le fait générateur.

CHAPITRE 16

Taux applicables

Il convient de déterminer le taux applicable à la base d'imposition.

On compte *en France deux taux légaux* (depuis le 1er janvier 1993) :

– les taux *réduits*,

– le taux *normal*.

> • **Taux réduits :**
> – 2,10 % sur les médicaments remboursés par la Sécurité sociale (1er janvier 1990),
> – 5,5 % sur tous les autres produits soumis à ce taux (ex. : vente à consommer sur place),
> – 10 % sur des produits et services spécifiques (ex. : ventes à emporter ou à livrer de produits alimentaires).
> • **Taux normal :** 20 % (depuis le 1er janvier 2014).

Les taux s'appliquent *sur des prix hors taxe.*

À partir d'un prix TTC, le montant de la valeur hors taxe peut être obtenu en multipliant ce prix par un coefficient.

Les États membres de l'Union européenne n'ont pas pleine liberté en matière de fixation des taux.

La directive « taux » du 19 octobre 1992 prévoit que les États peuvent appliquer outre un taux « normal » (minimum 15 %) et un ou deux taux réduits (ces derniers taux sont applicables aux biens et services listés dans l'annexe H de la directive).

Taux de la TVA	Coefficient de conversion (1)
20 %	0,833
10 %	0,909
5,5 %	0,947

(1) Le coefficient de conversion permet d'obtenir une base hors-taxe à partir d'un prix TTC.

LISTE DES TAUX DE TVA APPLIQUÉS DANS L'UE (EN 2018)

États membres	Sigles	Taux super réduit	Taux réduit	Taux normal
Belgique	BE	–	6 / 12	21
Bulgarie	BG	–	9	20
République tchèque	CZ	–	10 / 15	21
Danemark	DK	–	–	25
Allemagne	DE	–	7	19
Estonie	EE	–	9	20
Grèce	EL		6 / 13 / 17	24
Espagne	ES	4	10	21
France	FR	2,1	5,5 / 10	20
Croatie	HR	–	5 / 13	25
Irlande	IE	4,8	9 / 13,5	23
Italie	IT	4	5 / 10	22
Chypre	CY	–	5 / 9	19
Lettonie	LV	–	12	21
Lituanie	LT	–	5 / 9	21
Luxembourg	LU	3	8	17
Hongrie	HU	–	5 / 18	27
Malte	MT	–	5 / 7	18
Pays-Bas	NL	–	6	21
Autriche	AT	–	10/13	20
Pologne	PL		5 / 8	23
Portugal	PT	–	6 / 13	23
Roumanie	RO	–	5 / 9	19
Slovénie	SI	–	9,5	22
République slovaque	SK	–	10	20
Finlande	FI	–	10 / 14	24
Suède	SE	–	6 / 12	25
Royaume-Uni	UK	–	5	20

REMARQUE

Ce tableau ne fait pas mention des taux, qui, pour certains pays, peuvent s'appliquer à des catégories marginales de marchandises, à certaines prestations de services ou encore à certaines zones géographiques qui bénéficient d'un statut fiscal particulier. Les prestations de service électronique sont imposables au taux de TVA en vigueur dans l'État membre où le consommateur non assujetti est domicilié. Le prestataire de service doit payer et déclarer la TVA dans chaque pays membre de l'UE.

§ 1. Taux réduit : 5,5 %

- **Les principaux produits sont :**

– les produits alimentaires, sauf boissons alcooliques et confiserie, caviar, ventes à consommer sur place;
– les produits d'origine agricole;
– les livres.

- **Les principales prestations de service sont :**

– les transports de voyageurs;
– la fourniture de logement et repas dans les maisons de retraite;
– ventes à consommer sur place (restaurant à compter du 1er juillet 2009);
– les repas dans les cantines scolaires;
– les travaux d'amélioration, de la qualité énergétique portant sur des locaux à usage d'habitation achevés depuis plus de deux ans (depuis le 1er janvier 2014).

§ 2. Taux réduit : 10 %

Le taux réduit de 7 % était appliqué avant le 1er janvier 2014.
La loi fixe également la liste des produits et prestations relevant de ce taux :
– les spécialités pharmaceutiques non remboursables;
– les ventes à emporter ou à livrer de produits alimentaires en vue d'une consommation immédiate;
– les travaux portant sur les locaux d'habitation autres que les travaux d'amélioration de la qualité énergétique;
– les ventes à consommer sur place de produits alimentaires ou de boissons.

§ 3. Taux normal : 20 %

C'est le taux de droit commun. Il concerne :

Tous les produits et services qui ne relèvent pas du taux réduit.

EXEMPLES

– Alcools,
– véhicules d'occasion taxés à la TVA sur la marge,
– véhicules neufs,
– bijoux.

§ 4. Taux particuliers

Des taux particuliers sont prévus pour les opérations suivantes :
- médicaments remboursables : 2,10 % ;
- presse : 2,10 % ;
- taux particuliers en Corse et dans les départements d'outre-mer pour compenser le handicap de l'insularité et promouvoir le développement économique régional.

EN CONCLUSION SUR LA TVA COLLECTÉE

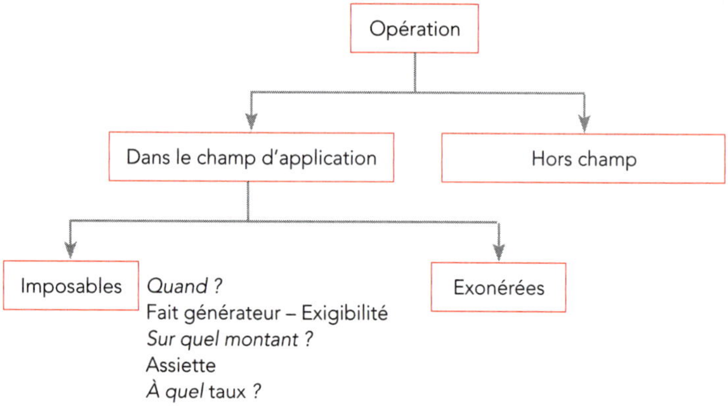

CHAPITRE 17

La TVA déductible

Nous avons vu que la taxe sur la valeur ajoutée était appliquée tout au long du processus économique. Dans le but de ne pas alourdir le coût des biens et services et d'*assurer pour les redevables une parfaite neutralité de cet impôt*, le régime de déduction a été instauré.

Aussi, chaque redevable est soumis à l'obligation de payer au service des impôts des entreprises la différence entre la TVA collectée sur les transactions et la TVA déductible supportée dans le cadre de l'activité professionnelle. La déduction de la TVA répond à des règles de fond et de forme.

§ 1. Les conditions d'exercice du droit à déduction

La TVA supportée en amont par le redevable est-elle déductible de la TVA facturée par le redevable à son client ?

Conditions de fond →	Biens et services nécessaires à l'exploitation Biens et services affectés aux besoins de l'exploitation Biens et services non exclus du droit à déduction
Conditions de forme →	TVA portée sur un document justificatif au nom de l'assujetti
Condition de temps →	La TVA est-elle devenue exigible chez le fournisseur ?

Seules les personnes redevables de la TVA peuvent opérer la déduction de leur taxe d'amont

Sous *réserve* de remplir un certain nombre de *conditions*.

I. Les conditions de fond

A. Principe général applicable

Il consiste à admettre en déduction la TVA ayant grevé les biens et/ou les services nécessaires à l'exploitation.

La Cour de justice de l'Union européenne (CJUE) exige un lien direct et immédiat entre une opération en amont et une opération en aval. Cela suppose que les dépenses supportées pour acquérir les biens et services fassent partie des éléments constitutifs du prix des opérations.

Le droit à déduction est ouvert pour ceux qui ont la qualité d'assujetti agissant en tant que tel.

Une particularité : la TVA sur les opérations en capital

L'administration fiscale estime que les dépenses supportées pour la réalisation d'opérations en capital (*ex.* : augmentation de capital) font partie des frais généraux dont la TVA est déductible selon les conditions de droit commun dès lors que les opérations réalisées par l'entreprise ouvrent droit à déduction. Par contre, la TVA concernant les dépenses engagées (directement) lors de la vente de titres de société n'est pas déductible car ne peuvent être considérées comme des frais généraux. La TVA relative aux dépenses d'expertise et de conseils préalables à la vente peut être déduite selon les conditions de droit commun.

Le Conseil d'État admet la déduction de telles dépenses si elles n'ont pas été intégrées dans le prix de vente des titres.

La TVA relative à un bien ou un service est déductible à proportion de son coefficient de déduction. Ce coefficient est égal au produit de trois coefficients :

- **coefficient d'*assujettissement* = fonction de l'utilisation d'un bien,**
- **coefficient *de taxation* = fonction de la réalisation d'opérations ouvrant droit à déduction,**
- **coefficient *d'admission* : fonction d'exclusion ou restriction du droit à déduction.**

Les règles de déduction sont identiques pour les biens immobilisés ou non et les services. Ce nouveau régime s'applique depuis le 1er janvier 2008.

ILLUSTRATION

Une entreprise achète le 1/06/2015 un ordinateur pour un prix hors taxes de 3 000 € et une TVA correspondante de 600 €. Ce bien sera utilisé en partie pour des opérations imposables.

– Le coefficient d'assujettissement est de 1 : le bien est utilisé pour des opérations imposables.

– Le coefficient de taxation est de 0,50 : le bien est utilisé en partie pour des opérations imposables.

– Le coefficient d'admission est de 1,00 : aucune exclusion ou réduction n'est prévue par le CGI.

Le coefficient de déduction est donc égal à : 1 × 0,50 × 1 = 0,50. Coût 300 €.

Lorsque le bien ou le service n'est pas affecté exclusivement à l'exploitation, la déduction de la TVA est partielle. Néanmoins, par application des dispositions de l'article 230-1 de l'annexe II au CGI, la déduction est refusée si le bien est utilisé pour plus de 90 % à des fins hors exploitation.

EXEMPLE

Besoins privés du dirigeant.

Jusqu'en 1992, l'administration fiscale n'admettait pas la déduction de la TVA pour un bien qui n'était pas la propriété de l'entreprise. En raison de l'incompatibilité de cette doctrine avec les dispositions de la sixième directive, l'administration a abandonné cette théorie. Ainsi, tout assujetti peut déduire
la TVA appliquée sur des biens dont il n'est pas propriétaire.

EXEMPLE

TVA des travaux d'aménagement de local professionnel pris à bail.

B. Exceptions

Par exception, et bien que répondant aux conditions, certains biens et services sont exclus du droit à déduction :

Articles 230-2 à 242 de l'annexe II au CGI

La TVA n'est pas déductible pour :

- **Les dépenses de logement, de restaurant, de réception et de spectacle dont les bénéficiaires sont les dirigeants et les salariés. Cette exclusion n'est pas applicable aux dépenses engagées au profit de tiers.**

La Cour de Justice de l'Union européenne estime que la TVA grevant ces dépenses est déductible si elles sont engagées dans l'intérêt social. Après l'arrêt de la CJCE du 19 septembre 2000, l'administration a modifié sa doctrine et admet la déduction de la TVA sur les dépenses de logement, de restaurant, de réception et de spectacles.

Le principe d'exclusion n'est pas applicable (*cf. a contrario*, l'article 236 de l'annexe II au CGI) :
- aux dépenses de fourniture (gratuite) de logement du personnel de surveillance dans l'entreprise ;
- à celles liées à la mise en jeu de la responsabilité contractuelle à l'égard des clients du redevable.

EXEMPLE

Frais de restaurant des passagers supportés par une entreprise de transport à la suite de l'annulation d'un vol.

- **Les véhicules de transport de personnes ou à usage mixte, lesquels constituent des immobilisations (bateaux, motos, cycles...).** Les entreprises de transport font exception à la règle ainsi que les véhicules comportant, outre le siège du conducteur, plus de 8 places assises et qui sont utilisés pour amener le personnel sur les lieux de travail.

- **Les biens fournis sans rémunération, ou avec une faible rémunération.**

EXEMPLE

Les tables, parasols offerts par les brasseurs à leurs clients.

Mais cette exclusion ne joue pas quand la valeur unitaire des objets ne dépasse pas 65 € TTC par an et pour un même bénéficiaire.
L'article 241 de l'annexe II au CGI prévoit que les services relatifs à des biens exclus du droit à déduction ne peuvent ouvrir droit à déduction.
L'article 272-3 du CGI prévoit que la TVA relative à une livraison de bien ne peut être déduite si l'acquéreur savait qu'il participait à une fraude permettant au cédant de ne pas reverser la TVA due sur la livraison du bien (*ex.* : fraude de type « carrouse »). L'administration a la charge de la preuve.

II. Les conditions de forme et de délais

La TVA est déductible si elle est portée sur un document justificatif établi au nom de l'assujetti tel que :
- facture au moment où l'entreprise pratique les déductions ;
- documents douaniers s'il s'agit d'une importation ;
- déclaration de TVA pour les acquisitions intracommunautaires ;
- compte rendu du commissionnaire ;
- acte notarié pour les immeubles relevant du champ d'application de la TVA immobilière (article 257-7 du CGI).

Pour les erreurs (*ex.* : taux erroné) de facturations commises entre personnes de bonne foi, les entreprises peuvent procéder à des régularisations.
La déduction n'est pas toujours immédiate. Elle diffère dans le temps selon la nature des biens et des services. L'exigibilité et la déduction depuis le 1er juillet 1993 sont traitées au cours de la même période.

A. Pour les immobilisations et autres biens

La TVA est déductible au titre du mois pendant lequel le droit à déduction a pris naissance (mois de livraison du bien).

EXEMPLE

Matériel livré le 2 avril. La TVA correspondante pourra être déduite par imputation sur la taxe due au titre d'avril.

B. Pour les services

La TVA est déductible au titre du mois du règlement.

EXEMPLE

Service réalisé le 15 janvier et payé au prestataire le 28 février. La TVA pourra être déduite par imputation sur la taxe due au titre de février.

Avant le 1er juillet 1993, la TVA appliquée aux biens (immobilisations) et aux services était déductible avec un décalage d'un mois.

EXEMPLE

La TVA correspondante à la facture d'un prestataire de services réglée le 28 février ne pouvait être déduite qu'au titre du mois de mars.

Le défaut de report de la TVA déductible (immobilisations et autres biens, services) sur la déclaration de TVA peut être rectifié sur une autre déclaration jusqu'au 31 décembre de la deuxième année qui suit l'omission.

§ 2. Les procédés de déduction

Il existe deux procédés de récupération de la TVA déductible, l'imputation et le remboursement.

I. Imputation

L'imputation de la TVA déductible est opérée sur la TVA collectée.
Si le résultat est négatif (la TVA déductible est supérieure à la TVA collectée), l'excédent peut être reporté sur les déclarations de TVA futures. L'omission de report peut être corrigée jusqu'au 31 décembre de la deuxième année qui suit celle de l'omission.

EXEMPLE

Déclaration CA3 de janvier : crédit de 1 524 € ; la déclaration CA 3 de février comportera le report du crédit de janvier.

II. Remboursement

Le remboursement de l'excédent peut s'appliquer pour tous les assujettis, sauf pour certaines professions (rares). Le remboursement est : mensuel, trimestriel si chacune des déclarations déposées au titre de l'un des trois trimestres civils fait apparaître un crédit, ou annuel.

Le remboursement est trimestriel ou annuel	À l'issue de l'un des trois premiers trimestres civils si le montant du crédit est supérieur ou égal à 760 € (remboursement trimestriel). En fin d'année, le crédit doit être au moins égal à 150 €
Le remboursement est mensuel pour toutes les entreprises	En fin de mois, le crédit doit être au moins égal à 760 €

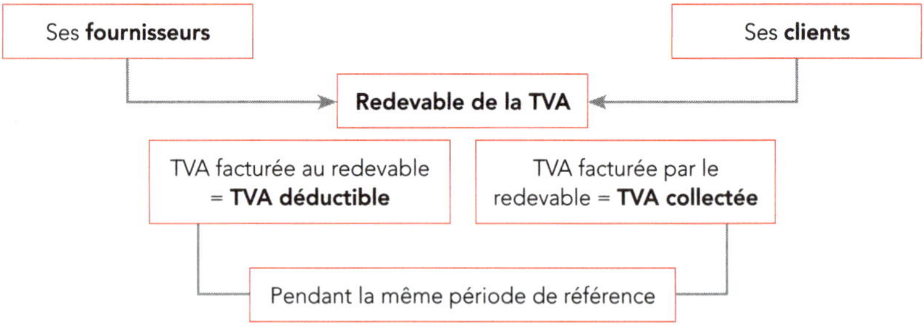

Si TVA collectée > TVA déductible :
TVA collectée – TVA déductible = **TVA à reverser** par le redevable au Trésor
Si TVA collectée < TVA déductible :
TVA déductible – TVA collectée = **crédit de TVA**

L'entreprise doit déposer au Service des impôts des entreprises dont elle relève une demande (formulaire) de remboursement soit au mois de janvier si la demande est annuelle soit le mois suivant ou le trimestre suivant si elle est mensuelle ou trimestrielle. La demande de remboursement a la nature d'une réclamation contentieuse.

L'entreprise doit alors réduire son crédit du montant du remboursement demandé.

Pour les demandes déposées à compter du 1er janvier 2017, mise en place d'une nouvelle procédure de contrôle sur place pour l'examen des demandes de remboursement de TVA.

§ 3. Régularisation des déductions

La taxe initialement déduite par un assujetti est en principe définitivement acquise.
La déduction effectuée peut néanmoins faire l'objet de régularisation lorsqu'elle est inférieure ou supérieure à celle que le redevable était en droit d'effectuer.
Les régularisations se traduisent donc par un reversement ou une déduction complémentaire de TVA selon des modalités différentes selon qu'il s'agit d'immobilisations ou des autres biens et services.
À compter du 1er janvier 2008 pour les immobilisations, on retient deux catégories de régularisation : les régularisations dites annuelles (pour tenir compte de l'utilisation du bien dans le temps) et les régularisations dites « globales » à l'occasion de certains événements.
Pour les autres biens et services, la régularisation sera effectuée à l'occasion de la disparition des biens ou de leur utilisation pour des opérations n'ouvrant pas droit à déduction. La régularisation consiste donc à reverser la totalité ou une quote-part de la taxe initialement déduite.

I. Les régularisations applicables aux immobilisations

Il convient de distinguer la régularisation annuelle du fait de la modification de l'utilisation du bien dans le temps de la régularisation globale provoquées par certains événements. Ces deux modes de régularisation sont effectués à partir de la variation dans le temps des trois coefficients permettant de déterminer le coefficient de déduction.
La période de régularisation de la taxe initialement déduite est de 20 ans pour les immeubles immobilisés et de 5 ans pour les biens meubles immobilisés.
La taxe initiale qualifiée de coefficient de référence qui sert de base au calcul de la régularisation est celle mentionnée sur la facture d'achat, la taxe perçue à l'importation ou auto-liquidée qui est retenue pour calculer le montant déductible.
Une régularisation de la taxe déduite au départ doit être opérée pendant 5 ans ou 20 ans selon la nature des biens si la différence entre le produit des coefficients d'assujettissement et de taxation de l'année et le produit des mêmes coefficients de référence est supérieure en valeur absolue à un dixième s'agissant de la régularisation annuelle.

Le calcul de la régularisation sera effectué ainsi pour les immeubles immobilisés :

Montant du reversement ou de la déduction complémentaire = taxe déduite à l'origine × (coefficient de déduction de l'année N – coefficient de déduction de référence) / 20

Pour les autres biens et services, la régularisation est égale au cinquième et non au vingtième.
La régularisation annuelle doit être effectuée sur les déclarations de TVA avant le 25 avril de l'année suivante.
Par ailleurs, lorsque certains événements interviennent avant la fin de la période de régularisation, il convient de procéder à la régularisation (« régularisation globale ») de la TVA initialement déduite. La situation du bien sera donc différente pour l'avenir. Ces événements qui entraînent ces régularisations sont la cession ou apport non soumis à la TVA sur le prix total, le transfert entre secteur d'activités, modifications législatives ou réglementaires, affectation de biens pour la réalisation d'opérations imposables ou non imposables.

II. Régularisations applicables aux autres biens et services

Elles ne s'appliquent que lorsque les marchandises ont disparu ou lorsque les biens ou les services sont utilisés pour une opération n'ouvrant pas droit à déduction.

§ 4. Le régime des entreprises soumises partiellement à la TVA

On parle d'assujettis partiels lorsqu'une partie des recettes réalisées est hors du champ d'application de la TVA (*ex.* : subventions, produits des placements financiers) et de redevables partiels pour ceux qui perçoivent des recettes exonérées situées dans le champ d'application de la TVA (*ex.* : recettes immobilières non soumises à TVA).
Seule est déductible la TVA relative au bien utilisé pour la réalisation d'opérations taxables. Pour les dépenses mixtes, une clé de répartition permettra de déduire une partie de la TVA ayant grevé le coût d'une immobilisation. Dans certaines situations, l'entreprise pourra retenir

une clé de répartition économique fixée en fonction des recettes taxables par rapport aux recettes totales.

§ 5. Secteurs distincts d'activité

L'article 213 de l'annexe II au CGI précise que lorsqu'un assujetti a des secteurs d'activité qui ne sont pas soumis à des dispositions identiques au regard de la TVA, « *ces secteurs font l'objet de comptes distincts pour l'application du droit à déduction* ».

EXEMPLE

Location d'un immeuble d'habitation (exonérée) et activité de négoce (taxable).

Les achats de biens et de services sont affectés au secteur considéré. La TVA est déductible en fonction du *prorata* (0 % secteur exonéré, 100 % secteur taxable) de chaque secteur. Pour les dépenses mixtes, la règle du *prorata* indiquée ci-dessus doit être appliquée.

§ 6. Principales obligations des redevables

L'article 286-3 du CGI précise que les redevables de la TVA doivent :
- tenir une comptabilité permettant de distinguer les opérations taxables des autres ;
- ventiler les produits soumis à la TVA à des taux différents ;
- déclarer les opérations réalisées : déclaration « CA 3 » mensuelle ou trimestrielle selon le régime normal ou simplifié (exception : les entreprises placées sous le régime forfaitaire ont des obligations comptables et fiscales allégées).

À compter du 1er janvier 2018 obligation d'utiliser un logiciel ou système de caisse agréé pour les opérations avec des non assujettis.

L'article 289 du même code indique les mentions obligatoires que doivent comporter les factures (nom du client, prix hors taxe, TVA…).

Par ailleurs dans les 15 jours du commencement de son activité, tout assujetti doit déposer une déclaration d'existence. Un numéro individuel d'identification est remis à chaque assujetti. Il vise (préfixe pays, *ex.* : FR pour France puis 13 chiffres) à garantir les transactions entre les assujettis au sein de l'Union européenne.

CHAPITRE 18

Régimes d'imposition

Comme pour la détermination des bénéfices industriels et commerciaux, il existe deux régimes d'imposition : le régime des microentreprises et le réel se subdivisant en réel normal et réel simplifié, dont l'application dépend du chiffre d'affaires TTC réalisé par l'entreprise.

§ 1. Microentreprises

Les redevables qui ont réalisé l'année précédente moins de 82 800 € (livraisons de biens, ventes à consommer sur place, prestations d'hébergement) ou moins de 33 200 € (autres prestations de services) sont dispensés du paiement de la TVA. La franchise en base est de droit pour les entreprises nouvelles tant que le chiffre de la première année ne dépasse pas 90 900 ou 35 100 €.
Ils ne peuvent donc pas imputer de la TVA déductible.
Néanmoins, l'option à la TVA reste possible.
Le dépassement de ce seuil rend la TVA applicable pour les opérations réalisées l'année suivante, ou l'année du dépassement si le montant des recettes excède 90 900 € ou 35 100 €.
Ce régime ne s'applique pas aux opérations immobilières relevant de l'article 257 du CGI.

§ 2. Réel simplifié

Sont concernées par ce régime les entreprises qui réalisent un chiffre d'affaires HT compris entre 82 800 € et 789 000 € HT (négoce) et supérieurs à 70 000 € et ne dépassant pas 238 000 € HT (services).

Les entreprises déposent une déclaration mensuelle ou trimestrielle de TVA en déterminant un acompte provisionnel. L'acompte de TVA due est calculé à partir d'un coefficient appliqué au chiffre d'affaires réalisé. Le montant exact est calculé l'année suivante.

§ 3. Réel normal

Le régime du réel normal s'applique pour les entreprises qui réalisent plus de 789 000 € HT de chiffre d'affaires ou 238 000 € HT s'il s'agit de prestations de service.
Les entreprises forfaitaires et celles soumises de plein droit au régime réel simplifié peuvent opter pour le régime normal.
Les entreprises déposent tous les mois une déclaration de TVA, accompagnée du règlement, récapitulant :
– le montant de la TVA collectée au cours du mois ;
– le montant de la TVA déductible ;
– la détermination de la TVA à payer.
Les déclarations de TVA doivent être souscrites depuis le 1er octobre 2014 par voie électronique (télé déclaration) et la taxe doit être acquittée de la même manière (télérèglement).
Il existe un régime de centralisation de la TVA au niveau de la société tête de groupe de sociétés. Ce régime est optionnel et concerne une société redevable de la TVA du groupe – qui détient 50 % ou plus du capital ou des droits de vote des sociétés filiales. Les membres du groupe doivent relever de la Direction générale des grandes entreprises.

CHAPITRE 19

Cas particuliers

§ 1. La TVA communautaire

I. Principe

Depuis le 1er janvier 1993, le grand marché unique européen est réalisé dans les quinze pays de l'Union européenne. Ce nombre est porté à 28 le 1er janvier 2014. La suppression des frontières fiscales et la mise en place de nouveaux mécanismes permettent la libre circulation des marchandises.

L'Union européenne comprend au 1er janvier 2016 pour l'application de la TVA 28 pays : France, Allemagne, Autriche, Belgique, Bulgarie, Chypre, Croatie, Danemark, Espagne, Estonie, Finlande, Grèce, Hongrie, Irlande, Italie, Lettonie, Lituanie, Luxembourg, Malte, Pays-Bas, Pologne, Portugal, Roumanie, Royaume-Uni, Suède, République Tchèque, Slovénie, Slovaquie. À la suite du référendum du 23 juin 2016, en faveur du « Brexit », le Royaume-Uni a prévu de quitter l'Union européenne d'ici 2020.

Le nouveau régime conserve le principe de la taxation de la marchandise dans le pays de destination.

À compter du 1er janvier 1997, le régime suivant aurait dû s'imposer à tous les pays membres de l'Union : la TVA aurait été perçue dans le pays du vendeur et aurait été restituée au pays de l'acheteur. L'application de ce dispositif a été différée. Le régime actuel est le suivant :

RÉGIME APPLICABLE DEPUIS LE 1ER JANVIER 1993

Acheteur	Vendeur	
	France	Autre pays Union européenne
France	• Taxation en France	• Taxation dans le pays de l'Union européenne • Exonération en France
Autre pays CEE	• Taxation en France • Exonération dans l'autre pays de l'Union européenne	• Taxation autres pays de l'Union européenne

La Commission européenne a présenté le 4 octobre 2017 un plan d'action TVA tendant à modifier le régime actuel (une proposition de texte devrait avoir lieu en 2018). Ainsi un fournisseur facturerait la TVA au client selon les conditions prévues dans l'État membre où il est établi mais au taux en vigueur dans l'État membre de destination du bien : la TVA serait payée par le fournisseur via un guichet unique.

II. Les conséquences (généralités)

Les conséquences liées à l'application des textes communautaires et à la loi française du 17 juillet 1992 sont différentes selon que la vente est faite à une entreprise (assujettie), à un particulier, à certaines personnes non soumises à TVA.

A. Opérations effectuées entre assujettis

Le traitement fiscal est identique à celui que nous connaissons aujourd'hui :
– exonération dans le pays de livraison (ancienne « exportation »);
– taxation dans le pays d'acquisition (ancienne « importation »).
L'exonération est liée à la preuve de la livraison de la marchandise dans un autre État UE à une entreprise assujettie.
La justification de l'assujettissement dépend de l'indication du numéro « identifiant européen » sur les factures établies par les entreprises résidant dans l'UE.
La liquidation de la TVA incombe à l'acquéreur en raison de la suppression des frontières fiscales (antérieurement c'est le service des Douanes qui déterminait le montant de cette TVA).
La base imposable et la TVA due est indiquée par l'acquéreur sur la déclaration de TVA CA 3 (cadre acquisitions intracommunautaires).
Des régimes spécifiques sont prévus notamment :
– dans le cadre d'opérations triangulaires;

EXEMPLE

Entreprise espagnole qui vend des biens à une entreprise allemande mais livre directement le client français de l'entreprise allemande.

– pour les façons : ces opérations sont considérées comme une prestation de services et bénéficient d'une exonération à la livraison.

La taxe supportée par l'acquéreur au titre d'une acquisition intracommunautaire est déductible si elle figure sur la déclaration de TVA. À défaut d'avoir été reportée sur cet imprimé, l'acquéreur ne pourra la déduire que lorsqu'il l'acquittera mais il restera redevable d'une pénalité de 5 % sur le rappel des droits non déclarés. À compter du 1er janvier 2010 des modalités particulières ont été instituées pour les prestations de services intracommunautaires (*cf. supra* chapitre Territorialité).

B. Opérations effectuées à des particuliers

Le vendeur est redevable de la taxe, l'acquéreur est exonéré.
Les ventes à « distance » (ventes par correspondance) à des particuliers ou à des personnes bénéficiant d'un régime dérogatoire suivent un régime distinct :

a. Le vendeur est situé en France

– Le vendeur est redevable de la TVA en France (ou dans un autre pays de l'UE, s'il y réside) si le montant des ventes annuelles dans le pays de destination des biens n'excède pas un plafond variable selon les pays.
– Le vendeur est redevable de la TVA dans le pays de livraison si le montant annuel des ventes dépasse le plafond (*ex. :* Allemagne 100 000 € – Italie : 35 000 €).

b. Le vendeur est situé dans un autre pays de l'Union européenne

– La taxation a lieu en France si le montant des ventes réalisées dans ce pays a dépassé 100 000 € HT sur l'année civile.

C. Ventes à des professionnels assujettis ou à des assujettis exonérés

Il s'agit de régime des personnes bénéficiant d'un régime dérogatoire :
– opérations réalisées par des professionnels assujettis bénéficiant d'une franchise ;
– opérations réalisées par des professionnels non assujettis.

La TVA est due dans le pays d'acquisition du bien, sauf lorsque les achats effectués par ces personnes ne dépassent pas 10 000 € au cours de l'année civile et celle de l'année précédente. Dans ce cas, le vendeur est redevable de la taxe au taux de son pays de résidence, sauf option de l'acheteur pour la taxe dans son pays.

D. Les nouvelles obligations

Les obligations sont la conséquence de l'absence de contrôle et de déclaration lors du passage aux frontières de l'Union européenne.
Les entreprises redevables de la TVA doivent depuis le 1er janvier 1993 :
1. être attributaire d'un numéro européen qui figurera sur toutes les factures à destination des pays de l'Union européenne ;

> **EXEMPLE**
> La facture d'un fournisseur italien indiquera les numéros d'identification (fournisseur et client) et dans certains cas la mention pertinente d'un article du Code général des impôts (*ex.* : pour les prestations de services : auto-liquidation par le client assujetti).

2. établir les factures y compris lorsque le règlement d'acomptes est prévu ;
3. mettre en place dans la comptabilité un poste « acquisition intracommunautaire » ;
4. indiquer sur les déclarations de TVA le montant des opérations intra-communautaires et liquider la TVA sur les acquisitions intracommunautaires ;
5. déposer auprès du service des douanes, une déclaration d'échange de biens récapitulant les livraisons de biens exonérés de TVA et les acquisitions taxables.

§ 2. La TVA sur les opérations immobilières

Le régime de droit commun s'applique. Aussi la livraison d'un immeuble est imposable à la TVA si elle est effectuée par un assujetti agissant en tant que tel. Un particulier vendant un immeuble ne réalise pas d'activité économique et ne relève donc pas du champ d'application de la TVA. La livraison à titre onéreux de terrains à bâtir, d'immeubles bâtis dans les 5 ans de leur achèvement sont soumis de plein droit à la TVA.

Les livraisons de terrains qui ne sont pas à bâtir et les immeubles bâtis achevés depuis plus de 5 ans sont exonérés de TVA. Elles peuvent sur option être placées dans le champ d'application de la TVA.

La TVA est due par le vendeur. La base d'imposition est constituée par le prix de cession.

La base d'imposition est constituée par la marge réalisée par le cédant en cas de livraison de terrains à bâtir ou d'un immeuble achevé depuis plus de 5 ans si l'acquisition des biens n'a pas ouvert droit à déduction.

La TVA est due à la date du transfert de propriété.

§ 3. La TVA agricole

Le secteur agricole, comme toute activité économique est placé dans le champ d'application de la TVA.

Toutefois, les exploitants agricoles sont soumis à la TVA selon des modalités particulières.

Le régime de droit commun est celui du remboursement forfaitaire. Certaines catégories d'agriculteurs sont néanmoins soumises à la TVA, à titre obligatoire, selon un régime simplifié. Ce régime peut être rejoint, sur option par les agriculteurs qui bénéficient du remboursement forfaitaire.

I. Les redevables

Les exploitants dont le montant moyen des recettes hors taxe de deux années consécutives dépasse 46 000 € sont à ce titre obligatoirement soumis à la TVA pour une période de trois ans obligatoirement reconduite par période d'un an. Il est prévu pour ceux qui n'atteignent pas ce montant la possibilité d'exercer une option d'assujettissement qui peut être soit restreinte (il ne sera pas retenu les ventes d'animaux), soit globale.

En outre, les exploitants exerçant leur activité avec des méthodes commerciales, des procédés industriels qui n'entrent pas dans les usages habituels et normaux du secteur et ceux élevant des bovins ou ayant une activité commerciale portant sur des animaux de boucherie et de charcuterie sont obligatoirement soumis à la TVA quel que soit le montant de leur chiffre d'affaires.

II. Le régime d'imposition applicable

Les exploitants agricoles relèvent tous du régime simplifié agricole. La taxe est exigible uniquement lors de l'encaissement des acomptes ou du prix. Le système de paiement prévoit le versement d'acomptes trimestriels avec le règlement du solde une fois par an ou sur option trimestriellement.

Depuis le 1er janvier 2003, le régime du versement des acomptes trimestriels dus au titre d'une année est supprimé si le montant de la taxe due l'année précédente est inférieur à 1 000 €. Le paiement est effectué en un seul versement.

III. Les exploitants non redevables

Les exploitants agricoles non soumis à la TVA bénéficient d'un remboursement forfaitaire.

Le remboursement diffère selon la nature des produits vendus par l'exploitant. Il est calculé sur le prix de vente des produits aux taux de 5,59 % pour les céréales, les animaux de basse-cour, le lait... et de 4,43 % pour les autres produits.

Il constitue une véritable aide à l'agriculture.

CAS PRATIQUE N° 6

La Société Piment est spécialisée dans le négoce de produits alimentaires.

Elle a réalisé les opérations suivantes au cours du mois de mai 2014 :

– Vente de produits alimentaires à ses clients installés en France : 250 000 €.
– Vente de produits alimentaires à sa filiale située à Milan (Italie) pour 100 000 €.
– Vente de produits alimentaires à un de ses clients situé en Suisse pour 200 000 €.
– Achat d'épices auprès d'un fournisseur installé au Maroc pour 150 000 €.
– Achat d'un véhicule de tourisme de cinq places (valeur HT : 60 000 € TVA 12 000 €).
– Livraison d'échantillons offerts gratuitement aux clients (valeur : 10 000 €).
– Acquisition d'un immeuble neuf comportant trois étages. Les premier et deuxième étages sont destinés à l'activité commerciale de la société et le troisième est destiné à la location à usage d'habitation. Le prix HT de l'immeuble est de 1 200 000 €.
– Reprise d'un matériel par un fournisseur à l'occasion de la vente d'un nouveau matériel. La valeur de reprise est de 5 000 €.

Le chiffre d'affaires annuel est de 5 000 000 € HT.

Quel est le régime d'imposition ?

Déterminez la base imposable à la TVA, le montant de la TVA collectée (taux à retenir 5,5 %), le montant de la TVA déductible, le montant de la TVA due au Service des Impôts des Entreprises.

› Voir les réponses p. 312

PARTIE 3

L'imposition sur le capital

Selon la définition de l'OCDE, les impôts sur le patrimoine comprennent :
– les impôts périodiques sur la propriété immobilière ;
– les impôts périodiques sur l'actif net ;
– les impôts sur les mutations à titre gratuit ;
– les impôts sur les transactions mobilières et immobilières.
En revanche, les impôts sur les revenus du patrimoine et sur les plus-values en sont exclus, de même que les impôts immobiliers qui tiennent compte du revenu ou de la situation personnelle du contribuable.

CHAPITRE 20

Droits d'enregistrement – Droits de mutation

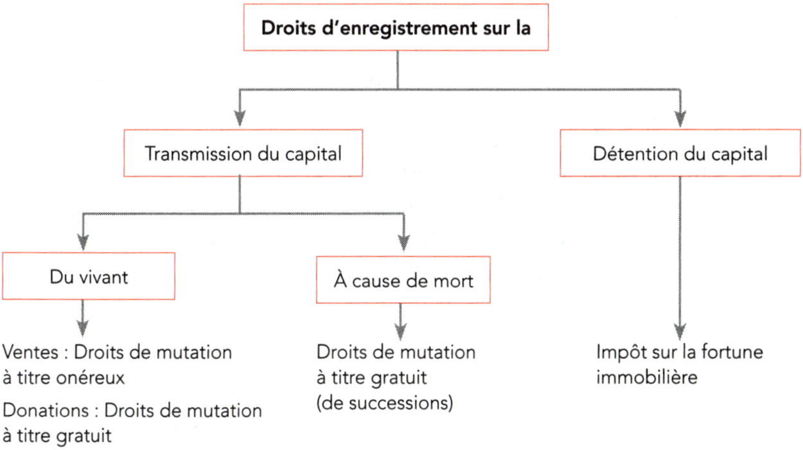

(Les droits d'enregistrement relatifs à la vie des sociétés sont étudiés en p. 256 et s.).

§ 1. Les droits d'enregistrement

QUELQUES REPÈRES

Sous le terme de droits « d'enregistrement », c'est-à-dire de droits perçus lors de la reproduction textuelle ou l'analyse d'un acte sur un registre, la loi de frimaire an VII regroupait trois impôts de l'Ancien Régime : le « contrôle », l'« insinuation » et le « centième denier ».
Le *contrôle* était un droit d'acte institué en 1581 par l'Édit de Blois ; l'insinuation consistait en une sorte de taxe de publicité foncière, issue des ordonnances de Villers-Cotterêts (1539) et de Moulins (1556) ; enfin, le *centième denier* (1703) s'appliquait sur les mutations immobilières au taux de 1 %.
Il faudra attendre la loi du 22 février 1872 sur les mutations à titre onéreux de fonds de commerce et la loi du 25 février 1901 instituant un tarif progressif en matière de successions pour voir compléter de manière quasiment définitive la loi de frimaire an VII. Les lois les plus récentes n'ont fait qu'apporter des correctifs de détails à une imposition qui reste fondamentalement celle établie au XIXe siècle.

La formalité de l'enregistrement consiste à reproduire textuellement ou à analyser un acte sur un registre. Elle peut également s'appliquer à des mutations ne résultant pas d'un acte (transmission d'un droit d'une personne à une autre par décès ; mutation verbale).

Depuis le 1er octobre 1970, la « formalité de l'enregistrement » peut prendre, techniquement, la forme de trois formalités distinctes : la formalité de l'enregistrement proprement dite, la formalité de la publicité foncière et la formalité fusionnée (CGI, art. 635 et 636) :

- tous les actes qui constatent la transmission à titre onéreux d'immeubles ou de droits réels immobiliers (ventes, échanges, apports en société d'immeubles…) doivent être publiés au service chargé de la publicité foncière de la situation des immeubles. Ils sont soumis à la fois à la formalité de l'enregistrement et à celle de la publicité foncière (c'est ce que l'on appelle la formalité fusionnée). Cette formalité doit être effectuée dans le délai d'un mois à compter de la date de l'acte ;
- les actes qui ne portent pas sur des immeubles ou des droits réels immobiliers (cession de fonds de commerce, de droits sociaux…) sont soumis, dans le délai d'un mois à compter de la date de l'acte ou de la mutation, à la seule formalité de l'enregistrement effectuée à la recette des impôts ;
- d'autres enfin, relatifs à des droits réels immobiliers mais expressément exclus de la formalité fusionnée (mutations à titre gratuit…), doivent être publiés à la fois à la formalité de l'enregistrement effectuée à la recette des impôts et à celle de la publicité foncière effectuée au service chargé de la publicité foncière[1].

1. Pour en savoir plus : BOI-ENR-DG-10.

§ 2. Les droits sur les mutations à titre onéreux (DMTO)

I. Les ventes d'immeubles soumises aux droits de mutations à titre onéreux

A. Toutes les mutations d'immeubles sont-elles taxables aux droits de mutations à titre onéreux ?

La réponse est négative puisque :
- **les mutations d'immeubles bâtis non achevés ou neufs sont exonérées de droits d'enregistrement et soumises à la TVA dite immobilière ;**
- **il en est de même des mutations à titre onéreux de terrains à bâtir.**

Le régime de la TVA immobilière est étudié en p. 221.

B. Formalités à accomplir en cas de ventes d'immeubles

- Les ventes d'immeubles doivent être constatées par un acte authentique (acte notarié ou émanant d'une autorité administrative ou judiciaire) ;
- (sauf de rares exceptions) cet acte doit être soumis à la formalité fusionnée au service chargé de la publicité foncière dans le délai d'un mois à compter de la date de l'acte (CGI, art. 647) ;

> **REMARQUE**
>
> par formalité fusionnée, on entend le cas où la formalité de l'enregistrement est fusionnée avec celle de publicité foncière.

- l'acte doit contenir une affirmation de sincérité : « Les parties affirment, sous les peines édictées par l'article 1837 du CGI, que le présent acte (ou la présente déclaration) exprime l'intégralité du prix ou de la soulte convenue » (CGI, art. 850). L'affirmation doit être signée par chacune des parties. Le notaire qui reçoit un tel acte est tenu, en outre, d'informer les parties de l'existence des sanctions pour affirmation inexacte (CGI, art. 863, al. 1). La mention de cette information doit figurer dans l'acte (CGI, art. 863, al. 2).

C. Quelles sont les conditions requises de la vente pour être une convention taxable ?

La vente doit être parfaite et emporter des effets certains et actuels :
– vente parfaite = accord des parties (consentement réciproque) ; accord sur la chose (sur l'objet de la mutation) ; accord sur le prix (la contrepartie fournie par l'acquéreur au vendeur en échange de la chose cédée) ;
– vente certaine et actuelle = la taxe départementale de publicité foncière ne peut être perçue tant que subsiste une incertitude sur la réalisation de la mutation.

C'est le cas des *ventes sous condition suspensive*. Par suite, les ventes d'immeubles sous condition suspensive sont enregistrées au seul droit fixe des actes innomés, soit 125 € (CGI, art. 680). Le droit de mutation ne devient exigible que lors de la réalisation de la condition, sans rétroactivité (notez la différence avec le droit civil).

Les *ventes sous condition résolutoire* sont immédiatement assujetties au droit de vente d'immeuble. Dans le seul cas où la vente est annulée par une décision judiciaire passée en force de chose jugée (CGI, art. 1961, al. 2), les droits de vente acquittés initialement sont restituables.

D. Quelle est l'assiette du droit de vente ?

Prix + charges augmentatives du prix OU valeur vénale

a. Prix

Généralement, le prix consiste en une somme d'argent versée par l'acquéreur au vendeur ; mais il peut consister aussi en créances, en valeurs mobilières, en obligations de faire et en biens de toute nature.

b. Charges augmentatives du prix

Prestations supplémentaires incombant au vendeur, mais qui sont mis à la charge de l'acquéreur. Elles s'entendent également des avantages indirects que l'acheteur procure au vendeur, soit en acquittant ses dettes, soit en prenant à son compte des obligations qui incombent normalement à ce dernier.

- **Doivent, *par exemple*, être ajoutés au prix :**

– les frais antérieurs à la vente mis à la charge de l'acquéreur. Il peut s'agir, par exemple, des frais de publicité foncière. Ces frais incombent en principe au vendeur. Ils sont rajoutés au prix de vente si le contrat de vente impose à l'acheteur d'en effectuer le remboursement ;

– certains frais postérieurs à la vente, tels que les frais de purge des hypothèques exposés dans l'intérêt du vendeur mais qui sont réglés par l'acquéreur (M. A vend un immeuble à M. B ; M. A avait emprunté pour acheter l'appartement aujourd'hui vendu ; l'emprunt, toujours en cours, était garanti par une hypothèque prise sur le bien par la banque ; M. A va solder son emprunt et l'hypothèque sera « purgée » ; cette purge a un coût qui est ici contractuellement assumé par l'acheteur : il s'agit d'une charge augmentative du prix) ;

– les primes d'assurances échues au jour de la vente et payées par l'acquéreur ;

– les impôts dont le paiement incombe au vendeur, mais qui sont pris en charge par l'acquéreur (taxe foncière concernant la période antérieure à la date d'entrée en jouissance des locaux par l'acquéreur…) ;

– la réserve de jouissance au profit du vendeur, si le prix de vente est payé au comptant.

- **En revanche, ne sont pas des charges à ajouter au prix, *par exemple* :**

– les obligations imposées à l'acquéreur par l'acte de vente et qui lui aurait incombé en toute hypothèse, en vertu des usages ou de la loi ;

– les honoraires de négociation perçus par les notaires ; ils sont en principe compris dans les frais d'actes qui sont normalement à la charge de l'acquéreur. Figurent parmi les frais d'actes l'impôt de mutation… ;

– les frais postérieurs à la vente qui incombent, en principe, à l'acquéreur. Il en est ainsi des frais afférents à la publication de la vente au bureau des hypothèques ;

– les impôts directs postérieurs à la date d'entrée en jouissance des locaux par l'acquéreur : ce paiement incombe à ce dernier.

c. Valeur vénale réelle

La valeur vénale d'un immeuble est constituée par le prix qui pourrait être obtenu par le jeu de l'offre et de la demande dans un marché réel compte tenu de l'état (juridique et physique) dans lequel se trouve l'immeuble avant la mutation et des clauses de l'acte de vente.

L'administration peut percevoir l'impôt sur la valeur vénale réelle de l'immeuble vendu, établie selon la procédure de rectification contradictoire (LPF, art. L. 55).

Pour appréhender cette valeur, il convient de se placer du point de vue d'un acheteur quelconque (valeur commune, intrinsèque) et non d'une personne déterminée (valeur de convenance). Dès lors, seuls sont à prendre en compte pour l'estimation du bien, les éléments réels d'appréciation, en faisant abstraction des circonstances propres à la situation personnelle des parties.

E. Cas particulier : ventes simultanées de meubles et d'immeubles

- **Principe :** les actes portant mutation simultanée de meubles et d'immeubles donnent ouverture au droit de vente d'immeubles sur la totalité du prix.
- **Exception :** le droit de vente d'immeubles ne portera que sur le prix de l'immeuble si, dans l'acte de vente, les objets mobiliers sont désignés et estimés article par article.

F. Quel est le tarif du droit de vente ?

a. Taux de droit commun

Ce taux (de 5,09006 % à 5,80665 %) concerne toutes les ventes d'immeubles imposables qui ne peuvent bénéficier d'un régime plus favorable. Il se décompose de la manière suivante :
- droit perçu au profit du département de 3,80 %. Le taux du droit départemental peut-être modifié tous les ans par les départements sans pouvoir être inférieur à 1,2 % ni supérieur à 4,50 % (à compter du 1er mars 2016) (CGI, art. 1594 D et 1594 E).

  REMARQUE

  La loi de finances pour 2014 avait ouvert aux départements la possibilité d'augmenter temporairement le taux du droit départemental. Pour les actes passés et les conventions conclues entre le 1er mars 2014 et le 29 février 2016, ce droit pouvait être relevé dans la limite d'un plafond de 4,50 %. Ce mécanisme est pérennisé à compter du 1er mars 2016 ;

- taxe additionnelle perçue au profit de la commune de 1,20 % (CGI, art. 1584 et 1595 *bis*) ;
- prélèvement pour frais d'assiette et de recouvrement du droit départemental calculé sur le montant du droit départemental de 2,37 % (CGI, art. 1647, V-a).

b. Taux réduit

Certaines mutations bénéficient du taux de 0,71498 % (*ex.* : mutations soumises de plein droit à la TVA sur le prix total ; acquisitions par un

assujetti à la TVA qui prend un engagement de revendre; les acquisitions d'immeubles ruraux par les fermiers).
Ce taux se décompose de la manière suivante (CGI, art. 1647, V-b) :
– droit départemental : 0,70 % ;
– frais d'assiette et de recouvrement : 2,14 %.

c. Régimes de faveurs

Certaines ventes bénéficient d'un régime spécial se traduisant :
– soit par une exonération du droit proportionnel (*ex.* : les acquisitions d'immeubles par l'État, les communes, les départements, les régions...);
– soit, par l'application d'un abattement sur l'assiette des droits (*ex.* : la première cession à titre onéreux de logements acquis neufs entre le 1-6-93 et le 31-12-1994).

ILLUSTRATION

Un appartement situé à Paris est vendu le 1er septembre 2018 pour le prix de 300 000 €.

– Droit perçu au profit du département :	300 000 € × 4,50 %	= 13 500 €
– Droit perçu au profit de la commune :	300 000 € × 1,20 %	= 3 600 €
– Prélèvement pour frais d'assiette et de recouvrement (FAR) :	13 500 € × 2,37 %	= 320 €
		= 17 420 €

(Contrôle : 300 000 € × 5,80665 % = 17 420 €)

II. Les cessions de fonds de commerce et opérations assimilées

A. Champ d'application

Le droit s'applique aux mutations à titre onéreux ayant pour objet tout ou partie d'un fonds de commerce ou d'une clientèle.

a. Cession globale de fonds de commerce (CGI, art. 719)

L'imposition porte sur l'ensemble des éléments constitutifs d'un fonds de commerce :
– les éléments incorporels : clientèle, droit au bail, brevets d'invention, marques de fabrique, marchés en cours, licences et autorisations administratives (les créances ne font pas partie du fonds);
– les éléments corporels : matériel, mobilier, approvisionnements, marchandises neuves.

b. Cession isolée d'éléments du fonds (CGI, art. 719)

La cession isolée d'éléments corporels ou incorporels du fonds est soumise en principe au régime fiscal qui lui est propre (par exemple, la vente du matériel ou du mobilier est taxée au droit fixe de 125 €). Toutefois, une telle cession est soumise au régime des cessions de fonds de commerce lorsqu'elle s'accompagne d'une cession explicite ou implicite de clientèle (exemple : cession d'un droit au bail à un commerçant appelé, en fait, à recueillir la clientèle du quartier).

c. Cession de clientèle

Le tarif de cession de fonds de commerce (CGI, art. 719) est applicable :
- aux cessions de clientèles commerciales ;
- aux cessions de clientèles civiles attachées à des professions exercées au moyen d'un courant d'affaires avec le public (avocats, experts-comptables, etc.).

d. Convention de successeur (CGI, art. 720)

Toute convention à titre onéreux ayant pour effet de permettre à une personne d'exercer une profession, une fonction ou un emploi occupé par un précédent titulaire est taxée au tarif des cessions de fonds de commerce (CGI, art. 719), même si elle ne s'accompagne pas d'une cession expresse de clientèle.
L'application de l'article 720 du CGI est subordonnée à la réunion des conditions suivantes :
- l'opération résulte d'un accord contractuel entre l'ancien et le nouveau titulaire de l'activité ;
- la convention est conclue à titre onéreux ;
- l'opération n'entre pas dans les prévisions d'une autre disposition fiscale (v. c).

L'article 720 est ainsi applicable, par exemple, aux conventions passées entre les membres du corps médical, les cessions de portefeuille d'agents d'assurances, de licences de débits de boisson, etc.

B. Assiette

Le droit exigible sur les cessions de fonds de commerce et de clientèles est liquidé sur le prix exprimé augmenté des charges.
L'administration peut toutefois substituer au prix exprimé la valeur vénale si elle est supérieure.

REMARQUE

Les ventes de marchandises neuves corrélatives à la cession du fonds sont exonérées de droit d'enregistrement lorsqu'elles sont soumises à la TVA.

C. Droits exigibles

a. Régime de droit commun (CGI, art. 719)

Fraction du prix	Droit budgétaire	Taxe départementale	Taxe communale	Imposition totale
N'excédant pas 23 000 €	0 %	0 %	0 %	0 %
Comprise entre 23 000 € et 107 000 €	2 %	0,60 %	0,40 %	3 %
Comprise entre 107 000 € et 200 000 €	0,60 %	1,40 %	1 %	3 %
Supérieure à 200 000 €	2,60 %	1,40 %	1 %	5 %

b. Régimes spéciaux

Par exemple, les acquisitions de fonds de commerce ou de clientèles situés dans les zones de redynamisation urbaine, dans les zones franches urbaines ou dans les zones de revitalisation rurale sont soumises, sous réserve que l'acquéreur prenne l'engagement de maintenir l'exploitation du fonds pendant cinq ans, à un barème (CGI, art. 722 *bis*) plus avantageux que le barème de droit commun.

III. Les mutations de jouissance

Le bail ou louage de choses est un contrat par lequel l'une des parties (le bailleur) s'engage à fournir à l'autre partie (le preneur) la jouissance temporaire d'un bien (meuble ou immeuble) moyennant un prix (le loyer) que le preneur s'engage à payer (C. civ., art. 1709).

Les baux peuvent être à durée limitée ou illimitée.

- **Les baux à durée limitée d'immeubles, fonds de commerce, clientèle, droits de pêche et droits de chasse, faits pour une période supérieure à douze ans donnent ouverture** (sauf exception codifiée à l'article 1048 ***ter*** du CGI) à la taxe de publicité foncière au taux de 0,60 % (plus le prélèvement pour frais d'assiette et de recouvrement de 2,14 % du droit départemental, soit un taux global de 0,71498 %). Cette taxe est liquidée sur le prix exprimé, augmenté des charges imposées au preneur. Elle est due sur le montant cumulé de toutes les années à courir (CGI, art. 742).

Les cessions, subrogations, rétrocessions et résiliations de baux à durée limitée de biens de toute nature, présentées à la formalité, sont enregistrées au droit fixe de 125 € (CGI, art. 738).

• **Les baux à durée illimitée ou à vie d'immeubles, de fonds de commerce et de clientèle sont soumis aux impositions qui seraient perçues en cas de vente de ces mêmes biens.**

Les cessions, résiliations et rétrocessions de baux à durée limitée ou à vie donnent ouverture aux droits d'enregistrement dans les mêmes conditions que les baux eux-mêmes.

CAS PRATIQUE N° 7

1er cas : vente d'un immeuble ancien

Aux termes d'un acte notarié en date du 1er septembre 2018, M. Propriétaire a acquis un immeuble ancien. Le prix porté dans l'acte est de 300 000 € payable pour moitié à la date de l'acte et pour moitié le 1er septembre 2019. Il est stipulé dans l'acte que le crédit sera productif d'intérêts au profit du vendeur au taux de 6 %, soit 9 000 €.

Le vendeur avait fait exécuter, le 10 juillet 2018, des travaux de mise aux normes de l'installation électrique pour un montant de 3 000 €. L'acte mentionne que cette somme sera directement payée à l'électricien par l'acquéreur. La taxe foncière sur les propriétés bâties d'un montant de 1 200 €, sera répartie *prorata temporis* entre le vendeur et l'acheteur, M. Propriétaire prenant cette taxe à sa charge à partir du 1er septembre 2018, soit 400 €.

Déterminez l'assiette et la liquidation des droits.

Rappel : le droit de vente est liquidé sur le prix convenu en y ajoutant toutes les charges en capital ainsi que toutes les indemnités stipulées au profit du cédant à quelque titre et pour quelque cause que ce soit.

S'agissant des droits d'enregistrement, l'administration peut toutefois substituer au prix exprimé (+ les charges augmentatives) la valeur vénale de l'immeuble si elle est supérieure.

Les charges augmentatives du prix s'entendent des prestations supplémentaires incombant au vendeur et imposées contractuellement à l'acquéreur.

Tel est le cas :

– des frais de vente (attention : les frais d'acte sont à la charge de l'acquéreur);

– de certains impôts (par exemple, la taxe foncière pour la période antérieure à l'entrée en jouissance des locaux);

– des travaux de remise en état de l'immeuble.

En revanche, la commission de l'agent immobilier mise contractuellement à la charge de l'acquéreur ne constitue pas une charge augmentative du prix (Com. 12 déc. 1998, n° 94-10.791).

S'agissant du paiement : dans le délai d'un mois de la date de l'acte au bureau des hypothèques du lieu de situation de l'immeuble.

Le paiement du prix partiellement à terme n'a pas pour effet de différer le paiement de la taxe.

2e cas : cession de fonds de commerce

Aux termes d'un acte notarié du 1er septembre 2018, M. A cède à M. B un fonds de commerce d'optique sis à Aix-en-Provence.

Ce commerce est exploité dans les locaux pris à bail par le vendeur (M. A). L'acquéreur du fonds (M. B) prendra la suite du bail en accord avec le propriétaire des locaux.

La présente cession est consentie à charge pour l'acquéreur qui s'y oblige à prendre à sa charge les frais d'entretien du local restant à payer par le vendeur et s'élevant à 3 000 €.

Le prix porté dans l'acte est de 1 500 000 €, soit :

– Clientèle : 1 000 000 €

– Droit au bail : 150 000 €

– Matériel et agencement : 200 000 €

– Marchandises neuves : 150 000 €

Déterminez l'assiette et liquidez les droits de mutation.

› Voir les réponses p. 312

QUIZ N° 6

1. La vente d'un terrain à bâtir par un particulier est-elle soumise aux droits d'enregistrement ?

Oui □ Non □

2. La vente d'un terrain à bâtir par un marchand de biens est-elle soumise aux droits d'enregistrement ?

Oui □ Non □

3. M. Vendeur vend son fonds de commerce et les marchandises neuves restant en stock. Quel est le régime d'imposition de cette vente ?
4. M. Vendeur vend uniquement la marque sous laquelle sont commercialisés les produits. L'article 719 du CGI est-il applicable ?

Oui □ Non □

5. Quelle est la définition des « charges augmentatives du prix » ?
6. Une vente d'immeuble non soumise à la TVA est-elle toujours passible du droit de vente de 5, 09006 % ?

Oui □ Non □

7. Quelle est la définition d'une convention de successeur ?
8. Quel est le régime d'imposition d'une convention de successeur ?

› Voir les réponses p. 313

POUR EN SAVOIR PLUS

Jurisprudence

Cession d'immeubles : charges augmentatives du prix : Com., 1er juin 1993, *société Saviel*, n° 91-12.376

Les frais de remise en état des lieux d'une carrière en fin d'exploitation doivent être ajoutés au prix puisque ces frais sont à la charge de l'acquéreur, alors que leur remise en état constitue une obligation personnelle de l'exploitant.

Cession de fonds de commerce : assiette des droits d'enregistrement/ charges augmentatives du prix : Com., 12 déc. 1995, *DGI c/ Boiteau*, n° 94-10.791

Dans cette espèce, la rémunération de l'intermédiaire, dans le mandat confié par les vendeurs d'un fonds de commerce, est contractuellement mise à la charge de l'acquéreur. Mais, puisqu'aucune disposition de la loi du 2 janvier 1970, ne met la charge du paiement de la commission au vendeur, la commission payée par l'acquéreur ne constitue pas une charge augmentative du prix.

Cession de fonds de commerce : cession isolée d'éléments du fonds/ cession implicite ou explicite de la clientèle : Com., 21 oct. 1997, *Chauvière*, n° 95-19.911

Bien que séparées dans le temps, les cessions successives des éléments du fonds peuvent en réalité former un seul accord, l'opération devant alors, dans son ensemble, être soumise aux droits de l'article 719 du CGI.

Cessions assimilées à des cessions de fonds de commerce : conventions de successeurs : Com., 21 janv. 1997, *société Paracelsus Klinik France*, n° 94-20.411

L'article 720 ne s'applique qu'aux seules conventions qui permettent à l'une des parties de succéder à l'activité des précédents titulaires. Tel n'est pas le cas lorsqu'un médecin résilie la concession qui lui avait été accordée pour exercer dans une clinique et cède cette clinique, en qualité de gérant d'une société civile de moyens, le matériel installé pour l'exercice de l'activité. À cet égard, la Cour de cassation a précisé à plusieurs reprises qu'il devait être tenu compte de la personnalité juridique des sociétés, distincte de celle de leurs associés.

Bibliographie

Guide fiscal, étude « Droits d'enregistrement », Éditions législatives

Sur les mutations de propriété à titre onéreux d'immeubles : bofip.impots.gouv.fr : BOI-ENR-DMTOI

Sur les mutations de propriété à titre onéreux de meubles : bofip.impots.gouv.fr : BOI-ENR-DMTOM

§ 3. Les droits sur les mutations à titre gratuit (DMTG)

Les mutations sont à titre gratuit lorsqu'elles sont inspirées par une intention de libéralité et ne comportent la fourniture d'aucune contre-partie pour le ou les bénéficiaires.

Elles peuvent résulter du décès (succession) ou avoir lieu entre vifs (donation).

I. Les droits de succession

FIL CONDUCTEUR

1. – **Toutes les transmissions de biens par décès sont-elles imposables ?**

NON

- Il faut tenir compte des règles de **territorialité;**
- Il existe des **exonérations** (exemple : les successions entre époux et personnes pacsées).

2. – Si la transmission est imposable : sur quelle **assiette ?**

BASE D'IMPOSITION = ACTIF BRUT – CHARGES GREVANT LA SUCCESSION

3. – **Actif brut**

L'actif est composé de tous les biens laissés par le défunt au jour du décès.

- Principe : les biens transmis sont évalués à leur **valeur vénale;**
- Le législateur a fixé des **bases légales d'évaluation** pour les immeubles, les meubles corporels, les titres de sociétés, les créances, les biens détenues en usufruit et en nue-propriété et les biens grevés d'un droit d'usage et d'habitation.

4. – **Passif successoral.** Les charges grevant la succession sont déductibles si elles répondent à quatre conditions :

- Le défunt était personnellement endetté;
- La dette est justifiée;
- Elle est visée dans un inventaire;
- La dette n'est pas présumée fictive (exemple : consentie par le défunt à ses héritiers), ni présumée remboursée (exemple : dette échue depuis plus de trois mois).

5. – **Taxation** de l'actif net successoral. Trois étapes :

- L'actif net est diminué d'un **abattement** qui tient compte du lien de parenté entre le défunt et ses héritiers;
- La **base restant**e est frappée d'un **tarif** progressif par tranches qui varie en fonction du lien de parenté entre le défunt et ses héritiers;
- Les héritiers mutilés de guerre bénéficient d'une **réduction d'impôt**.

A. Champ d'application

a. Principe

Les droits de succession sont dus sur toutes les transmissions de biens procédant d'un décès, qu'elles résultent :
– des règles de la dévolution légale ;
– des dispositions testamentaires (legs).

b. Les exonérations

Par exception, la loi prévoit un certain nombre d'exonérations ou de régimes spéciaux motivés par la qualité du défunt ou du successeur ou liés à la nature ou à la situation des biens transmis.
C'est ainsi, par exemple, que sont totalement exonérés de l'impôt de mutation à titre gratuit, pour les successions ouvertes à compter du 22 août 2007 :
– le conjoint survivant et le partenaire lié au défunt par un pacte civil de solidarité (CGI, art. 796-0 *bis*) ;
– la part de chaque frère ou sœur invalide, célibataire, veuf, divorcé ou séparé de corps, dans les conditions fixées à l'article 796-0 *ter* du CGI.
L'exonération peut n'être que partielle. Tel est le cas, par exemple, des transmissions à titre gratuit intéressant les propriétés en nature de bois et forêts (CGI, art. 793, 2-2°), ou encore les transmissions d'entreprises dans le cadre du « pacte Dutreil » (CGI, art. 787 B et CGI, art. 787 C).

B. L'assiette des droits de succession

Base d'imposition = Actif brut – Charges grevant la succession

a. L'actif brut

1. Contenu

Dans le système de la déclaration contrôlée, il est demandé au contribuable de procéder lui-même, conformément aux prescriptions de la loi fiscale, à la détermination de la base d'imposition.
Normalement *déclaré* par les héritiers, l'actif successoral peut, toutefois, être *arrêté ou complété* par l'administration.

Déclaré par le contribuable

Les héritiers, légataires ou donataires doivent déclarer l'actif successoral dans les six mois à compter du décès, fait générateur de l'impôt, si le défunt était domicilié en France (un an, si le défunt était domicilié à l'étranger).

Le principe est que l'entier patrimoine du défunt est soumis à l'impôt. Toutefois, certains biens sont exonérés, en raison de leur nature (CGI, art. 793, 1131, 797 A) ou en considération de la qualité du défunt ou du successeur (*ex. :* les successions au profit des collectivités publiques).

Arrêté ou complété par l'administration

Il appartient alors à l'administration d'apporter la preuve du droit de propriété du défunt sur les biens omis.
Cette preuve est facilitée par l'existence de présomptions civiles (*ex. :* C. civ., art. 546, les constructions élevées sur un terrain sont légalement présumées faire partie de la succession du propriétaire du terrain ; c'est le droit d'accession) ou fiscales (*ex. :* CGI, art. 752, « Sont présumées, jusqu'à preuve du contraire, faire partie de la succession, [...], les actions, obligations, parts de fondateurs ou bénéficiaires, parts sociales et toutes autres créances dont le défunt a eu la propriété ou a perçu des revenus ou à raison desquelles il a effectué une opération quelconque moins d'un an avant son décès » ; ainsi, la personne qui a participé, dans l'année précédant son décès, à l'assemblée générale d'une société est présumée détenir des actions de cette société).
Ces présomptions, simples, supportent la preuve contraire.

2. Évaluation de l'actif

Le patrimoine transmis à cause de mort est évalué au moment du décès.

- **Principe :** tout bien doit être évalué à sa valeur vénale, c'est-à-dire, au prix qui pourrait en être obtenu sur un marché réel, en tenant compte de son état juridique (l'immeuble est occupé, frappé de servitude...) et physique (immeuble en bon état, usagé...).
- **Bases légales d'évaluation :** dans certaines hypothèses, le législateur a posé des « règles » visant à faciliter l'évaluation des biens. Il en est ainsi en matière de biens immeubles, de biens meubles et de biens détenus en démembrement de propriété :

Biens immeubles

- **Prix net retiré d'une vente publique dans les deux ans qui précèdent ou suivent le décès (CGI, art. 761, al. 2) ;**
- **À défaut de vente publique :**

– valeur vénale à la date du décès. Cette valeur est estimée par les parties (CGI, art. 761, al. 1).
– Toutefois, il est effectué un abattement de 20 % sur la valeur vénale de l'immeuble constituant au jour du décès la résidence principale du défunt lorsque, à la même date, cet immeuble est également occupé à titre de résidence principale par le conjoint survivant, par son partenaire

de Pacs ou par un plusieurs enfants mineurs ou majeurs protégés du défunt ou de son conjoint (*cf.* également : CGI, art. 764 *bis*).

Biens meubles

• Meubles corporels

MEUBLES MEUBLANTS (DÉFINITION : C. CIV., ART. 534)

Prix net retiré d'une vente publique dans les deux ans qui suivent le décès	
À défaut de vente publique	Inventaire régulier (définition : C. civ., art. 789) clos dans les cinq ans du décès
À défaut de vente publique et d'inventaire	Évaluation qui ne peut être inférieure à 5 % de l'actif brut

BIJOUX, PIERRERIES, OBJETS D'ART OU DE COLLECTION

Prix net d'une vente publique dans les deux ans qui suivent le décès	
À défaut de vente publique	La plus élevée des deux évaluations suivantes : – Évaluation contenue dans un acte estimatif dressé dans les cinq ans du décès; – 100 % du capital assuré
À défaut de vente publique, d'acte estimatif et de police d'assurance	Valeur vénale estimée par les parties sans forfait minimum

AUTRES MEUBLES

Évaluation selon les mêmes règles que pour les bijoux, objets d'art ou de collection, sans minimum fondé sur la police d'assurance (CGI, art. 764, I).

• Meubles incorporels

– Valeurs mobilières (CGI, art. 759) :
  - cotées en bourse : cours de bourse au jour du décès ou moyenne des trente derniers cours de bourse;
  - non cotées : estimation des parties.

– Créances à terme (CGI, art. 760) : montant nominal, sauf si le débiteur est en redressement ou en liquidation judiciaire (CGI, art. 760, al. 2 et 3).

– Fonds de commerce : valeur vénale d'après l'estimation des parties.

Biens détenus en démembrement de propriété

L'usufruit et la nue-propriété sont évalués selon un barème codifié à l'article 669 du Code général des impôts.

ILLUSTRATION

M. Paul, âgé de 65 ans, donne à son fils la nue-propriété d'un immeuble d'une valeur en pleine propriété de 200 000 € (il conserve l'usufruit de cet immeuble, ce qui lui permet de l'occuper ou encore de le donner en location et d'en percevoir les loyers).

– Valeur de l'usufruit (CGI, art. 669) : 40 %.

– Valeur de la nue-propriété sur laquelle porteront les droits : 60 %, soit 120 000 €.

3. Contrôle de l'assiette

L'administration peut remettre en cause la valeur déclarée par les successeurs. Mais les termes de comparaison notifiés au contribuable doivent être contemporains ou antérieurs au décès.

EXEMPLE

Com. 29 nov. 1994, *Jourdan Barry* (*RJF*, mars 1995, n° 416) : pour la détermination de la valeur réelle d'un immeuble, une vente postérieure au fait générateur de l'impôt est insusceptible de constituer un élément de preuve adéquat.

b. Les charges

Le passif successoral est admis en déduction à quatre conditions :

- La dette doit exister à la charge personnelle du défunt au jour du décès (*ex.* : frais de dernière maladie encore dus au décès);
- La dette doit être justifiée par un acte, un écrit ou encore des présomptions graves, précises et concordantes;
- Les dettes doivent être détaillées dans un inventaire certifié par le déposant et annexé à la déclaration de succession (CGI, art. 770);
- Enfin, la dette ne doit pas figurer parmi celles dont la déduction est prohibée. Tel est le cas des dettes :

– présumées fictives :

EXEMPLE

La dette consentie par le défunt au profit de ses héritiers ou de personnes interposées est présumée fictive, à moins que, consentie par un acte authentique ou un acte sous seing privé ayant acquis date certaine avant l'ouverture de la succession autrement que par le décès de l'une des parties contractantes, la sincérité de cette dette et son existence au jour du décès ne soient prouvées par les héritiers, légataires ou personnes interposées (en ce sens, *cf.* Com. 21 mars 2000, n° 704 D).

– présumées remboursées.

Tel est le cas des dettes échues depuis plus de trois mois; des dettes hypothécaires garanties par une inscription périmée; des dettes prescrites. Ces présomptions supportent la preuve contraire, à l'exception des dettes hypothécaires échues garanties par une inscription périmée depuis plus de trois mois.

c. Taxation

L'actif net successoral est frappé, après abattement d'un tarif variable en fonction de la parenté existant entre le défunt et ses héritiers. Après calcul de l'impôt le contribuable peut éventuellement bénéficier de réduction d'impôt.

1. Les abattements

Le montant des abattements applicables est codifié sous les articles 779 et 788 du Code général des impôts.

Par exemple, en ligne directe (ascendants, descendants), les héritiers bénéficient d'un abattement de 100 000 € par part.

ILLUSTRATION

Le 6 janvier 2018, décès de M. Durant, laissant à sa succession deux enfants Pierre et Paul. Le montant net de l'actif successoral est de 500 000 €.

– Part recueillie par Pierre :	250 000 €
Abattement :	100 000 €
Part taxable :	150 000 €
– Part recueillie par Paul :	250 000 €
Abattement :	100 000 €
Part taxable :	150 000 €

Les enfants qui viennent en représentation de leurs parents (décès ou renonciation de l'ascendant) se partagent l'abattement dont bénéficié leur auteur.

ILLUSTRATION

Le 3 mars 2014 décès de Paul, fils de M. Durant. Paul avait deux enfants Jules et Jim.

Le 6 janvier 2018, décès de M. Durant, laissant à sa succession son fils Pierre et les enfants de Paul.

Le montant net de l'actif successoral est de 500 000 €.

– Part recueillie par Pierre :	250 000 €	
Abattement :	100 000 €	
Part taxable :	150 000 €	

– Part recueillie par Jules, venant en représentation de son père prédécédé :

125 000 € (250 000 €/2)	125 000 €	
Abattement	50 000 €	(100 000 €/2)
Part taxable :	75 000 €	

– Part recueillie par Jim, venant en représentation de son père prédécédé :

125 000 € (250 000 €/2)	125 000 €	
Abattement :	50 000 €	(100 000 €/2)
Part taxable :	75 000 €	

2. Le tarif

Les barèmes varient en fonction du lien de parenté entre le défunt (ou le donateur) et ses héritiers (ou le donataire). Ils sont codifiés à l'article 777 du Code général des impôts.

Par exemple, en ligne directe, le barème est le suivant :

Fraction de part nette taxable	Tarif applicable (en %)	Calcul direct (P = part nette taxable)
N'excédant pas 8 072 €	5	P × 0,05
Comprise entre 8 072 € et 12 109 €	10	(P × 0,1) – 404 €
Comprise entre 12 109 € et 15 932 €	15	(P × 0,15) – 1 009 €
Comprise entre 15 932 € et 552 324 €	20	(P × 0,20) – 1 806 €
Comprise entre 552 324 € et 902 838 €	30	(P × 0,30) – 57 038 €
Comprise entre 902 838 € et 1 805 677 €	40	(P × 0.40) – 147 322 €
Au-delà de 1 805 677 €	45	(P × 0,45) – 237 606 €

3. Réduction de droits en faveur des mutilés de guerre

Les droits de succession dus par les mutilés de guerre frappés d'une invalidité de 50 % au minimum sont réduits de moitié sans que la réduction puisse excéder 305 €.

II. Les droits de donation

FIL CONDUCTEUR

1. – **Toutes les donations (donations simples ou donations partages) sont-elles imposées ?**

NON :
- Il faut tenir compte des règles de **territorialité** (identiques avec celles applicables aux successions);
- Il existe des **exonérations**. Certaines d'entre elles sont communes aux successions et aux donations; d'autres ne concernent que les donations (par exemple, les dons familiaux en espèces).

2. – Si la donation est imposable : Sur quelle **assiette ?**

BASE D'IMPOSITION = ACTIF BRUT

(Par **exception**, le passif grevant les biens transmis par donation peut être déduit dans des conditions strictement définies).

3. – **Actif brut**

Les biens sont transmis **au jour de la donation**.

Les **règles d'évaluation** sont identiques à celles fixées pour les successions. **QUATRE DIFFÉRENCES** portant sur l'évaluation de :
- la résidence principale;
- les meubles meublants;
- les bijoux, œuvres d'art et de collection;
- les valeurs immobilières cotées.

4. – **Taxation**. Trois étapes :
- l'actif est diminué d'un **abattement** qui tient compte du lien de parenté entre le donateur et le donataire. La plupart des abattements sont communs aux successions et aux donations. Certains sont spécifiques aux donations (par exemple les donations entre époux ou entre personnes pacsées);
- la base restant est frappée par un **tarif** progressif par tranches qui varie en fonction du lien de parenté entre le donateur et le donataire (identique à celui fixé pour les successions);
- éventuellement, des réductions de droits tiennent compte de la qualité de l'héritier (mutilés de guerre) ou de la nature des biens transmis (donations d'entreprises).

La donation entre vifs est un contrat par lequel une personne (le donateur) transfère « actuellement et irrévocablement » (C. civ., art. 894), sans contrepartie et avec une intention libérale, la propriété d'un bien à un autre (le donataire) qui l'accepte.
Les mutations à titre gratuit résultant du décès ou d'une donation ont des régimes fiscaux très voisins.
Toutefois, contrairement aux successions (où « le mort saisi le vif » !) l'actif net imposable est ici égal à l'actif brut sans déduction du passif (CGI, art. 758). En effet, le donataire qui est un ayant cause à titre particulier, ne peut être considéré comme le continuateur de la personne du donateur.

Par exception, certaines dettes sont déductibles de la valeur brute du patrimoine donné.
Il s'agit :
– des dettes contractées par le donateur pour l'acquisition ou dans l'intérêt (par exemple, un emprunt contracté pour faire réaliser des travaux sur l'immeuble donné) des biens objets de la donation,
– qui sont mises à la charge du donataire dans l'acte de donation,
– et dont la prise en charge par le donataire est notifiée au créancier (par exemple, par lettre recommandée).
Encore faut-il que la donation porte sur :
– des biens affectés à l'exploitation d'une entreprise individuelle ayant une activité industrielle, commerciale, artisanale, agricole ou libérale, à condition que les dettes ne soient pas contractées auprès de proches parents du donateur ou du donataire,
– des biens autres, à condition que les dettes soient contractées auprès d'un établissement du secteur bancaire.

Base d'imposition = Actif brut (sauf l'exception instituée par la loi de finances pour 2005)

TABLEAU COMPARATIF DES RÈGLES APPLICABLES AUX SUCCESSIONS ET AUX DONATIONS

Successions	Donations
Champ d'application	
Mutation imposable	
– Toute mutation par décès, sauf cas d'exonération. Exemple : personnes mariées ou liées au défunt par un Pacs	– Toute mutation entre vifs répondant aux conditions de l'article 894 du code civil, sauf cas d'exonération. Les personnes mariées ou pacsées ne sont pas exonérées
Délais de déclaration	
– Six mois à compter du décès si le défunt était domicilié en France; – Un an si le défunt était domicilié à l'étranger	– Un mois à compter de la date de l'acte ou de la donation

Successions	Donations
Évaluation de l'actif (bases légales)	
Immeubles	
– **En cas de vente publique,** dans les deux ans du décès ou de la donation, le montant à déclarer est égal au prix d'adjudication augmenté des charges. Ce montant peut être revu à la baisse si les parties sont en mesure d'apporter la preuve que la consistance de l'immeuble a varié entre l'adjudication et la mutation à titre gratuit	
– **À défaut de vente publique,** la valeur vénale de l'immeuble au jour du décès ou de la donation est estimée et déclarée par les parties. Là encore, l'administration ne pourra écarter la valeur déclarée qu'en démontrant son insuffisance. Toutefois, il est effectué un abattement de 20 % sur la valeur vénale de l'immeuble constituant au jour du décès la résidence principale du défunt lorsque, à la même date, cet immeuble est également occupé à titre de résidence principale par le conjoint survivant, par son partenaire de Pacs ou par un plusieurs enfants mineurs ou majeurs protégés du défunt ou de son conjoint	
Meubles corporels	
• **Meubles meublants** La valeur imposable ne peut être inférieure au produit net d'une **vente publique** dans les deux ans du décès ou de la donation	
– ***À défaut de vente publique***, on retient la valeur mentionnée dans un **inventaire** dressé, conformément à l'article 789 du Code civil et dans les cinq ans du décès. – ***À défaut de vente publique et d'inventaire***, on retient la **déclaration** détaillée et estimative des héritiers, qui ne pourra être inférieure à 5 % de l'actif brut non compris les rapports ni les biens exonérés	– L'inventaire ne constitue pas une base légale d'évaluation. – ***À défaut de vente publique***, on retient la **déclaration** détaillée et estimative des parties, sans application du forfait légal
• **Bijoux et objets d'art** La valeur imposable ne peut être inférieure au produit net d'une **vente publique** dans les deux ans du décès ou de la donation	
– ***À défaut de vente publique***, on retient la plus élevée des deux valeurs suivantes : • valeur estimée dans un **inventaire**, même non dressé dans les formes légales, ou dans un acte de partage rédigé dans les cinq ans du décès ; • valeur déclarée dans un **contrat d'assurance souscrit** depuis moins de dix ans et en cours au jour du décès	– ***À défaut de vente publique***, on retient 60 % de la valeur déclarée dans un **contrat d'assurance** souscrit depuis moins de dix ans et en cours au jour du décès.
• **Autres meubles corporels** La valeur imposable ne peut être inférieure au produit net d'une **vente publique** dans les deux ans du décès ou de la donation	

Successions	Donations
– ***À défaut de vente publique***, on retient la valeur mentionnée dans un **acte de partage**, ou dans un **inventaire** dressé dans les cinq ans du décès. – ***À défaut de vente publique et d'inventaire***, on retient la valeur portée dans la **déclaration** détaillée et estimative des parties	– ***À défaut de vente publique***, on retient la valeur portée dans la **déclaration** détaillée et estimative des bénéficiaires. Cette valeur peut être remise en cause par l'administration, dans la mesure où elle est à même d'en démontrer l'insuffisance
Valeurs mobilières	
• **Cotées en bourse** Les titres des sociétés cotées en bourse doivent être évalués au **cours moyen de la bourse** au jour du décès ou à la moyenne des trente derniers jours qui précèdent la transmission	Les **donataires** ont la possibilité de retenir le **cours moyen de la bourse** au jour ou à la veille de la donation
• **Non cotées en bourse** La valeur des titres non cotés doit être **estimée** par les parties, au jour du décès ou de la donation. Les transmissions ayant fait l'objet d'un engagement collectif de conservation (Pacte Dutreil) sont exonérées de droits de donation et de succession à concurrence des 3/4 de leur valeur (CGI, art.787 B). • **Créances** Le montant à déclarer est égal au **capital** assorti des **intérêts** échus et courus au jour du décès ou de la donation	
Passif et charges	
Déductibles : quatre conditions (*cf.* p. 244)	En principe, jamais déductibles (une exception introduite par la loi de finances pour 2005)
Tarif et liquidation	
Abattements	
Les successions et donations bénéficient des abattements prévus : – en ligne directe ; – entre frères et sœurs ; – en faveur des neveux et nièces ; – en faveur des handicapés	
• Abattement applicable à défaut d'autre abattement ; • Abattement pour les dons faits par les héritiers à certains organismes : CGI, art. 788, III	• Abattement en cas de donation entre époux et entre partenaires d'un Pacs : 80 724 € • Abattement en cas de donation aux petits-enfants : 31 865 € • Abattement en cas de donation aux arrière-petits-enfants : 5 310 € • Abattement en cas de donation d'entreprise aux salariés (CGI, art. 790 A) : abattement de 300 000 € sur la valeur du fonds ou de la clientèle ou sur la fraction des titres représentative du fonds ou de la clientèle

►

Successions	Donations
Tarif	
Les donations en ligne directe, en ligne collatérale et entre non-parents sont assujetties au même tarif que les successions	
	Tarif entre époux et entre partenaires de Pacs : CGI, art. 777
Réductions de droits	
Successions et donations bénéficient de la réduction de droits pour les mutilés de guerre	
	Réduction de droits spécifique aux donations d'entreprises : CGI, art. 790

CAS PRATIQUE N° 8

M. Adpatres décède le 3 décembre 2018 sans testament. Il laisse à sa succession :
– son conjoint survivant, âgé de 74 ans qui opte pour la totalité de la succession en usufruit ;
– un fils, Pierre, père de trois enfants ;
– deux petits enfants (A et B) venant en représentation d'un fils de M. Adpatres, prédécédé.
L'actif net successoral s'élève à 300 000 €.
Quelle est la liquidation des droits exigibles ?

› Voir les réponses p. 314

QUIZ N° 7

1. Quelle est l'assiette des droits de succession ?
2. À quel moment évalue-t-on l'actif des droits de succession ?
3. Comment évalue-t-on l'actif des droits de succession ?
4. Quelles sont les conditions de déduction du passif successoral ?
5. Quelles sont les étapes de la liquidation des droits de succession ?
6. Comment évalue-t-on les droits de donation ?
7. Quelles sont les dettes déductibles des droits de donation ?

› Voir les réponses p. 314

POUR EN SAVOIR PLUS

Jurisprudence

Successions : charges (passif successoral) : Com. 24 oct. 2000, n° 98-11.120
Les dettes nées postérieurement au décès ne sont pas à la charge personnelle du défunt mais de ses héritiers. Elles ne sont donc pas déductibles. Il en va de même des frais de généalogiste ainsi que des frais de gestion du dossier de succession prélevés après le décès par les établissements bancaires. De même les dons effectués par l'héritier après l'ouverture de la succession ne constituent pas des dettes déductibles.

Successions : liquidation des droits (abattement en faveur des handicapés physiques ou mentaux/ appréciation de l'infirmité) :
La Cour de cassation et les tribunaux refusent le bénéfice de l'abattement lorsque le décès intervient alors que l'intéressé était déjà à la retraite et qu'il n'est pas concrètement établi que l'infirmité alléguée a nui au bon déroulement de sa carrière (Com., 20 nov. 1990, n° 89-10.444, *Bull. civ.* IV, n° 287, BOI-ENR-DMTG-10-50-20, 160 ; Com., 7 mars 2000,

n° 97-16.477). L'abattement est également refusé lorsque, nonobstant le pourcentage d'incapacité de travailler de la personne, celui-ci fut-il de 100 %, les résultats de son activité professionnelle n'ont pas été affectés par l'infirmité alléguée (Com., 2 mai 1990, n° 88-18.590; Com., 21 mars 2000, n° 97-18.305, BOI-ENR-DMTG-10-50-20, 160).
Sur le plan méthodologique, la Cour de cassation a précisé que l'appréciation à porter sur les conséquences de l'infirmité doit se faire au jour de l'ouverture de la succession, l'évolution ultérieure étant sans influence (Com., 25 juin 1985, n° 83-13.933; Com., 30 mai 1995, n° 93-19.079).

Donations : caractère gratuit du contrat : Com. 12 nov. 1992, n° 90-15.511, n° 1659 D
L'administration ne pourra exiger le droit de donation qu'en démontrant l'intention libérale du donateur.

Bibliographie

Gestion fiscale, étude « Successions et donations », Éditions législatives.

§ 4. Impôt sur la fortune immobilière

QUELQUES REPÈRES

L'imposition générale sur la fortune a été introduite dans le système fiscal français par la loi de finances pour **1982**, sous la dénomination d'**impôt sur les grandes fortunes** (IGF). Superposée à l'impôt sur le revenu, cette imposition synthétique sur le capital devait, dans l'esprit de ses instigateurs, répondre à une triple finalité : tout d'abord, réduire les inégalités de patrimoine jugées excessives, ensuite, imposer les contribuables en fonction de leurs facultés contributives, enfin, surimposer les revenus du capital (revenus dits « fondés ») tout en favorisant une meilleure connaissance du patrimoine français.
Supprimée par la loi de finances rectificative du 11 juillet 1986, cette imposition a été **rétablie par la loi de finances pour 1989**. Sa dénomination nouvelle **d'impôt de solidarité sur la fortune** (ISF) entendait signifier que son produit servirait « à financer une large part du revenu minimum d'insertion que recevront les nouveaux pauvres » (F. Mitterrand, « Lettre à tous les Français » 1988).
La plupart des pays qui disposaient d'une imposition équivalente à l'IF l'ont abrogée au cours de la dernière décennie, le plus souvent en raison de son faible rendement fiscal et des effets considérés comme négatifs sur l'économie.
L'article 31 de la loi de finances pour 2018 a institué un impôt annuel sur la fortune immobilière à compter du 1er janvier 2018. Cet impôt est codifié de l'article 964 du CGI à l'article 983.

I. Champ d'application

L'IFI est un impôt annuel dont les conditions d'assujettissement s'apprécient au 1er janvier de chaque année d'imposition. Il est dû par les personnes physiques dont la valeur du patrimoine net taxable est supérieure au seuil d'imposition fixé à l'article 964 du CGI, soit 1 300 000 € (CGI, art. 965 1°).

L'IFI est dû par les personnes physiques ayant leur domicile fiscal en France (sur cette notion, se rapporter à la p. 24), à raison de tous les biens, qu'ils soient situés sur le territoire national ou en dehors. Les personnes domiciliées fiscalement hors de France, sont imposables à raison des biens et droits immobiliers situés en France et des parts ou actions de sociétés, à hauteur de la fraction de leur valeur représentative de ces mêmes biens et droits immobiliers (sous réserve des conventions internationales).
Les personnes mariées quel que soit leur régime matrimonial, les personnes liées par un Pacs au 1er janvier de l'année d'imposition et celles vivant en concubinage notoire (C. civ., art. 515-8 nouveau), sont soumises à une imposition commune.

II. La matière imposable

A. Biens imposables

Sont soumis à imposition l'ensemble des biens immobiliers (immeubles bâtis quelle que soit leur affectation ; propriétés non bâties de toute nature quelle que soit leur affectation) et droits immobiliers (droits démembrés, droit d'usage, servitudes, etc.) appartenant aux personnes imposables ainsi qu'à leurs enfants mineurs lorsqu'elles ont l'administration légale de leurs biens.
L'actif de l'impôt sur la fortune immobilière comprend également les parts ou actions des sociétés ou organismes établis en France ou hors de France appartenant aux personnes imposables, à hauteur de la fraction de la valeur représentative des biens ou droits immobiliers détenus directement ou indirectement par la société ou l'organisme.

B. Actifs exonérés

L'article 975 du CGI et l'article 976, III 1er al. IV 1er al. et V exonèrent d'IFI, sous conditions, les actifs immobiliers affectés à certaines activités et qui peuvent, en partie ou en totalité, être regardés comme des actifs professionnels.
Il s'agit :
- d'actifs affectés à l'exercice à titre principal d'une profession industrielle, commerciale, artisanale, agricole ou libérale exercée sous forme individuelle par le redevable ;
- d'actifs affectés à l'activité d'une société soumise à l'impôt sur le revenu ou à l'impôt sur les sociétés dans laquelle le redevable exerce son activité principale ;

– des biens ruraux donnés à bail à long terme ou à bail cessible, parts de groupements fonciers agricoles (GFA) ou de groupements agricoles fonciers (GAF) constituant l'activité principale d'un membre du cercle familial du redevable et les biens ruraux et les parts de GFA et de GAF représentatifs de biens ruraux donnés à bail sous conditions.

III. Assiette de l'impôt

Valeur nette = Valeur vénale des biens – Dettes

Aux termes de l'article 973 1er al. du CGI, la valeur des actifs imposables est déterminée selon les règles en vigueur en matière de droits de mutation par décès.
L'impôt sur la fortune (ISF) s'appliquait pour tous les biens (excepté les œuvres d'art) détenus par une personne physique. L'impôt sur la fortune immobilière (IFI) ne vise que les biens immobiliers possédés par les personnes physiques.

A. Valeur vénale des biens

a. Principe

La valeur servant de base à l'impôt est la valeur vénale des biens déterminée au 1er janvier de chaque année. Cette valeur est déclarée par le contribuable.

b. Exception

Un abattement de 30 % est effectué sur la valeur vénale réelle de l'immeuble lorsque celui-ci est occupé à titre de résidence principale par son propriétaire. En cas d'imposition commune, un seul immeuble est susceptible de bénéficier de l'abattement.

B. Dettes

Les dettes grevant le patrimoine du contribuable sont admises en déduction selon les mêmes règles qu'en matière de droits de succession.
Sont notamment admises :
– les dettes envers les prestataires de services ou entrepreneurs de travaux ;
– le capital restant dû et les intérêts échus et courus des emprunts grevant le patrimoine ;

– l'impôt sur la fortune immobilière dû en raison de la propriété des biens (l'impôt sur le revenu n'est plus retenu).

Les dettes doivent exister au 1er janvier de l'année d'imposition.

- **Les dettes qui sont attachées à des biens non imposables ou dans l'intérêt de biens non pris en compte ne sont pas déductibles de l'actif imposable.**

De manière générale, la loi ne permet plus la déduction des prêts contractés auprès du redevable, d'un membre de son foyer fiscal ou par l'intermédiaire d'une société interposée auprès de ces personnes.

- Pour l'impôt sur la fortune immobilière, lorsque la valeur du patrimoine taxable est supérieure à 5 000 000 € et que le montant déductible excède 60 % de cette valeur, la fraction des dettes excédant cette limite n'est déductible qu'à hauteur de 50 % de cet excédent.

IV. Calcul de l'impôt

Trois phases :

A. Application du barème progressif par tranches

Le patrimoine qui excède le seuil d'imposition de 1 300 000 € est imposé conformément au barème ci-après :

BARÈME 2018

Fraction de la valeur nette du patrimoine				Taux
N'excédant pas	800 000 €			0 %
Comprise entre	800 001 €	et	1 300 000 €	0,50 %
Comprise entre	1 300 001 €	et	2 570 000 €	0,70 %
Comprise entre	2 570 001 €	et	5 000 000 €	1 %
Comprise entre	5 000 001 €	et	10 000 000 €	1,25 %
Supérieure à	10 000 001 €			1,50 %

ILLUSTRATION

Soit un patrimoine dont la valeur nette taxable est de 3 500 000 € au 1er janvier 2018.

L'impôt est liquidé comme suit :

– sur 800 000 €	=	= 0 €
– de 800 001 € à 1 300 000 €	= 499 999 € × 0,50 %	= 2 500 €
– de 1 300 001 € à 2 570 000 €	= 1 269 999 € × 0,70 %	= 8 890 €
– sur 930 000 €	= 930 002 € × 1 %	= 9 300 €
Total		= 20 690 €

Pour éviter l'effet de seuil (taxation dès 800 000 € alors que le seuil d'imposition est de 1 300 000 €), une décote est prévue pour les patrimoines dont la valeur nette taxable est égale ou supérieure à 1 300 000 € et inférieure à 1 400 000 €. La réduction du montant de l'impôt est calculée comme suit : 17 500 € – 1,25 % P (P est la valeur nette taxable du patrimoine) (CGI, art. 885 U).

Le montant de l'impôt peut faire l'objet d'un plafonnement (CGI, art. 885 V *bis*) pour éviter que le montant de l'impôt sur la fortune et l'impôt sur le revenu et prélèvements sociaux excède 75 % des revenus de l'année précédente (*ex.* : IFI 2018 / Revenus 2017 / Impôt sur le revenu calculé sur le revenu 2017). En cas d'excédent, celui-ci vient en déduction de l'IFI payé.

B. Réduction pour investissements réalisés dans une PME (CGI, art. 885-0 V *bis*)

La société doit, lors de la souscription, répondre aux critères communautaires de la PME (moins de 250 personnes employées, chiffre d'affaires inférieur à 50 millions d'euros ou total de l'actif inférieur à 43 millions d'euros, moins de 25 % du capital détenu par une ou plusieurs entreprises ne répondant pas à la définition de PME).
La société doit exclusivement exercer une activité commerciale, industrielle, artisanale, agricole, libérale ou financière.
Le montant de la réduction d'impôt est de 50 % des versements effectués, plafonnés à 45 000 €. Cette réduction valable pour l'impôt sur la fortune (ISF) est supprimée pour l'impôt sur la fortune immobilière.
Seuls les versements effectués en 2017 étaient éligibles à cette mesure.

C. Réduction pour dons à certains organismes

(CGI, art. 885-0 V *bis*)

Dans la limite d'un plafond global de 50 000 €, le redevable peut déduire 75 % du montant de ses dons au profit d'organisme d'intérêt général (établissements de recherche, d'enseignement supérieur ou artistique ; fondations reconnues d'utilité publique…).

V. Plafonnement

L'impôt sur la fortune immobilière du redevable ayant son domicile fiscal en France est réduit de la différence entre :

- d'une part, le total de cet impôt et des impôts dus en France et à l'étranger au titre des revenus et produits de l'année précédente, calculée avant imputation des seuls crédits d'impôt représentatifs d'une imposition acquittée à l'étranger et des retenues non libératoires ;
- d'autre part, 75 % du total des revenus mondiaux nets de frais professionnels de l'année précédente, après déduction des seuls déficits catégoriels dont l'imputation est autorisée par l'article 156 du CGI, ainsi que des revenus exonérés d'impôt sur le revenu et des produits soumis à un prélèvement libératoire réalisés au cours de la même année en France ou hors de France.

VI. Déclaration et paiement

Les personnes imposables au 1er janvier de l'année d'imposition doivent souscrire chaque année, au plus tard à la date de déclaration de revenus, une déclaration annuelle sur une formule fournie par l'administration. dès lors que leur patrimoine net imposable est égal ou supérieur à 1 300 000 €. Les contribuables doivent indiquer dans leur déclaration d'impôt sur le revenu la valeur nette taxable et la valeur brute de leurs biens.

Le paiement est effectué par voie de rôle spécifique.

QUIZ N° 8

1. L'impôt sur la fortune immobilière est dû en fonction du patrimoine brut évalué au 1er janvier de chaque année :

Vrai ☐ Faux ☐

2. Le foyer fiscal comprend les enfants majeurs rattachés au titre de l'impôt sur le revenu de leurs parents :

Vrai ☐ Faux ☐

3. Les personnes physiques domiciliées hors de France peuvent être soumises à l'IFI :

Vrai ☐ Faux ☐

4. L'IFI est dû sur la totalité des biens immobiliers dont le redevable est propriétaire au 1er janvier de chaque année :

- Les biens grevés d'usufruit sont déclarés par
  - L'usufruitier ☐
  - Le nu propriétaire ☐
- Et de manière générale (hors exception)
  - En valeur pleine propriété ☐
  - En valeur du droit réel possédé ☐

5. Les biens professionnels peuvent échapper à l'impôt sur la fortune :

Vrai ☐ Faux ☐

6. Il existe une mesure de réduction du montant de l'impôt sur la fortune afin d'éviter que le montant de l'impôt sur le revenu, de l'impôt sur la fortune et des prélèvements sociaux excède :

50 % du revenu considéré ☐

75 % du revenu considéré ☐

7. À compter du 1er janvier 2018 seule la fortune immobilière est imposée en France :

Oui ☐ Non ☐

8. Pour l'imposition sur la fortune immobilière, il peut être retenu les biens immobiliers possédés à l'étranger :

Oui ☐ Non ☐

› Voir les réponses p. 315

CAS PRATIQUE N° 9

Monsieur et Madame Dime sont mariés sous le régime de la séparation de biens. Ils ont deux enfants majeurs rattachés à leur foyer fiscal pour le calcul de l'impôt sur le revenu. Leur patrimoine est composé des biens suivants :

1) Une résidence principale d'une valeur vénale de 1 000 000 €.

2) Une résidence secondaire d'une valeur vénale de 400 000 € financée par voie d'emprunt. Le montant restant dû au 1er janvier est de 80 000 €.

3) Un portefeuille d'actions évalué à 200 000 €.

Calculez la base imposable à l'impôt sur la fortune au 1er janvier 2018.

› Voir les réponses p. 315

POUR EN SAVOIR PLUS

Sur l'IGF : Conseil des impôts, 8e rapport au président de la République, 1986, relatif à l'imposition du capital.

Sur l'IF : Conseil des impôts, 16e rapport au président de la République, 1998, relatif à l'imposition du patrimoine.

Site Internet : www.ccomptes.fr

Sur l'IFI : Loi de finances pour 2018, www.assemblee-nationale.fr

CHAPITRE 21

Droits d'enregistrement sur les actes de sociétés

QUELQUES REPÈRES

La diversité des régimes fiscaux applicables aux droits d'enregistrement sur les actes de sociétés n'est compréhensible que si l'on se souvient que cette matière est encore dominée par la traditionnelle théorie de la mutation conditionnelle des apports.
La théorie de la mutation conditionnelle remonte au XVIIIe siècle, époque où la personnalité morale des sociétés n'était pas encore reconnue. En conséquence, l'apport en société n'était pas translatif de propriété et il ne pouvait être soumis aux droits de mutation ordinaires. Il fallait attendre la dissolution pour savoir à qui le bien apporté était attribué et le soumettre éventuellement aux droits de mutation s'il était dévolu à un autre associé que l'apporteur initial. Au moment de l'apport, la mutation était donc conditionnée par les modalités du partage social.
La loi du 12 juillet 1965 a abandonné la théorie de la mutation conditionnelle des apports pour les apports d'immeubles et de fonds de commerce opérés en faveur de sociétés soumises à l'impôt sur les sociétés (de plein droit ou sur option). Mais elle subsiste pour les sociétés qui relèvent de l'impôt sur le revenu (CGI, art. 8) et elle continue à produire ses effets à l'égard des apports autres qu'immobiliers et de fonds de commerce faits à des sociétés soumises à l'impôt sur les sociétés. D'où une diversité de régimes fiscaux qui se compliquent encore du fait que, pour des raisons de neutralité fiscale, certains apports sont assujettis à la taxe sur la valeur ajoutée.

Les actes constatant la formation, la prorogation, la transformation ou la dissolution d'une société, l'augmentation, l'amortissement ou la réduction de son capital sont soumis aux droits d'enregistrement (CGI, art. 635-I-50).

Constitution	Transformation	Dissolution Prorogation
Chaque associé doit faire un apport. La réunion des apports constitue le capital social	Changement : de type juridique ou de statut fiscal. Le capital social peut être : • augmenté : nouveaux apports ou incorporation de réserves ou de bénéfices ; • amorti : remboursement total ou partiel des apports par prélèvement sur les réserves ou les bénéfices (le capital reste intact) ; • réduit : deux procédés : – remboursement d'une partie des apports ; – constatation des pertes subies par la société	La durée de la société ne peut excéder 99 ans. Elle peut être prorogée une ou plusieurs fois sans que chaque prorogation puisse excéder 99 ans

§ 1. Actes de formation des sociétés

Il faut qualifier fiscalement l'apport, qui peut-être pur et simple, à titre onéreux, mixte ou soumis à la TVA.

I. Qualification des apports

A. Apports purs et simples

Les apports sont purs et simples lorsqu'ils confèrent à l'apporteur, en échange de sa mise, de simples droits sociaux exposés à tous les risques de l'entreprise.

EXEMPLE

Une personne apporte à une société un terrain d'une valeur de 100 000 € et une somme de 5 000 €. Elle reçoit en contrepartie 105 parts de 1 000 €. Ces titres sociaux lui confèrent la qualité d'associé. Cet apport est pur et simple.

B. Apports à titre onéreux

Les apports sont dits à titre onéreux lorsqu'ils sont rémunérés par un équivalent ferme et actuel définitivement acquis à l'apporteur (par exemple, prise en charge par la société d'un passif incombant à l'apporteur, espèces, obligations).

EXEMPLE
M. X apporte à une société un immeuble qu'il avait acheté à crédit. Il est encore redevable auprès de sa banque d'une somme de 10 000 €. La société bénéficiaire de l'apport rembourse à la banque la somme encore due par M. X. L'apport est à titre onéreux.

C. Apports mixtes

Un apport est mixte lorsqu'il est rémunéré, partie au moyen d'actions ou de parts sociales, partie par un avantage soustrait aux droits sociaux.

EXEMPLE
M. X apporte à une société un immeuble d'une valeur de 100 000 € Il est rémunéré à hauteur de 80 000 € par la remise de parts sociales, et à hauteur de 20 000 € par la prise en charge par la société d'un passif qui lui incombe. L'apport est pur et simple à hauteur de 80 000 € et à titre onéreux à hauteur de 20 000 €.

D. Apports soumis à la TVA

L'apport est passible de la TVA lorsque la vente du bien apporté est elle-même imposable à la TVA.

EXEMPLE
Apport d'un terrain à bâtir; apport d'un immeuble neuf.

II. Taxation des apports

A. Apports purs et simples

a. Assiette de l'impôt

L'assiette de l'impôt est l'ensemble des opérations administratives qui ont pour but de rechercher et d'évaluer la matière imposable.

Valeur imposable = valeur nette des apports

Cette valeur est déterminée à la date de l'acte constitutif.
Conformément aux principes du droit commercial, le droit d'apport ne peut être liquidé sur une somme inférieure au montant du capital social. Mais si les apports ont une valeur supérieure au capital social, c'est sur cette valeur que doit être liquidé l'impôt : tel est le cas lorsqu'il existe des apports en industrie, par définition non incorporés au capital social.

Les apports en industrie sont des apports en travail, l'associé mettant son activité au service de la société.

b. Champ d'application et tarifs

Il convient de déterminer le régime fiscal d'imposition de l'apporteur et du bénéficiaire.

TABLEAU 1

Bénéficiaire/Apporteur	Personne morale soumise à l'IS	IR
Personne morale soumise à l'IS	Exonération (CGI, art. 810 *bis*, al. 1)	Exonération (CGI, art. 810 *bis*, al. 1)
Personne physique OU Personne morale soumise à l'IR	• Principe : les apports pur et simple sont soumis aux droits de mutation (CGI, art. 809 I 3°) – Immeubles et droits immobiliers : 5 % – Fonds de commerce, clientèles, droits au bail ou à une promesse de bail : tarif correspondant à la – vente du bien. Autres biens : exonération • Exception : exonération (CGI, art. 809 I *bis*) SI : – Pour les apports d'autres biens que des immeubles et droits immobiliers : l'apporteur s'engage à conserver pendant trois ans les titres remis en contrepartie de l'apport; – Pour les apports d'immeubles et droits immobiliers : l'apporteur s'engage à conserver pendant trois ans les titres remis en contrepartie de l'apport et les immeubles et droits immobilier sont compris dans l'apport de l'ensemble des éléments d'actifs immobilisés affectés à l'exercice d'une activité professionnelle	Exonération (CGI, art. 810 *bis*, al. 1)

REMARQUE

En cas de non-respect de l'engagement de conserver pendant trois ans les titres remis en contrepartie de l'apport, le droit de mutation est immédiatement exigible, sans possibilité de fractionnement. Mais la reprise n'est pas effectuée en cas de décès ou, en cas de donation, si le donataire prend dans l'acte et respecte l'engagement de conserver les titres jusqu'au terme de la troisième année suivant l'apport (CGI, art. 810, III).

B. Apports à titre onéreux

L'apport à titre onéreux est considéré comme une véritable vente consentie par l'apporteur à la société et donne par conséquent ouverture au droit de vente d'après la nature des biens qui en sont l'objet. Toutefois, l'apport à titre onéreux d'immeubles ou de droits immobiliers est taxé au taux de 5 %[1] (et non au tarif de vente d'immeuble de 5,09006 % à 5,80665 %).

1. Ce droit est réparti de la façon suivante : le droit budgétaire au profit de l'État de 2,20 % ; taxe additionnelle départementale de 1,60 % et taxe additionnelle communale de 1,20 %.

TABLEAU 2

Bénéficiaire/Apporteur	Quelle que soit la qualité du bénéficiaire de l'apport
Quelle que soit la qualité de l'apporteur : – personne physique ou morale passible de l'impôt sur le revenu ; – personne morale soumise à l'impôt sur les sociétés	Taxation : – apports d'immeubles ou droits immobiliers : 5 % ; – autres biens : droits de mutation ordinaires selon la nature des biens apportés

C. Apports mixtes

Apporte-t-on en société une entreprise individuelle ? : on se trouve alors dans le cas particulier ; sinon, la taxation répond au cas général.

a. Cas général

Les apports sont soumis :
- au régime des apports purs et simples (Tableau 1) pour la partie rémunérée par des actions ou parts de la société bénéficiaire des apports ;
- au régime des apports à titre onéreux (Tableau 2) pour la partie rémunérée par une contrepartie soustraire aux risques sociaux.

Les parties sont libres de désigner, parmi les biens apportés, ceux qui sont réputés apportés à titre pur et simple et ceux qui représentent un apport à titre onéreux. Elles ont tout intérêt à utiliser cette faculté, en rangeant dans la seconde catégorie les biens dont la vente est exonérée de tout droit d'enregistrement (par exemple, les marchandises neuves (l'apport de marchandises neuves est taxable à la TVA), certains immeuble dont la vente est passible de la TVA) ou supporte les tarifs les moins élevés (par exemple, les créances, les meubles : droit fixe de 125 €).

b. Cas particulier : apports en société d'une entreprise individuelle

1. Principe : taxation

L'apport à titre onéreux résultant de la prise en charge par la société du passif incombant à l'apporteur est soumis :
- à un droit de 5 % lorsque le passif est imputé sur des immeubles ou droits immobiliers ;
- au droit de vente du bien considéré lorsque le passif est imputé sur des fonds de commerce, clientèles, droits à un bail ou à une promesse de bail.

2. Exception

Exonération si l'apporteur prend l'engagement de conserver pendant trois ans les titres reçus en contrepartie de son apport pur et simple.

REMARQUE

Comme pour les apports purs et simples soumis aux droits de mutation, en cas de non-respect de l'engagement, le droit de mutation (CGI, art. 809, I, 3°) n'est pas perçu en cas de décès ou, en cas de donation, si le donataire prend dans l'acte et respecte l'engagement de conserver les titres jusqu'au terme de la troisième année suivant l'apport (CGI, art. 810, III).

D. Apports soumis à la TVA

La distinction entre apports purs et simples et apports à titre onéreux est primordiale lorsque l'opération est soumise aux droits d'enregistrement. Par contre, elle ne présente aucun intérêt lorsque l'apport est soumis à la TVA : certaines constructions achevées depuis moins de cinq ans, marchandises neuves dépendant d'un fonds de commerce également apporté…
En effet, dans cette hypothèse, la TVA est exigible dans les conditions ordinaires sur tous les apports entrant dans son champ d'application, qu'ils soient à titre pur et simple ou à titre onéreux.
La taxe sur la valeur ajoutée est perçue, soit par le service chargé de la publicité foncière, soit par le service d'imposition des entreprises, selon que l'acte ne contient que des apports immobiliers ou qu'il contient des apports autres que des immeubles.

ILLUSTRATIONS

1/ Apport par une personne physique à une société soumise à l'IS d'un immeuble à usage industriel.
L'immeuble, d'une valeur de 100 000 € est rémunéré :
– à hauteur de 20 000 € par la remise de droits sociaux ;
– à hauteur de 80 000 € par la prise en charge par la société bénéficiaire de l'apport du remboursement de l'emprunt grevant l'immeuble.
Qualification des apports :
– l'apport est pur et simple à hauteur de 20 000 € ;
– l'apport est à titre onéreux à hauteur de 80 000 €.
Taxation des apports :
il faut toujours commencer par taxer l'apport à titre onéreux avant de taxer l'apport à titre pur et simple.
Le seul bien concerné (l'immeuble) est apporté :
– à titre onéreux à hauteur de 80 000 €. 80 000 € × 5 % = 4 000 € ;
– à titre pur et simple à hauteur de 20 000 €.
Apport par une personne soumise à l'impôt sur le revenu à une société passible de l'impôt sur les sociétés : taxation à 5 %.

2/ Apport par une personne physique à une société soumise à l'IS :
– d'un immeuble à usage industriel d'une valeur de 170 000 € ;
– de créances d'une valeur de 30 000 €.

L'apport (200 000 €) est rémunéré :
– par la remise de 1 500 parts de 100 € (150 000 €);
– par la prise en charge par la société d'un passif incombant à l'apporteur d'un montant de 50 000 €.
L'apporteur prend l'engagement de conserver pendant trois ans les titres reçus en contrepartie de l'apport.

Qualification des apports
Apport total 200 000 € :
– rémunéré à hauteur de 50 000 € par « autre chose » que des droits sociaux soumis à l'aléa social : l'apport de 50 000 € est à titre onéreux;
– rémunéré à hauteur de 150 000 € par des titres soumis à l'aléa social : l'apport de 150 000 € est pur et simple.

Liquidation des droits
• *Taxation des apports à titre onéreux*
a) Les parties indiquent dans l'acte d'apport que le passif (50 000 €) s'impute en priorité sur les créances :
droits de mutation à titre onéreux des cessions de créances (à hauteur de 30 000 €) : droit fixe des actes innomés, soit 125 € non perçu en présence de droits proportionnels plus élevés;
droits de mutation à titre onéreux des cessions d'immeubles pour le surplus (20 000 €) :
5 % × 20 000 € = 1 000 €.
b) En cas d'absence de ventilation, les droits exigibles sont déterminés par application de la règle proportionnelle, soit :
– droit de vente sur l'apport de l'immeuble proportionnellement déterminé comme étant à titre onéreux :
50 000 € × (170 000 €/ 200 000 €) = 42 500 €
– droit de mutation : 42 500 € × 5 % = 2 125 €
• *Taxation des apports purs et simples :*
La partie de l'apport qui n'a pas été taxée à titre onéreux (c'est-à-dire l'immeuble à hauteur de 150 000 € – soit 170 000 € – 20 000 €) doit être taxée à titre pur et simple.
Apport par une personne physique à une société IS.
L'apporteur s'engage à conserver pendant trois ans les titres remis en contrepartie de l'apport qualifié de « pur et simple ». Mais, l'apport de l'immeuble n'est pas compris dans l'apport de l'ensemble des éléments de l'actif immobilisé affectés à l'exercice d'une activité professionnelle.
Taxation : 5 %.

3/ Soit l'apport par Pierre à une société soumise à l'impôt sur les sociétés :

– d'un fonds de commerce d'une valeur de (dont marchandises : 150 000 €)	1 600 000 €
– à charge pour la société d'acquitter le passif incombant à l'apporteur	350 000 €
Apport net	1 250 000 €

Qualification des apports :

– l'apport est pur et simple à hauteur de	1 250 000 €
– l'apport est à titre onéreux à hauteur de	350 000 €

Liquidation des droits :
Taxation des apports à titre onéreux.
L'apporteur aura intérêt à indiquer, dans l'acte, que le passif de 350 000 € est imputable sur les marchandises (150 000 €).
Apport à titre onéreux de marchandises apportées en même temps que le fonds de commerce = TVA (récupérable).

Le surplus, soit 350 000 € – 150 000 € = 200 000 € sera taxé à 3 % après application d'un abattement de 23 000 €. Toutefois, l'apporteur pourra échapper à cette taxation en prenant l'engagement de conserver les titres reçus en contrepartie de l'apport « pur et simple » pendant trois ans.
Taxation de l'apport « pur et simple » = 1 250 000 €
Cet apport porte sur le fonds de commerce non taxé à titre onéreux (1 600 000 € – 150 000 €).
Apport par une personne physique à une société IS. Exonération puisque l'apporteur s'engage à conserver pendant trois ans les titres reçus en contrepartie de l'apport.

REMARQUE

Un exemple est donné par l'administration sur le site bofip.gouv.fr/ : BOI-ENR-AVS-10-30, 40 et 70

§ 2. Actes passés dans le cours de l'existence de la société

I. Augmentation du capital

A. Au moyen d'apports nouveaux

Cette opération est soumise au même régime fiscal que les constitutions de sociétés. Toutefois, un droit fixe de 375 € ou de 500 € (selon que le capital est inférieur ou au moins égal à 225 000 €) est exigible sur les apports de biens qui, au moment de la constitution de la société, auraient bénéficié d'une exonération de droit.

B. Par incorporation de réserves ou de bénéfices

Les droits fixes d'enregistrement dus par les sociétés en cas d'augmentation de capital au moyen de l'incorporation des bénéfices ou de réserves (375 € ou 500 € selon que le capital est inférieur ou au moins égal à 225 000 €) sont supprimés à compter du 1er janvier 2019.

II. Réduction du capital

Les droits fixes d'enregistrement dus par les sociétés en cas de réduction de capital contre annulation des titres ou rachats de la société (CGI, art. 814 C), de fusion (CGI, art. 816 et 816C A) et de scission ou d'apport partiel d'actif (CGI, art. 817) sont supprimés à compter du 1er janvier 2019.

III. Changement de type juridique

La transformation d'une société n'entraîne jamais la création d'un être moral nouveau dès lors qu'elle est régulière, c'est-à-dire, lorsque sont respectées les règles prescrites par la loi et la jurisprudence en matière de modification des statuts. La règle, certaine en droit privé (C. civ., art. 1844-30) fut contestée par l'administration jusqu'à l'arrêt *Société Le Joncour* (Com., 7 mars 1984).
Dès lors, le seul changement de type juridique, sans modification du régime fiscal (par exemple, une société civile est transformée en société en nom collectif) n'est pas taxé.
Mais, lorsque le changement de type juridique s'accompagne d'un changement de régime fiscal (par exemple, une société en non collectif est transformée en société à responsabilité limitée), la taxation est envisageable.

IV. Changement de régime fiscal

Lorsqu'une personne morale dont les résultats n'étaient pas jusqu'alors soumis à l'impôt sur les sociétés devient passible de cet impôt (de plein droit ou sur option), le changement de son régime fiscal entraîne en principe l'exigibilité du droit d'apport de 5 % sur certains apports en nature qui lui ont été faits. Toutefois, seul sera perçu un droit fixe de 375 € ou de 500 € (selon que le capital est inférieur ou au moins égal à 225 000 €), si les associés s'engagent à conserver les titres détenus à la date du changement de régime fiscal pendant trois ans.
En cas de non-respect de cet engagement, la différence entre les droits de 5 % et 375 € ou 500 € devient immédiatement exigible. Toutefois, la régularisation n'est pas effectuée en cas de décès ou en cas de donation, lorsque le donataire prend l'engagement de conserver les titres jusqu'au terme de la troisième année suivant le changement de régime fiscal.

V. Cession de droits sociaux

Les cessions peuvent porter sur des actions ou des parts sociales ou encore sur des titres de sociétés à prépondérance immobilière.

A. Cessions d'actions

Les cessions d'actions, de parts de fondateurs ou de parts bénéficiaires sont soumises à un droit de 0,1 %.
Dans les sociétés par actions cotées, le droit n'est exigible que si les cessions sont constatées par un acte. Dans les sociétés non cotées, le droit est exigible même en l'absence d'acte.

B. Cessions de parts sociales

Les cessions de parts sociales dans les sociétés dont le capital n'est pas divisé en actions sont soumises à un droit de 3 % qu'elles soient ou non constatées par un acte.
L'assiette du droit de 3 % est réduite d'un abattement égal, pour chaque part sociale, au rapport entre 23 000 € et le nombre total de parts sociales de la société.

ILLUSTRATION

Soit une SNC dont le capital est divisé en 600 parts.
Un associé cède, pour le prix de 100 000 €, 100 parts de la société.
Le montant des droits est de :
100 000 € – (23 000 € × 100 parts cédées/600 parts de la société)
= 96 167 € × 3 % = 2 885 €

C. Les cessions de participations dans des sociétés à prépondérance immobilière

Les cessions d'actions ou de parts sociales sont soumises à un droit de 5 %. Est considérée comme à prépondérance immobilière la personne morale dont l'actif est, ou a été au cours de l'année précédant les cessions en cause, principalement constitué d'immeubles ou de droits immobiliers. Les immeubles affectés par la société à sa propre exploitation sont pris en compte pour l'appréciation de la prépondérance immobilière (contrairement à ce qui est prévu pour le régime des plus-values).

D. Cessions de parts sociales représentatives d'un apport en nature réalisé depuis moins de trois ans (sociétés non passibles de l'IS)

Les cessions de parts sociales qui interviennent dans les trois ans de la réalisation d'un apport en nature fait à une société non imposable à l'impôt sur les sociétés, sont considérées comme ayant pour objet les biens représentés par les titres cédés. Par suite, la cession doit être soumise aux droits de vente correspondant à la nature des biens en cause, au lieu du droit de cession de droits sociaux (CGI, art. 727).
La présomption légale, irréfragable (il n'est pas possible d'échapper à la règle), n'est pas applicable lorsque les parts cédées sont représentatives d'un bien dont l'apport est soumis à la TVA (un terrain à bâtir par exemple).

ILLUSTRATION
M. A a pour intention de vendre à M. B un immeuble d'habitation ancien. Cette mutation est passible du droit de 5,80665 %.
Supposons maintenant que M. A et M. B créaient une SNC soumise à l'impôt sur les sociétés. M. A apporte à cette société l'immeuble ancien. Cet apport est rémunéré par des titres soumis à l'aléa social (il est donc pur et simple). L'immeuble est apporté en même temps qu'un fonds de commerce. Il suffit à l'apporteur de prendre l'engagement de conserver les titres pendant trois ans (et de respecter cet engagement !) pour échapper à toute imposition. Peu après, M. A cède à M. B des parts sociales pour un montant correspondant à la valeur de l'immeuble. Si la présomption de l'article 727 du CGI ne s'appliquait pas, la cession serait taxable au taux de 3 % (après un abattement de 23 000 €). L'économie d'impôt serait de l'ordre de 2 %.

§ 3. Dissolution de sociétés

Dissolution sans transmission de biens

La taxation est limitée à 375 € ; 500 € pour les sociétés ayant un capital d'au moins 225 000 € (CGI, art. 811-2°).

Dissolution suivie d'un partage

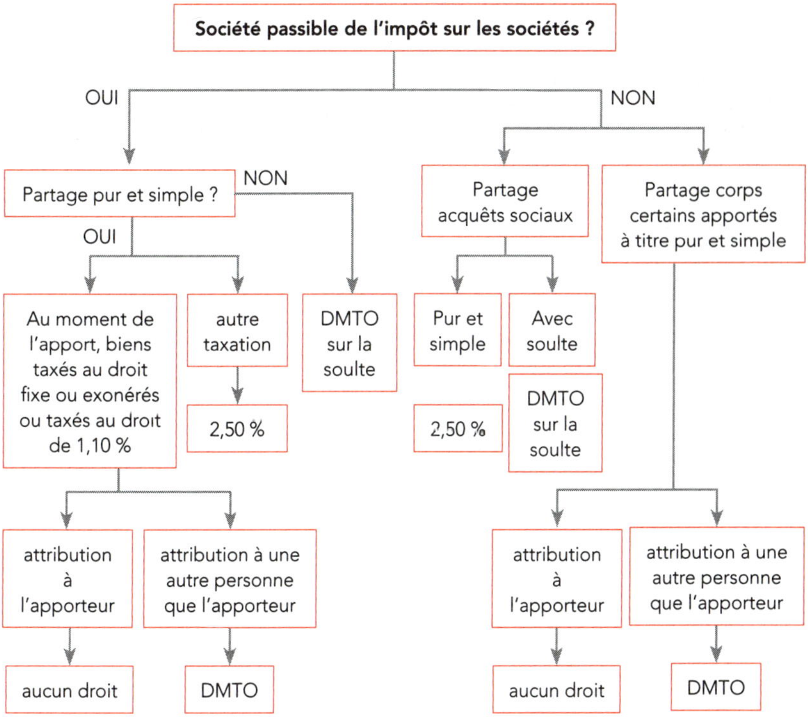

CAS PRATIQUE N° 10

Pierre et Paul ont constitué en juin 2000 une société en nom collectif soumise à l'impôt sur le revenu (CGI, art. 8).

Pierre a apporté à la société un immeuble d'une valeur de 300 000 €.

Paul a apporté à la société un immeuble d'une valeur de 200 000 € et du numéraire pour un montant de 100 000 €.

En février 2016, la société est dissoute.

L'actif partagé entre les deux associés, après remboursement du passif, comprend :

• Des apports subsistant en nature pour un montant de 600 000 € :

– l'immeuble apporté par Pierre. Sa valeur, au jour de la dissolution est estimée à 350 000 € ;

– l'immeuble apporté par Paul. Valeur : 250 000 € ;

• Des acquêts sociaux, soit un immeuble acquis par la société d'une valeur, au jour de la dissolution, de 600 000 €.

Les biens sont partagés conformément à l'accord suivant :

• attribution à Pierre (droits ½) :

– l'immeuble qu'il a apporté :	350 000 €
– l'immeuble apporté par PAUL :	250 000 €
	600 000 €

• attribution à Paul (droits ½) : l'immeuble acquis par la SCI, soit 600 000 €.

Quelle est la liquidation du partage ?

› Voir les réponses p. 316

QUIZ N° 9

1. Quelle est la définition d'un apport pur et simple ?
2. Quelle est la définition d'un apport à titre onéreux ?
3. Quelle est la définition d'un apport mixte ?
4. Quels sont les apports soumis à la TVA ?
5. Quelles sont les personnes morales soumises à l'impôt sur le revenu ?
6. Quelles sont les personnes morales soumises à l'impôt sur les sociétés ?

› Voir les réponses p. 316

POUR EN SAVOIR PLUS

Jurisprudence

Apports en société : apports à titre pur et simple des éléments d'actif : Com., 3 mars 2004, n° 00-22.810, n° 485 FS-P+B

Régime spécial en faveur de l'ensemble des éléments d'actif immobilisé affectés à l'exercice d'une activité professionnelle (CGI, art. 809 I *bis*).
Le régime spécial se traduit par une réduction du taux du droit de mutation exigible sur l'apport à titre onéreux résultant de la prise en charge du passif incombant à l'apporteur. L'apport peut même être exonéré sous certaines conditions.
Ce régime est subordonné à la condition que les éléments d'actif soient apportés à titre pur et simple. Tel n'est pas le cas lorsque tout ou partie des actifs transférés est rémunéré par le versement des sommes d'argent, la prise en charge d'un passif personnel à l'apporteur ou l'ouverture d'un compte-courant au nom de ce dernier.

Engagement de conservation des titres : CA Rouen, 1re ch., 5 déc. 2001, *SA Transports Lalloux*, n° 00-259
Les conditions d'application du régime de faveur à un acte d'apport d'un fonds de commerce à une société anonyme par une personne physique, prévu par l'article 810, III du CGI ne sont pas remplies dès lors que l'engagement de conservation n'a pas été pris dans cet acte et que la preuve n'est pas rapportée qu'il ait été dans un acte soumis à la formalité de l'enregistrement.

Prise en charge d'un passif : Civ. 24 avril 1893, *S.* 1894-I, 195 (jurisprudence constante)
La charge assumée par l'a société de payer les dettes personnelles de l'acquéreur équivaut à l'obligation de payer un prix en retour de l'apport et confère à l'opération le caractère d'une transmission passible du droit de mutation.

Apport partiel d'actif : Régime de faveur (CGI, art. 816 et 817)

Branche complète d'activité – notion : CA Poitiers 8 nov. 2011, n° 09/03245
Pour ouvrir droit au bénéfice des dispositions légales relatives à la perception d'un droit fixe, un apport partiel d'actif doit concerner une branche d'activité susceptible de faire l'objet d'une exploitation autonome chez la société apporteuse comme chez la société bénéficiaire de l'apport, sous réserve que cet apport opère un transfert complet des éléments essentiels permettant à la société bénéficiaire de l'apport de disposer durablement de ces éléments.

Bibliographie

JurisClasseur Enregistrement Traité, V° « Sociétés », fasc. 20, 30, 40, 60 et 100.

Jean-Luc Pierre, « Régime de faveur des droits d'enregistrement pour l'apport d'une entreprise individuelle en société », *Revue Droit des sociétés* 2008, comm., 89.

CHAPITRE 22

Fiscalité locale

La fiscalité directe locale comprend les impôts, taxes prélevées au profit des régions, départements, communes et de leurs établissements publics.
Ce sont principalement les taxes foncières, la taxe d'habitation et depuis le 1er janvier 2010 par la contribution économique territoriale qui a remplacé la taxe professionnelle.
Ils représentent une part non négligeable des ressources fiscales.
Leur base d'imposition correspond à la valeur locative cadastrale des biens immobiliers dont disposent les redevables. La base d'imposition pour la détermination de la contribution économique territoriale est élargie à la valeur ajoutée produite par les entreprises.
Le montant des impôts locaux varie suivant les taux votés par les collectivités territoriales.

§ 1. Contribution économique territoriale

La contribution économique territoriale se décompose en : cotisation foncière des entreprises (CFE) et cotisation sur la valeur ajoutée des entreprises (CVAE).

I. Cotisation foncière des entreprises (CFE)

Toute personne qui exerce, à titre habituel au 1er janvier de chaque année une activité professionnelle non salariée est soumise à la CFE (CGI, art. 1447).

L'activité doit être exercée à titre professionnel (recherche d'un bénéfice) de manière habituelle (répétition des actes caractérisant une profession).
Des exonérations permanentes ou temporaires (art. 1449 à 1466 F du CGI) ont été instituées par le législateur.
Ainsi, certaines personnes bien qu'exerçant une activité professionnelle, ne sont pas soumises à la CFE.

EXEMPLE

Agriculteurs, artisans n'employant pas de salariés, avocats stagiaires...

Les exonérations temporaires sont votées par les collectivités locales dans le cadre des dispositifs législatifs. Elles sont liées à l'aménagement du territoire.

A. Assiette

La base d'imposition à la CFE est constituée par la valeur locative des biens passibles d'une taxe foncière.

Valeur locative des immobilisations corporelles

En ce qui concerne les terrains et les constructions, on retient la valeur locative cadastrale brute. Cette valeur est déterminée par le service du cadastre de l'administration fiscale à partir de la valeur locative réelle des biens (locaux commerciaux), d'une valeur forfaitaire (locaux professionnels) ou du prix de revient comptable des éléments immobiliers (locaux industriels).
La valeur locative des locaux industriels fait l'objet d'un abattement de 30 %.
La période de référence est celle de l'avant dernière année précédant celle de l'imposition (*ex.* : immobilisations 2013 à retenir pour la détermination de la cotisation foncière 2015).
Il conviendra donc de retenir les biens immobiliers propriété du redevable, ceux qu'il a pris en location ou crédit-bail, ou dont il dispose à titre gratuit.
Il existe une valeur locative plancher lorsque les biens immobiliers ont été acquis à la suite de cessions d'établissements, de fusion, d'apports et de scission.
Elle est égale à 80 % de la valeur locative retenue l'année de l'opération.
Elle est portée à 90 % si l'opération intervient entre sociétés relevant du même périmètre d'intégration fiscale (CGI, art. 1518 B).

B. Cotisation

Le montant de la cotisation foncière des entreprises (CFE) est déterminé par le produit de la base d'imposition (valeur locative foncière à retenir)

par les taux d'imposition des collectivités territoriales et par un prélèvement de frais de gestion (3 % du montant de l'impôt) au profit de l'État.
Il existe une cotisation minimum annuelle fixée au lieu du principal établissement (CGI, art. 1647 D).
La CFE est établie dans chaque commune où l'entreprise dispose de locaux ou de terrains au 1er janvier de chaque année.
En cas de création d'établissement et non de reprise d'établissement, la CFE n'est pas due l'année de création et pour les deux années suivantes la base d'imposition (valeur locative foncière) est fixée d'après les immobilisations foncières dont le redevable a disposé au 31 décembre de l'année de création.
En cas de cessation d'activité, et non de cession, dans un établissement, la CFE n'est due que pour la période d'activité.
Le paiement de la CFE est réalisé à partir d'un avis d'imposition. Un acompte égal à 50 % de la CFE de l'année précédente est dû au 15 juin de chaque année. Le solde est exigible qu'à partir du 1er décembre.

C. Obligations déclaratives

Une déclaration doit être effectuée pour chaque commune d'imposition au mois de mai de chaque année précédant l'imposition.
Une autre déclaration est à souscrire en cas de création d'établissement ou de changement d'exploitant avant le 1er janvier de l'année suivant celle de la création ou du changement (*ex.* : création d'établissement en septembre 2014, déclaration à produire pour le 31 décembre 2014 au plus tard pour CFE 2015).

II. Cotisation sur la valeur ajoutée des entreprises

Il s'agit d'une cotisation qui se rajoute à la CFE. Elle constitue le deuxième élément d'imposition de la Contribution économique territoriale (1586 *ter*).

A. Les entreprises assujetties

Les entreprises qui exercent une activité imposable à la CFE sont soumises à la CVAE dès lors qu'elles réalisent un chiffre d'affaires annuel hors taxe supérieur à 152 500 €. En pratique, compte tenu de l'existence d'un dégrèvement lié à l'application du taux d'imposition seules les entreprises qui ont réalisé un chiffre d'affaires hors taxe de 500 000 € sont soumises effectivement à la CVAE (CGI, art. 1586 *ter* I).

B. La base d'imposition

La CVAE est déterminée en fonction de la valeur ajoutée produite au cours de l'année d'imposition.
La valeur ajoutée constitue l'assiette de la CVAE :

	Chiffre d'affaires HT	+ Production immobilisée + subvention + variation positive des stocks d'exploitation + transferts de charges
–		
	Les achats	+ la variation négative de stocks + services extérieurs à l'exception des loyers, redevances de biens corporels pour une durée supérieure à 6 mois + les dotations aux amortissements de biens donnés en location + les moins-values de cession de biens loués pour une durée de plus de 6 mois

Il existe pour les professionnels relevant du régime des Bénéfices Non Commerciaux selon une comptabilité de trésorerie et les redevables soumis au régime des revenus fonciers des règles particulières de détermination de la valeur ajoutée.

C. Le taux d'imposition

Le taux d'imposition est fixé théoriquement à 1,5 % de la valeur ajoutée (1586 *ter* II-2 et 1586 *quater* I).
Toutefois, lorsque le chiffre d'affaires ne dépasse pas 50 000 K€, le redevable bénéficie de dégrèvement qui permet d'obtenir un taux d'imposition effectif très inférieur à 1,5 %.
Le chiffre d'affaires qui permet de déterminer le taux est celui réalisé par l'entreprise. À compter du 1er janvier 2018, le chiffre d'affaires servant à déterminer le taux est apprécié au niveau du groupe de sociétés auquel appartient la société.

D. Cotisations

La CVAE doit faire l'objet d'un règlement d'acompte (50 % de la CVAE) au 15 juin de l'année d'imposition et au plus tard le 15 septembre de l'année d'imposition un second acompte égal à 50 % de la CVAE.

L'année suivante (au mois de mai) le redevable doit produire un bordereau de liquidation définitive et le versement éventuel du solde.

- **Cotisation de la CVAE :** valeur ajoutée × 1,5 % (sous réserve de dégrèvement).

- **Paiement :**

– 1er acompte au 15 juin de l'année N ;
– 2e acompte au 15 septembre de l'année N ;
– Solde en mai de l'année N + 1.

III. Le dégrèvement en fonction de la valeur ajoutée

Il existe une possibilité de réduire le montant de la CET par la voie du plafonnement en fonction de la valeur ajoutée.
La CET est plafonnée si celle-ci excède 3 % de la valeur ajoutée.
Le dégrèvement est accordé sur demande du redevable dans le délai de réclamation. Il peut être imputé sur le solde dû. Il fait l'objet d'une déclaration spéciale.
Le plafonnement s'applique donc sur le montant de la CFE et de la CVAE hors taxes additionnelles.

Dégrèvement en fonction de la valeur ajoutée = CFE + CVAE > 3 % de la valeur ajoutée

§ 2. Taxe d'habitation

La taxe d'habitation est due par les personnes qui ont la disposition de locaux affectés exclusivement à l'habitation.

REMARQUE

Annoncée pendant la campagne présidentielle, la taxe d'habitation sera supprimée progressivement pour 80 % des ménages. Cette suppression sera étalée sur 3 ans à hauteur d'une réduction de 1/3 chaque année.
Pour être dégrevé de taxe d'habitation, le contribuable devra remplir deux conditions :
– ne pas avoir été assujetti à l'ISF en 2017 ;
– avoir un revenu fiscal de référence (RFR) inférieur à un plafond variable en fonction du nombre de parts dont dispose le foyer fiscal. Les foyers dont le RFR est juste au-dessus du plafond, le dégrèvement progressif sera d'un montant moindre.
L'administration a mis en ligne sur le site « impôts.gouv.fr » un simulateur permettant d'estimer le gain de pouvoir d'achat engendré par les mesures du budget 2018.

I. Personnes imposables

En principe, la taxe est due par toute personne qui, à quelque titre que ce soit (propriétaire, locataire, occupant), dispose d'un local meublé affecté à l'habitation au 1er janvier de chaque année (CGI art. 1408, I).

II. Exonérations et dégrèvements

A. Cas généraux

- Les *locaux* visés à l'article 1407, II et III du CGI sont exonérés de la taxe d'habitation. Il s'agit :

– des locaux passibles de la cotisation foncière des entreprises lorsqu'ils ne font pas partie intégrante de l'habitation personnelle du redevable ;
– des bâtiments servant aux exploitations rurales ;
– des locaux destinés aux logements des élèves dans les écoles et pensionnats ;
– des locaux affectés au logement des étudiants dans les résidences universitaires gérées par un Crous ou un organisme analogue ;
– des bureaux des fonctionnaires publics.

- D'autres exonérations et dégrèvements sont liés aux *personnes*.

Tel est le cas (CGI, art. 1408, II) :
– des membres du corps diplomatique et consulaire de nationalité étrangère et de certains hauts fonctionnaires des organisations internationales établies en France ;
– des habitants reconnus indigents par la commission communale des impôts directs.

- Certaines exonérations et dégrèvements sont liés au *revenu* (CGI, art. 1413 bis à 1414 et 1417).

Ainsi, les personnes âgées ou invalides et les veufs ou veuves de condition modeste sont exonérés d'office de la totalité de la taxe d'habitation afférente à leur habitation principale.
Sont visés :
– les titulaires de l'allocation de solidarité aux personnes âgées ou de l'allocation supplémentaire d'invalidité ;
– les personnes âgées de plus de 60 ans, ainsi que les veufs ou les veuves quel que soit leur âge, sous réserve que leur revenu fiscal de référence de l'année précédente n'excède pas la limite visée à l'article (42 325 g) et qu'ils ne soient pas passibles de l'ISF ou de l'IFI au titre de l'année précédente ;

– les personnes atteintes d'une invalidité ou d'une infirmité les empêchant de subvenir par leur travail aux nécessités de l'existence, les titulaires de l'allocation aux adultes handicapés, ainsi que les personnes hébergeant sous leur toit un enfant lui-même atteint d'une telle invalidité ou infirmité ou titulaire de cette allocation, lorsque leur revenu fiscal de référence n'excède pas une certaine limite.

Conditions

Dans tous les cas, pour bénéficier de ces avantages, les intéressés doivent :

– soit habiter seuls ou avec leur conjoint ;

– soit habiter avec des personnes à leur charge au sens de l'impôt sur le revenu ;

– soit, enfin, habiter avec d'autres personnes titulaires de l'allocation de solidarité aux personnes âgées ou de l'allocation supplémentaire d'invalidité ou dont le revenu fiscal de référence est en deçà du seuil visé par l'article…

Plafonnement de la taxe d'habitation en fonction du revenu

Les contribuables qui ne bénéficient pas des mesures rappelées ci-dessus et qui ont disposé de faibles revenus l'année précédant celle de l'imposition à la taxe d'habitation sont dégrevés d'office de la taxe afférente à l'habitation principale pour la fraction de leur cotisation qui excède un certain seuil (CGI, art. 1414 A).

B. Dégrèvement progressif

Les contribuables qui ne remplissent pas les conditions d'application des mesures ci-dessus bénéficient d'un dégrèvement d'office de la taxe d'habitation afférente à leur habitation principale, lorsque leur revenu fiscal de référence n'excède pas une certaine limite (CGI, art. 1414 C).

Pour les impositions établies au titre de 2018, cette limite est fixée à 28 000 € pour la première part de quotient familial, majorée de 8 500 € pour chacune des deux demi-parts suivantes et de 6 000 € pour chaque demi-part supplémentaire à compter de la troisième.

Le dégrèvement est égal à 30 % de la cotisation de taxe d'habitation restant à charge pour les contribuables dont le revenu fiscal de référence de l'année précédente n'excède pas la somme de 27 000 € pour la première part de quotient familial, majorée de 8 000 € pour chacune des demi-parts suivantes et de 6 000 € pour chaque demi-part supplémentaire à compter de la troisième.

Pour ceux dont le revenu fiscal de référence de l'année précédente excède cette limite, le dégrèvement est égal au montant du dégrèvement de 30 % multiplié par le rapport suivant :

• **En numérateur :**
Limite de 28 000 € majorée pour les demi-parts – revenu fiscal de référence

• **Au dénominateur :**
Limite de 28 000 €, majorée pour les demi-parts – limite de 27 000 €, majorée pour les demi-parts

C. Dégrèvements divers

Il existe des dégrèvements en faveur :
– des gestionnaires de logements « sociaux » (CGI, art. 1414, II) ;
– des contribuables relogés (CGI, art. 1414, V) ;
– des victimes du terrorisme et des forces de l'ordre décédées en mission (CGI, art. 1691 ter).

III. Base d'imposition

Elle est constituée par la valeur locative cadastrale des habitations et de leurs dépendances (garages, jardins...). Cette valeur est calculée par l'administration fiscale.
Des abattements à la base et pour charges de famille concernant l'habitation principale peuvent être appliqués (CGI, art. 1411). Un abattement obligatoire pour charges de famille est égal à 10 % ou 15 % de la valeur locative moyenne des habitations. Les collectivités locales peuvent décider d'un abattement général (facultatif) égal de 1 à 15 % de la valeur locative moyenne des habitations situées dans une même commune.
Pour le logement affecté à l'habitation principale, la base d'imposition de la taxe est également réduite en fonction du revenu imposable du contribuable ; les personnes titulaires de l'allocation supplémentaire du fonds national de solidarité sont dégrevées de la totalité de leur imposition (CGI, art. 1409 et s.).

IV. Cotisation

Le montant de la taxe d'habitation est égal à la valeur locative du local d'habitation diminuée des abattements à la base et multiplié par le taux voté par les collectivités locales.

Les personnes non soumises en totalité à l'impôt sur le revenu peuvent être dans certains cas exonérées de taxe d'habitation.
À compter du 1er janvier 2018 le champ des dégrèvements de taxe d'habitation sur la résidence principale est élargi. La baisse de la taxe d'habitation est étalée sur 3 années.
La loi de finances rectificative pour 2014, prévoit, à compter du 1er janvier 2015, une majoration de 20 % du montant de la taxe due au titre de logements meublés affectés à la résidence secondaire située dans certaines zones.

§ 3. Taxe foncière sur les propriétés non bâties

Les propriétaires de propriétés non bâties sont soumis à la taxe foncière. Il en est de même pour la personne disposant d'un droit d'usufruit sur l'immeuble.
On entend par propriétés non bâties les terres rurales, carrières, mines, étangs et marais salants (la liste complète des propriétés non bâties est donnée à l'article 1393 du CGI. Elle s'applique à compter des impositions dues au titre de l'année 2015).
De nombreuses propriétés sont exonérées :
- soit à titre permanent (CGI, art. 1394) ; par exemple les propriétés publiques de l'État affectées à un service public et improductives de revenus ;
- soit de façon temporaire (CGI, art. 1395) ; par exemple, les terrains ensemencés, plantés ou replantés en bois bénéficient d'une exonération de trente ans.

L'impôt foncier est déterminé à partir de la situation au 1er janvier.
La base d'imposition retenue pour le calcul de la taxe foncière est la valeur locative cadastrale du bien.

§ 4. Taxe foncière sur les propriétés bâties

La taxe frappe, essentiellement, les constructions fixées au sol à perpétuelle demeure et qui présentent le caractère de véritables bâtiments (la liste complète des propriétés bâties est donnée à l'article 1381 du CGI. Elle s'applique à compter des impositions dues au titre de l'année 2015).

I. Base d'imposition

La détermination de la valeur locative cadastrale diffère selon l'affectation du local. Ainsi, la valeur locative d'un local à usage d'habitation ou professionnel est fixée par comparaison avec les locaux de référence situés dans la même commune. Cette classification permet de fixer la valeur locative à partir d'un tarif de référence fonction du classement du local et de la surface pondérée pour tenir compte de la situation et de l'état du bien.
Pour les locaux commerciaux et professionnels, la valeur locative est fonction du montant moyen du loyer constaté dans chaque secteur d'évaluation par catégorie de propriété. Elle peut être majorée par application d'un coefficient de localisation.
Pour les locaux industriels, au sens foncier ceux où sont réalisées des actions de fabrication ou de transformation, ou des activités nécessitant d'importants moyens techniques, sauf si la valeur des installations et matériels est supérieure à 500 000 €, la méthode d'évaluation consiste à retenir le prix de revient des immeubles à partir de la comptabilité de l'entreprise. À compter du 1er janvier 2017, est considéré comme une immobilisation industrielle tout terrain, ouvrage ou bâtiment affecté à une activité de fabrication ou de transformation mécanique de produits ou matières. Au prix de revient des terrains et des constructions, il est appliqué pour la détermination de la valeur locative un taux d'intérêt (8 % terrain et 12 % construction). Les coefficients d'érosion monétaire viennent majorer la valeur locative.
De nombreuses propriétés sont *exonérées* :
- soit à titre permanent (CGI, art. 1382), pour des raisons d'intérêt public ou d'utilité générale ; par exemple, les ouvrages établis pour la distribution de l'eau potable et appartenant à des communes rurales ou à des syndicats de communes ;
- soit temporairement (CGI, art. 1383 et 1387), en ce qui concerne les constructions nouvelles, reconstructions et additions de construction et depuis le 1er janvier 1997, les immeubles situés en zones franches urbaines.

L'assiette de l'impôt est constituée par 50 % de la valeur locative cadastrale des propriétés bâties.

II. Cotisation

Le montant de la taxe foncière est obtenu en multipliant la valeur locative par les taux votés par les collectivités publiques.
La loi prévoit des exonérations temporaires pour les constructions neuves quelle que soit leur affectation.

Les personnes âgées de plus de 75 ans au 1er janvier de l'année de l'imposition et de condition modeste bénéficient de dégrèvements spéciaux (art. 1390 et 1391 du CGI).

III. Déclaration

Les constructions nouvelles et les changements d'affectation doivent être déclarés par le propriétaire. Les changements de caractéristiques physiques sont constatés par l'administration. Ils sont pris en compte s'ils représentent plus de 10 % de l'évaluation précédente.

§ 5. Taxes additionnelles

Les départements et les régions bénéficient de taxes additionnelles à ces différents impôts directs perçus à titre principal par les communes.

§ 6. Droits de mutation

Les droits d'enregistrement sont perçus en principal au profit de l'État, toutefois des taxes communales, départementales ou régionales y sont fréquemment adjointes.
Depuis le 1er janvier 1984, en vertu des lois sur la décentralisation, ont été transférés aux départements :
- les droits d'enregistrement ou la taxe de publicité foncière exigibles sur les mutations à titre onéreux d'immeubles ou de droits immobiliers situés sur leur territoire ;
- la taxe de publicité foncière exigible sur les inscriptions d'hypothèques judiciaires ou conventionnelles ainsi que les décisions judiciaires sujettes à publicité.

En revanche sont exclus du transfert aux départements, les droits dus sur les actes de société, le droit d'échange et les droits fixes perçus sur les actes divers.

QUIZ N° 10

1. a/ La taxe foncière sur les propriétés bâties est déterminée à partir de la valeur locative cadastrale calculée selon le prix de revient comptable pour les établissements industriels (utilisation d'importants moyens techniques) :

Vrai □ Faux □

1. b/ Si l'activité n'est pas industrielle, la méthode d'évaluation est celle prévue pour les locaux commerciaux :

Vrai ☐ Faux ☐

2. La taxe foncière due par des personnes âgées ou disposant de revenus modestes peut faire l'objet d'un dégrèvement total ou partiel :

Vrai ☐ Faux ☐

3. La taxe d'habitation concerne des locaux meublés affectés à l'habitation par leur occupant. Des abattements sont prévus sur la valeur locative cadastrale de locaux affectés à l'habitation principale :

Vrai ☐ Faux ☐

4. La Contribution économique territoriale a remplacé la Taxe Professionnelle :

Vrai ☐ Faux ☐

5. La Cotisation Foncière des Entreprises (CFE) est un élément de la Contribution économique territoriale (CET) avec la Cotisation sur la Valeur Ajoutée (CVAE).
La CFE est due pour toute activité professionnelle exercée au 1er janvier de chaque année :

Vrai ☐ Faux ☐

6. La Cotisation Foncière des Entreprises (CFE) est calculée à partir de la valeur locative des biens immobiliers situés en France et à l'étranger utilisés par l'entreprise dont le siège social est en France :

Vrai ☐ Faux ☐

7. La CVAE est due par les entreprises soumises à la CFE et réalisant un chiffre d'affaires supérieur à 152 500 € :

Vrai ☐ Faux ☐

8. La CVAE est calculée à partir de la valeur ajoutée dégagée l'année d'imposition pour les exercices clos au 31 décembre (année civile) :

Vrai ☐ Faux ☐

9. La CET peut faire l'objet d'un plafonnement en fonction de la valeur ajoutée si le montant de la cotisation dépasse 3 % de la valeur ajoutée. L'excédent est restituable par voie de réclamation :

Vrai ☐ Faux ☐

› Voir les réponses p. 316

PARTIE 4

Contrôle et contentieux de l'impôt

CHAPITRE 23

Contrôle de l'impôt

Pour les principaux impôts le contribuable évalue lui-même la matière imposable (*système déclaratif*) sous le *contrôle de l'administration*.
En toute matière, *face aux pouvoirs d'investigation importants de l'administration fiscale, le contribuable dispose de réelles garanties* législatives et jurisprudentielles.
La jurisprudence de la Cour de Justice de l'Union européenne est d'une grande importance dans le traitement de la primauté du droit de l'Union européenne sur le droit interne.

§ 1. Système déclaratif

Le contribuable procède, conformément aux prescriptions de la loi fiscale, à la détermination de sa base d'imposition.
La déclaration de revenus est présumée sincère. En conséquence, c'est à l'administration d'apporter la preuve du caractère incomplet ou mensonger de la déclaration.
À cette fin, le service des impôts dispose d'un droit de contrôle.

§ 2. Droit de contrôle

L'administration fiscale peut :

- **Au vu de la déclaration d'ensemble des revenus, demander au contribuable soumis à l'impôt sur le revenu :**

– des *éclaircissements*. Elle peut le faire en toute hypothèse mais spécialement en cas de contradictions ou de discordances dans les renseignements fournis ou possédés ;

– des *justifications* (éléments de preuve). Elle ne peut le faire que dans des cas déterminés.

EXEMPLE

L'administration peut demander au contribuable de justifier des charges qu'il a retranchées du revenu global.

- **Rechercher des renseignements auprès de personnes ou organismes limitativement énumérés par la loi, en exerçant son *droit de communication*.**

EXEMPLE

Commerçants, banques, sécurité sociale.

- **Vérifier l'exactitude et la sincérité de la déclaration d'ensemble des revenus d'un contribuable soumis à l'impôt sur le revenu, en procédant à un *examen contradictoire de l'ensemble de la situation fiscale personnelle* (ESFP). Le revenu doit être cohérent avec la situation patrimoniale, la situation de trésorerie et les éléments du train de vie des membres du foyer fiscal.**
- **En matière de BIC, BNC, BA réel, IS, TCA, s'assurer de la régularité et de la sincérité des documents comptables, en pratiquant sur place une *vérification de comptabilité* et procéder à des traitements informatiques des données comptables conservées.** À compter du 1er janvier 2017, mise en place d'une nouvelle procédure de contrôle fiscal à distance (examen de comptabilité) réservée au contrôle des comptabilités informatisées. L'examen de comptabilité sera réalisé à partir des fichiers d'écritures comptables communiqués par l'entreprise. En fonction du résultat de l'examen de comptabilité, l'administration fiscale pourra engager une vérification sur place.

Le droit de contrôle de l'administration doit s'exercer dans le délai de reprise (ou de prescription) à la fin duquel l'administration ne peut plus rétablir une imposition. Le délai peut être interrompu notamment par les propositions de rectification contradictoire ou d'office reçues par le contribuable avant l'expiration du délai de reprise.

Délai de reprise	Impôts, taxes
3 ans	IR, IS, TVA, CET
1 an	TH, TF
6 ans	ISF, Droit d'enregistrement en cas d'absence de déclaration
10 ans	activité occulte, comptes détenus à l'étranger non déclarés pour IR, IS, TVA, DMTG

EXEMPLE

Revenus 2016 :

– Le délai de reprise expire le 31/12/2019.

– Taxe foncière 2016 : le délai de reprise expire le 31/12/2017.

– CET 2014 : le délai de contrôle expire le 31/12/2017.

Ces délais peuvent être prorogés de deux ans en cas d'agissements frauduleux et dépôt de plainte.

La modification de la base imposable des impôts et taxes relevant de la compétence de la Direction générale des finances publiques est soumise à l'application de règles de procédure par les services de vérification. On distingue la procédure normale de rectification des bases d'imposition des procédures d'imposition d'office.

I. La procédure de rectification contradictoire (procédure normale)

– applicable pour toutes modifications de la base imposable ;

– envoi d'un courrier « proposition de rectification motivée » au contribuable qui dispose d'un délai de 30 ou 60 jours pour y répondre.

La contestation de la proposition de rectification doit être faite dans le délai de réponse.

L'administration informe en cas de besoin de son refus partiel ou total des arguments présentés et de la possibilité de saisir pour avis une commission départementale ou nationale où sera réexaminé le dossier.

II. La procédure d'imposition d'office

Cette procédure n'est pas contradictoire. Elle peut être mise en place par l'administration en cas de défaut de production de déclarations fiscales, d'opposition à contrôle fiscal ou défaut de réponse aux demandes d'éclaircissement ou de justification.

Une mise en demeure de régulariser dans les trente jours est préalablement adressée par l'administration.

§ 3. Garanties du contribuable

I. Lors du contrôle

A. Le contribuable peut opposer à l'administration sa propre interprétation des textes fiscaux

EXEMPLE

Demander à bénéficier de l'application d'une réponse ministérielle.

Il ne pourra être procédé à aucun redressement d'impositions antérieures lorsque le différend est relatif à l'interprétation d'un texte fiscal (art. L. 80A du LPF) admise antérieurement par l'administration ou à l'appréciation d'une situation de fait (art. L. 80B du LPF) au regard d'un texte fiscal lorsqu'elle a été acceptée par le passé.

À compter du 1er juillet 1996, l'administration ne peut plus rectifier le résultat fiscal déclaré des contribuables de bonne foi qui ont demandé par écrit à bénéficier du régime d'exonération des bénéfices prévus en faveur des entreprises nouvelles (art. 44 *sexies* du CGI) ou de certains régimes d'amortissement exceptionnel, à défaut de réponse du service dans le délai de trois mois.

La loi du 10 août 2018, « loi pour un État au service d'une société de confiance » prévoit à compter du 1er janvier 2019 une nouvelle garantie en faveur du contribuable qui fait l'objet d'un contrôle fiscal. L'administration ne peut revenir sur des points sur lesquels elle a pris position lors d'un précédent contrôle si la législation n'a pas évolué.

B. En cas de vérification de comptabilité, d'examen de la situation fiscale personnelle (ESFP) et d'un examen de comptabilité

Le service des impôts doit :

- **Envoyer au contribuable un avis de vérification précisant :**
  - les années vérifiées,
  - la possibilité pour le contribuable de se faire assister d'un conseil;
- **remettre au contribuable ou lui envoyer la charte des droits et obligations des contribuables vérifiés;**

- **même en l'absence de redressements, porter à la connaissance du contribuable le résultat de la vérification;**
- **préciser le montant des droits, taxes et pénalités résultant des redressements.**

C. En cas de vérification de comptabilité

- **Lorsqu'une vérification pour une période et un impôt déterminés est achevée, l'administration ne peut procéder à une nouvelle vérification pour la même période et le même impôt;**
- **sauf exception (LPF art. L. 52), la durée de la présence sur place du vérificateur ne peut excéder trois mois;**
- **le débat avec le contribuable doit être oral et contradictoire.**

À compter du 1er janvier 2005, les entreprises dont le chiffre d'affaires n'excède pas 1,5 M € (négoce) ou 450 000 € (prestataires de services) peuvent demander à faire l'objet d'un contrôle ponctuel sur place en précisant les points de vérification. Aucune condition liée au chiffre d'affaires n'est prévue pour vérifier le crédit d'impôt recherche.
L'entreprise pourra procéder à la régularisation des insuffisances relevées en bénéficiant d'un taux d'intérêt de retard réduit à 0,28 % par mois (au lieu de 0,40 %).
Par ailleurs, une procédure de régularisation spontanée est mise en place à compter du 1er janvier 2005 qui permet à une entreprise dont le chiffre d'affaires n'excède pas les limites du régime réel simplifié d'imposition de régulariser par dépôt de déclaration rectificative avant toute proposition de rectification dans le cadre d'une vérification de comptabilité des insuffisances commises de bonne foi en bénéficiant d'un intérêt de retard réduit au taux de 0,28 % par mois.
À compter du 1er janvier 2008, l'administration peut, en cas de menaces de recouvrement, constater par procès-verbal des manquements et procéder à des saisies conservatoires (flagrance fiscale).

D. En cas d'examen de comptabilité

L'administration peut procéder à des analyses de la situation fiscale des entreprises non pas sur place mais du bureau du vérificateur. Ce contrôle à distance nécessite l'envoi de fichier des écritures comptables dans les 15 jours de la réception de l'avis par l'entreprise. Six mois au plus tard la réception du fichier des écritures comptables, l'administration adresse une proposition de rectification ou un avis d'absence de redressement.

E. En cas d'ESFP

- Sauf exceptions, l'examen de situation fiscale personnelle ne peut s'étendre sur une période de plus d'un an à compter de la date de réception ou de remise au contribuable de l'avis de vérification ;
- la vérification étant terminée, l'administration ne peut plus procéder à des redressements pour la même période et le même impôt ;
- le vérificateur est soumis au secret professionnel.

F. La procédure d'abus de droit

Cette procédure prévue à l'article L. 64 du Livre des procédures fiscales permet à l'administration fiscale de rejeter des actes comme ne lui étant pas opposables. Il s'agit des actes qui recherchent une application littérale des textes ou des décisions prises à l'encontre des objectifs de leurs auteurs ou des actes fictifs dès lors qu'ils sont inspirés par un motif d'éluder l'impôt. La loi de finances pour 2019 étend l'abus de droit par fraude à la loi aux montages à but principalement fiscal. En cas de réclamation la charge de la preuve repose sur néanmoins sur l'administration fiscale. Le litige peut être soumis à l'avis du Comité de l'Abus de Droit Fiscal par l'administration ou le contribuable. L'abus de droit est sanctionné par l'application de l'intérêt de retard et d'une majoration égale à 80 % des droits redressés.
Les parties à l'acte sont tenues solidairement avec le redevable au paiement de la majoration de 80 % et de l'intérêt de retard.

II. À l'issue du contrôle

Deux hypothèses :

A. Respect des obligations déclaratives mais omissions, insuffisances ou dissimulations relevées

Le contribuable a respecté ses obligations déclaratives, mais le contrôle de l'impôt a permis de relever des omissions, des insuffisances ou des dissimulations : *le débat entre le contribuable et l'administration se poursuit contradictoirement.* Le contribuable ou l'administration peuvent solliciter l'avis de commissions.

Les principales commissions – organismes non juridictionnels – sont :

- **La Commission départementale ou nationale des impôts directs et taxes sur le chiffre d'affaires**

La Commission départementale des impôts directs, organisme précontentieux, intervient à la demande principale des contribuables pour formuler un avis sur des questions de fait et non de droit dans le cadre de litiges opposant l'administration et les contribuables dans le cadre :
- de la procédure de rectification contradictoire ;
- de la procédure de taxation d'office pour défaut de réponse à une demande d'éclaircissement ou de justification à l'issue d'un examen contradictoire de situation fiscale personnelle (ESFP).

L'avis de la commission qui n'est pas un organisme juridictionnel ne lie pas l'administration qui peut nonobstant un avis favorable pour le contribuable, mettre en recouvrement les suppléments d'imposition. La charge de la preuve incombe à l'administration sauf en présence de graves irrégularités constatées dans la comptabilité vérifiée des entreprises ou la charge de la preuve d'exagération des bases rectifiées est dévolue à l'entreprise.
La demande de saisine doit être effectuée dans les trente jours de la réponse aux observations de l'administration.
La compétence de la commission porte exclusivement sur :
- le montant du BIC, BNC, BA du chiffre d'affaires déterminé selon un mode réel d'imposition ;
- la valeur vénale des immeubles, parts de sociétés servant de base à la TVA (TVA immobilière ou TVA sur la marge) ;
- l'application des articles 39, 1-1° et 111.1 du CGI concernant les rémunérations non déductibles et dépenses figurant sur le relevé des frais généraux ;
- le régime d'exonération des entreprises nouvelles créées dans les zones d'aménagement prioritaire, des zones franches urbaines, des jeunes entreprises innovantes, des entreprises créées pour reprendre des entreprises en difficulté, du régime d'exonération des entreprises installées en Corse avant le 1er janvier 2002 (à compter des notifications de rectifications adressées à partir du 1er janvier 2005).

La Commission départementale a également la possibilité d'examiner depuis le 1er janvier 2005 pour les rectifications effectuées à cette date la qualification juridique des faits aux domaines suivants :
- l'acte anormal de gestion ;
- le principe des dépréciations (provisions et amortissements) ;
- les travaux immobiliers (caractère de charges déductible).

La loi du 11 août 2018 « loi pour un État au service d'une société de confiance », prévoit que la commission des mandats directs et taxes sur le chiffre d'affaires est compétente pour se prononcer sur les majorations

de 40 % et de 80 % lorsqu'elles sont consécutives à des rectifications relevant de sa compétence et sur des questions relatives à la qualification d'immobilisation ou de charges déductibles.
La Commission nationale a la même compétence en ce qui concerne les entreprises dont le chiffre d'affaires dépasse 50 000 K€ (négoce) ou 25 000 K€ (prestataires de services).

• **La Commission départementale de conciliation**
Cette commission est compétente pour examiner les insuffisances de prix ou d'évaluation portant sur du fonds de commerce, droit au bail, clientèle, immeubles, titres de sociétés immobilières transparentes, titres non cotés, navires à partir desquels ont été calculés les droits d'enregistrement lors des mutations de biens ou l'impôt sur la fortune.
L'avis de cette commission doit être motivé (*cf.* Cour de cassation 21 oct. 1997, *RJF* 1/98).

• **Le Comité de l'abus de droit fiscal**
Le comité peut être saisi sur l'application de la procédure de répression des abus de droit. Le contribuable supporte la charge de la preuve si l'imposition est établie conformément à l'avis du comité. Une pénalité de 80 % est appliquée si l'abus de droit est retenu et si le contribuable a été le principal initiateur ou bénéficiaire.

B. Non-respect des obligations déclaratives ou des délais

Le contribuable n'a pas respecté ses obligations déclaratives ou n'a pas déposé de déclaration dans les délais légaux : il n'existe pas de véritable débat entre le contribuable et l'administration. Il ne peut saisir les commissions.

§ 4. Sanctions

Les manquements constatés par l'administration fiscale font l'objet soit de sanctions financières, soit de sanctions pénales (fraude fiscale).

I. Sanctions financières

Les insuffisances d'impôt ou de taxe résultant du contrôle fiscal sont soumises à l'intérêt de retard au taux de 0,20 % par mois de retard

auquel vient s'ajouter une majoration pour manquement délibéré lorsqu'elle est établie. Le taux de cette majoration est fixé à 40 % des droits éludés ou 80 % en cas de manœuvres frauduleuses ou 80 % en cas d'abus de droit.
L'intérêt de retard au taux de 0,20 % n'est pas appliqué si (conditions non cumulatives) :
- le contribuable de bonne foi a fait connaître, préalablement, à toute imposition les motifs de droit ou de fait qui le conduisent à ne pas déclarer certains éléments ou à atténuer une taxation;
- l'insuffisance constatée ne dépasse pas 1/20e de la base taxable pour les impôts directs et 1/10e pour les droits d'enregistrement. Cette tolérance n'est pas applicable pour la TVA et les impôts locaux.

Il est prévu des sanctions spécifiques en l'absence de déclarations fiscales ou de retard constaté lors du dépôt des déclarations :
- majoration de 10 % en cas de dépôt dans les trente jours d'une première mise en demeure administrative ou de dépôt spontané après le délai légal;
- majoration de 40 % ou de 80 % selon que la déclaration est envoyée après les trente jours d'une première mise en demeure ou après une seconde mise en demeure. Le taux de 80 % vise les activités occultes.

À compter du 11 août 2018 le montant des intérêts de retard est réduit de moitié en cas de dépôt spontané d'une déclaration rectificative.
Des pénalités de recouvrement sont appliquées par le comptable de la Direction générale des finances publiques lorsque l'impôt n'est pas payé dans les délais légaux :
- majoration de 10 % par absence de paiement de l'Impôt sur le revenu, prélèvements sociaux, taxe foncière, taxe d'habitation et impôt sur la fortune;
- majoration de 5 % pour absence de paiement de l'IS, CVAE, CFE, TVA et droits d'enregistrement.

Les sanctions fiscales (sauf intérêt de retard) doivent faire l'objet, préalablement à leur recouvrement, d'une motivation écrite de la part de l'administration fiscale qui intervient dans le cadre de la proposition de rectification de la base imposable.

II. Sanctions pénales

Lorsque le délit de fraude fiscale est constaté, les tribunaux correctionnels peuvent ordonner notamment des peines privatives de liberté de 1 an à 5 ans (10 ans en cas de récidive) ou des amendes (de 500 000 € à 750 000 €) à l'encontre des délinquants. Une personne morale peut être condamnée au paiement d'une amende d'un montant de 2 000 000 € ou

15 000 000 € (fraude fiscale aggravée). Le cumul des sanctions fiscales et pénales est admis par le Conseil d'État et la Cour de cassation. L'administration n'est autorisée à déposer une plainte que si la Commission des Infractions fiscales a émis un avis favorable. La plainte peut être déposée dans le délai de 3 ans qui suit l'année au cours de laquelle l'infraction a été commise. La loi du 23 octobre 2018 relative à la lutte contre la fraude prévoit un mécanisme de transmission automatique au procureur de la République de tous les manquements fiscaux d'un montant supérieur à 100 000 € et ayant donné lieu à des pénalités fiscales de 40 % à 100 %. L'administration peut déposer plainte pour fraude fiscale directement au procureur de la République sans demander l'avis de la commission des infractions fiscales.

QUIZ N° 11

1. Le délai de reprise de l'administration fiscale en matière d'impôt sur le revenu et d'impôt sur les sociétés est de (de manière générale) :

2 ans ☐ 3 ans ☐ 5 ans ☐

2. Ce délai de reprise peut être repoussé dans certains cas jusqu'à une autre date :

☐ jusqu'à la fin de la 6e année ☐ jusqu'à la fin de la 10e année

3. Le délai de reprise est particulier pour les impôts locaux en ce qui concerne la taxe foncière et la taxe d'habitation :

Vrai ☐ Faux ☐

4. En matière d'impôt sur la fortune et en matière de droits de mutation à titre gratuit, le délai de reprise s'exerce en cas d'omission d'un bien dans une de ces déclarations ou en l'absence de déclaration :

☐ jusqu'au 31 décembre de la quatrième année qui suit l'omission
☐ jusqu'au 31 décembre de la sixième année qui suit l'omission

5. La procédure de rectification engagée par l'administration fiscale des bases déclarées par le contribuable est toujours contradictoire :

Vrai ☐ Faux ☐

6. Le délai de réponse offert au contribuable pour apporter ses observations est de :

30 jours ☐ 60 jours ☐

7. Pour certaines matières, il est possible de faire appel à une Commission Départementale chargée d'émettre un avis sur la rectification effectuée par l'administration et contestée par le contribuable :

Vrai ☐ Faux ☐

8. La vérification de comptabilité d'une entreprise est soumise au respect de garanties pour le contribuable vérifié :

Vrai ☐ Faux ☐

9. L'intérêt de retard (droit commun) applicable à l'impôt dû est de :

0,28 % par mois ☐ 0,40 % par mois ☐ 0,50 % par mois ☐

10. La sanction applicable en cas de manquement délibéré qui se rajoute à l'intérêt de retard est de :

40 % ☐ 50 % ☐ 80 % ☐

11. Le paiement tardif ou le défaut de paiement de l'impôt entraîne une majoration de :

5 % ☐ 10 % ☐

› Voir les réponses p. 317

CHAPITRE 24

Contentieux de l'impôt

ATTENTION

Ne pas confondre juridiction contentieuse et juridiction gracieuse :
– au gracieux, le contribuable ne conteste pas le bien-fondé de l'imposition, mais demande à l'autorité administrative d'être bienveillante (en raison par exemple de son âge);
– au contentieux, le contribuable demande à ce que son droit soit reconnu.

L'impôt doit être contesté auprès de l'administration fiscale avant de faire, éventuellement, l'objet d'un recours devant le juge de l'impôt.

§ 1. Phase administrative

La juridiction compétente (voir phase judiciaire) ne peut valablement être saisie si le contribuable n'a pas préalablement *contesté* l'impôt mis à sa charge *par voie de réclamation* dans le délai légal pour agir.

I. Délai général de réclamation

Computation des délais	
Point de départ	**Le délai de réclamation**
– date de mise en recouvrement du rôle – ou avis de mise en recouvrement – ou date de versement de l'impôt	expire le 31 décembre de la seconde année qui suit le point de départ

– Date de mise en recouvrement du rôle (impôts perçus par les comptables de la Direction générale des finances publiques : impôt sur le revenu, impôt sur les sociétés, droits d'enregistrement, ISF…) : le rôle est la liste des contribuables qui permet au service des impôts de percevoir l'impôt (cas des impôts directs).

La date de mise en recouvrement figure sur l'avis d'imposition adressé au contribuable.

– Avis de mise en recouvrement (impôts perçus par les comptables des impôts : taxes sur le chiffre d'affaires…) : le délai de réclamation court du jour où l'avis de mise en recouvrement est effectivement remis à son destinataire.
– Date de versement de l'impôt : tel est le cas lorsque, à défaut d'avis d'imposition ou d'avis de mise en recouvrement, l'impôt a été spontanément versé par le contribuable.

EXEMPLE

Demande en restitution d'un versement spontané de TVA alors que l'impôt n'était pas dû.

II. Délai spécial de réclamation

Un délai expirant le 31 décembre de la troisième année est accordé au contribuable qui a fait l'objet d'une *procédure de rectification* de la part des services fiscaux.

EXEMPLE

– Proposition de rectification :	1er avril 2016
– Avis d'imposition :	1er septembre 2016
– Expiration du délai général de réclamation :	31 décembre 2018
– Expiration du délai spécial :	31 décembre 2019

D'autres délais sont prévus ; par exemple, les impôts locaux peuvent être contestés au plus tard le 31 décembre de l'année suivant celle de la mise en recouvrement.

EXEMPLE

Taxe foncière mise en recouvrement en 2015, le délai de réclamation expirera le 31 décembre 2016.

III. Forme de la réclamation

La réclamation doit être présentée par écrit, sur papier libre. L'administration a créé une procédure permettant de déposer une réclamation sur Internet (www.impots.gouv.fr).

IV. Contenu de la réclamation

Elle doit comprendre :

Obligatoirement

- Le nom et l'adresse du contribuable ;
- l'exposé sommaire des faits, moyens et conclusions invoqués par le réclamant ;
- la copie de l'avis d'imposition ;
- la signature manuscrite ;

Éventuellement

Une demande tendant à surseoir au paiement de l'impôt (le comptable peut exiger des garanties, par exemple la consignation de valeurs mobilières).
Le service des impôts statue sur les réclamations dans le délai de *six mois* suivant la date de leur présentation. À défaut de rendre une décision dans ce délai il sera considéré que la réclamation est implicitement rejetée et permet ainsi au contribuable de saisir après le délai de six mois la juridiction compétente.

§ 2. Les recours devant les juridictions

Lorsque le contribuable n'a pas obtenu satisfaction totalement ou partiellement, ou lorsque l'administration n'a pas répondu dans le délai de six mois, le litige peut être porté devant le tribunal national compétent. Dans certaines situations les juridictions européennes peuvent être saisies.

I. Le tribunal administratif

Il est compétent en matière d'impôts directs ou de taxes sur le chiffre d'affaires.
Le contribuable peut saisir le tribunal lui-même ou par l'intermédiaire d'un mandataire :
- dans un délai de deux mois à compter de la réception de la notification de la décision de rejet ;

– à l'expiration du délai de six mois imparti à l'administration pour statuer sur la réclamation.
– par le dépôt d'un mémoire introductif d'instance motivé.

Le jugement peut être frappé d'appel par la partie défaillante devant la Cour Administrative d'Appel, puis le Conseil d'État.

II. Le tribunal de grande instance

Il est compétent en matière de droits d'enregistrement et de timbre, de taxe de publicité foncière, d'impôt de solidarité sur la fortune, de contributions indirectes. Les délais de saisine sont identiques à ceux du tribunal administratif. Il est saisi par voie d'assignation signifiée par huissier (Le ministère d'un avocat n'est pas obligatoire).

Le jugement peut être contesté par la partie défaillante devant la cour d'Appel pour les jugements rendus à compter du 1er mars 1998, puis devant la Cour de cassation.

III. La question prioritaire de constitutionnalité

En cours d'instance devant les juridictions le contribuable peut soulever la question de l'atteinte portée par une loi fiscale aux droits garantis par la Constitution. Un mémoire ou une assignation distinct du recours initial doit être déposé auprès de la juridiction saisie qui si elle n'est pas le Conseil d'État ou la Cour de cassation doit le transmettre à une de ces deux juridictions. Si la question est estimée sérieuse les hautes juridictions devront la transmettre au Conseil constitutionnel.

Par exemple : Conseil constitutionnel n° 2016-571 QPC du 30 septembre 2016.

IV. Les juridictions européennes

Le contrôle de la conformité du droit fiscal au droit de l'Union européenne est effectué par la Cour de justice de l'Union européenne dans le cadre des recours en manquement ou des recours préjudiciels demandés par le juge national. Elle veille à ce que la législation de l'Union européenne soit

interprétée et appliquée de la même manière dans tous les pays de l'Union européenne.
Le juge national est le juge de l'Union européenne de droit commun. Il doit vérifier la conformité du droit national au droit de l'Union européenne. Par ailleurs, la Cour européenne des Droits de l'Homme veille au respect de la Convention des Droits de l'Homme.

A. La Cour de justice de l'Union européenne

La CJUE dont le siège est au Luxembourg est formée de 28 juges (un par État membre) nommés pour un mandat d'une durée de 6 ans. Elle est assistée de 11 avocats généraux. Elle est compétente pour recevoir tout recours concernant :

a. Le recours en manquement

Un manquement est révélé lorsqu'il y a violation des traités de base, des conventions, règlements...
La responsabilité d'un État membre est engagée dès lors que le manquement résulte d'un comportement de l'État.

EXEMPLE

L'exécution d'une loi contraire au droit de l'Union européenne constitue un manquement.

Seule la Commission européenne a le pouvoir d'initiative du lancement de la procédure d'un recours en manquement.
Elle peut agir à partir d'une plainte déposée auprès d'elle par une personne physique ou morale ou se saisir d'office.
Si la Commission décide la poursuite de l'affaire, s'ouvre la phase d'instruction, d'envoi de mise en demeure à l'État fautif.
À défaut d'exécution par l'État concerné, la Commission peut saisir la Cour de Justice de l'Union européenne (recours en manquement).

b. Le renvoi préjudiciel en interprétation

Il s'agit d'une forme de coopération entre le juge national et le juge de l'Union européenne.
Le juge national demande à la CJUE de se prononcer sur le sens et la portée d'une disposition du droit de l'Union européenne.
Le renvoi n'est pas directement introduit par les parties.
L'interprétation donnée par le juge de l'Union européenne s'impose au juge national qui l'a demandée.

B. La Cour européenne des droits de l'homme

La CEDH dont le siège est à Strasbourg est chargée de veiller au respect de la Convention européenne des droits de l'homme ratifiée par la France en 1974. La Convention a un effet direct en droit interne.
La Cour peut être saisie par la Commission européenne des Droits de l'Homme, par un État contractant ayant un intérêt dans l'affaire, par un requérant individuel dès lors que l'État de résidence a ratifié le protocole n° 9.

EXEMPLE

Champ d'application de l'article 6.1 de la Convention européenne des Droits de l'Homme (Droit à un procès dans un délai raisonnable, pouvoir de modulation par le Juge des sanctions fiscales.)

QUIZ N° 12

1. La contestation de l'impôt doit faire l'objet d'un recours préalable à toute action devant une juridiction :

Vrai ☐ Faux ☐

2. Le délai pour présenter une réclamation est encadré par la loi. La réclamation doit être adressée au service des impôts jusqu'au :

☐ 31 décembre de la deuxième année suivant la mise en recouvrement du rôle ou mise en recouvrement au versement de l'impôt
☐ 31 décembre de la troisième année qui suit la notification de rectification

3. La juridiction compétente en matière d'impôt sur le revenu, de TVA et d'impôt sur les sociétés est la juridiction judiciaire :

Vrai ☐ Faux ☐

4. Le Conseil d'État est la juridiction qui peut être saisie par la voie du recours en cassation des arrêts des Cours Administratives d'Appel en matière d'impôt sur le revenu, impôt sur les sociétés ou des décisions rendues en premier et dernier ressort en matière d'impôts locaux :

Vrai ☐ Faux ☐

› Voir les réponses p. 317

POUR EN SAVOIR PLUS

Les grands arrêts de la jurisprudence fiscale, Dalloz, 5e éd. 2016.
Grosclaude (J.), Marchessou (Ph.) – *Procédures fiscales*, Cours Dalloz, 6e éd. 2016.
Livre des procédures fiscales, Dalloz.
Site du Conseil constitutionnel : www.conseil-constitutionnel.fr

Annexes

Annexe 1. Principaux taux d'imposition

Impôt sur le revenu des personnes physiques

Imposition des revenus de 2018

Fraction du revenu imposable (une part)	Taux
N'excédant pas 9 964 €	0
De 9 964 € et inférieure ou égale à 27 159 €	14 %
Supérieure à 27 159 € et inférieure ou égale à 73 779 €	30 %
Supérieure à 73 779 € et inférieure ou égale à 156 224 €	41 %
Supérieure à 156 224 €	45 %

Impôt sur les sociétés

Taux de droit commun	Taux applicables aux collectivités sans but lucratif	Taux réduit applicable aux premiers 38 120 € de bénéfices des PME	Taux applicable jusqu'à 75 000 €
33,33 %	10 %, 15 % ou 24 %	15 %	28 % (A/C 1er janvier 2017)

Taux des contributions additionnelles à l'IS

Dénomination	Taux
Contribution sociale	3,3 % sur la part de l'IS supérieure à 763 000 €
Contribution sur les distributions (1)	3 % des distributions
(1) Revenus distribués au sens des articles 109 à 117 du CGI (sauf exceptions, ex. : PME, groupe de sociétés… [95 %]). Taxe supprimée par la loi de finances pour 2018.	

Taux de TVA à compter du 1er janvier 2014 (loi 2012-1510 du 29-12-2012, art. 68)

Taux particulier	2,10 %
Taux réduits	5,5 %, 10 %
Taux normal	20 %

Annexe 2. Imposition sur le capital

Ventes d'immeubles

	Taux applicable (régime de droit commun)
Droit départemental (1)	3,80 %
Taxe communale	1,20 %
Prélèvement pour frais d'assiette et de recouvrement (2)	2,37 %
Total	5,09006 %

(1) Taux maximum, qui peut être modifié chaque année par les conseils départementaux, sans pouvoir être inférieur à 1,20 % ni supérieur à 4,50 % (*cf.* p. 232). En pratique, les départements ont voté un taux de 4,50 %.
(2) Calculé sur le montant du droit départemental.

Cessions de fonds de commerce (régime général)

Fraction de la valeur taxable	Droit budgétaire %	Taxe départementale (CGI, art. 1595)	Taxe communale (CGI, art. 1584 et 1595 *bis*)	Cumul
N'excédant pas 23 000 €	0	0	0	0
Comprise entre 23 000 € et 107 000 €	2	0,60	0,40	3
Comprise entre 107 000 € et 200 000 €	0,60	1,40	1	3
Supérieure à 200 000 €	2,60	1,40	1	5

Cessions de droits sociaux et de parts de sociétés

- **Sociétés dont le capital n'est pas divisé en actions autres que les sociétés à prépondérance immobilière :**

Taux de 3 %. Il est appliqué un abattement sur la valeur de chaque part sociale égal au rapport entre la somme de 23 000 € et le nombre total de parts sociales.

- **Sociétés à prépondérance immobilière**

Droit de 5 % avec abattement de 23 000 €.

- **Sociétés par actions :**

– cotées : si cession constatée par un acte : droit de 0,1 % ;
– non cotées : cession constatée ou non par un acte : droit de 0,1 %.

Impôt sur la fortune immobilière

Valeur nette taxable du patrimoine	Tarif applicable
N'excédant pas 800 000 €	0 %
Supérieur à 800 001 € et inférieure ou égale à 1 300 000 €	0,50 %
Supérieur à 1 300 001 € et inférieure ou égale à 2 570 000 €	0,70 %
Supérieur à 2 570 001 € et inférieure ou égale à 5 000 000 €	1,00 %
Supérieur à 5 000 001 € et inférieure ou égale à 10 000 000 €	1,25 %
Supérieure à 10 000 001 €	1,50 %

Contribution sociale généralisée et prélèvements sociaux (à compter du 1er janvier 2018)

Sur les revenus de l'activité et les revenus de remplacement
CSG : – revenus d'activité : 9,2 % (déductibilité de l'IR, cas général : 6,8 %); – pensions de retraite et d'invalidité 8,3 % (déductibilité 5,9 %); – autres revenus de remplacement : 6,2 % (déductibilité 3,8 %).
Contribution au remboursement de la dette sociale : 0,5 %. Contribution additionnelle : 0,3 %
Sur les revenus du patrimoine et revenus de placement
– CSG : 9,9% (déductibilité de l'IR : 6,8 %); – Contribution au remboursement de la dette sociale : 0,5 %; – Prélèvement social : 4,5 %; – Contribution additionnelle : 0,3 %; – Prélèvement de solidarité : 2 %

Annexe 3. Droits de succession et de donation

Abattements

– Transmissions en ligne directe (successions et donations) : 100 000 €.
– Transmission entre époux et entre personnes pacsées (donations) : 80 724 €.
– Transmission (non exonérée) entre frères et sœurs (successions et donations) : 15 932 €.
– Transmission en faveur des petits-enfants (donations) : 31 865 €.
– Transmission en faveur des arrières petits enfants (donations) : 5 310 €.
– Transmission en faveur des handicapés physiques et mentaux (successions et donations) : 159 325 €.
– Transmission entre neveux et nièces (successions et donations) : 7 967 €.

– Donation d'entreprise aux salariés : 300 000 €.
– Abattement à défaut d'autre abattement : 1 594 €.

Tarif des droits

TRANSMISSIONS EN LIGNE DIRECTE (SUCCESSIONS ET DONATIONS)

Fraction de part nette taxable	
N'excédant pas 8 072 €	5 %
Comprise entre 8 072 € et 12 109 €	10 %
Comprise entre 12 109 € et 15 932 €	15 %
Comprise entre 15 932 € et 552 324 €	20 %
Comprise entre 552 324 € et 902 838 €	30 %
Comprise entre 902 838 € et 1 805 677 €	40 %
Au-delà de 1 805 677 €	45 %

TRANSMISSIONS ENTRE ÉPOUX ET ENTRE PERSONNES PACSÉES (DONATIONS)

Fraction de part nette taxable	
N'excédant pas 8 072 €	5 %
Comprise entre 8 072 € et 15 932 €	10 %
Comprise entre 15 932 € et 31 865 €	15 %
Comprise entre 31 865 € et 552 324 €	20 %
Comprise entre 552 324 € et 902 838 €	30 %
Comprise entre 902 838 € et 1 805 677 €	40 %
Au-delà de 1 805 677 €	45 %

TRANSMISSION (NON EXONÉRÉE) ENTRE FRÈRES ET SŒURS (SUCCESSIONS ET DONATIONS)

Fraction de part nette taxable	
N'excédant pas 24 430 €	35 %
Supérieure à 24 430 €	45 %

AUTRES SUCCESSIONS

Fraction de part nette taxable	
Entre parents jusqu'au 4e degré inclusivement	55 %
Au-delà du 4e degré et entre non parents	60 %

Réductions des droits

Mutilés de guerre
Bénéficiaires frappés d'une invalidité d'au moins 50 % : réduction de moitié des droits ne pouvant pas excéder 305 €

Réduction des droits spécifiques aux donations d'entreprises :
Les donations d'entreprises individuelles ou de parts ou actions de sociétés qui réunissent les conditions posées par l'article 787 B du CGI bénéficient d'une réduction de droits de 50 % si le donateur a moins de soixante et dix ans (CGI, art. 790).

Corrigés : cas pratiques et quiz

Cas pratique n° 1 (p. 54)

1er cas

- **Étape 1 : calcul de la plus-value brute**

Plus-value brute = prix de cession – prix de revient

– Prix de cession :	200 000 €
– **Prix de revient** :	
– prix d'acquisition	130 000 €
– frais d'acquisition : forfait 7,5 %	9 750 €
– dépenses engagées au cours de la détention : forfait 15 %	19 500 €
	= 159 250 €
– Plus-value brute : 200 000 € – 159 250 €	= 40 750 €

- **Étape 2 : calcul de la plus-value imposable à l'impôt sur le revenu**

Plus-value imposable = plus-value brute – abattement pour durée de détention :

– Acquisition le 10 octobre 2008 – Point du départ du calcul de l'abattement pour durée de détention : 10 octobre 2008 + 5 = 10 octobre 2013

– Cession le 20 avril 2018 – du 10 octobre 2013 (2008 + 5) au 20 avril 2018 : 4 ans et 6 mois – abattement 4 ans (les fractions d'années sont négligées)

– Abattement : 4 ans × 6 % par an =24 % de la plus-value brute ; 40 750 € × 24 % = 9 780 €

– Plus-value taxable à l'impôt sur le revenu : 40 750 € – 9 780 € = 30 970 €

- **Étape 2 : calcul de la plus-value imposable aux prélèvements sociaux**

– Abattement : 4 ans × 1,65 % = 6,64 % ; 40 750 € × 6,64 % = 2 706 €

– Plus-value taxable à l'impôt sur le revenu : 40 750 € – 2 706 € = 38 044 €

- **Étape 3 :**

– taxation à l'impôt sur le revenu : 30 970 € × 19 % = 5 884 €

– taxation aux prélèvements sociaux : 38 044 € × 17,2 % = 6 544 €

2e cas

Calcul de la plus-value : Plus-value brute = Prix de cession – Prix de revient

– Prix de cession	
Prix porté dans l'acte	200 000 €
– Prix de revient	
Prix d'acquisition du bien	180 000 €
Frais d'acquisition (forfait 7,5 %)	13 500 €
Frais engagés pendant la détention du bien :	
– Papiers peints NON (dépenses à caractère locatif)	
– Réparation chaudière NON (réparations)	
– Volets roulants OUI (amélioration + facture)	4 000 €
– Installation cuisine NON (pas de facture d'entreprise)	
– Climatisation OUI (amélioration + facture)	3 000 €
– Réfection de la toiture NON (réparation)	
– Changement des fenêtres OUI (amélioration + facture)	5 000 €

Total des travaux retenus : 12 000 €, MAIS la vente intervient plus de cinq ans après l'acquisition, ce qui permet éventuellement de retenir le forfait de 15 % pour travaux : 180 000 € × 15 % = 27 000 € > 12 000 €. La somme de 27 000 € sera retenue.

Récapitulatif :
– Prix de cession 200 000 €
– Prix de revient : 180 000 € + 13 500 € + 27 000 € = 220 500 €
La plus-value n'est pas taxable.

REMARQUE

L'acquéreur du bien devra acquitter des DMTO d'un montant de : 200 000 € × 5,09 % (très exactement : 5,09006 %) = 10 180 €

Quiz n° 1 (p. 54)

1. Non. Seules les transmissions à titre onéreux peuvent donner lieu à taxation au titre des plus-values.
2. Oui, à condition que cette résidence soit occupée effectivement et habituellement par le contribuable au jour de la cession. Le juge se base sur des éléments de fait (CE 25 févr. 2015, n° 376019).
3. Oui, à condition qu'au jour de la séparation, cette résidence soit la résidence principale des époux, que la vente soit motivée par la séparation et que la vente intervienne dans un délai raisonnable (un an ; plus d'un an en raison de difficultés économiques).
4. Oui, s'il s'agit de dépendances immédiates et nécessaires.

5. Non. L'année de leur paiement, les dépenses ont déjà été déduites pour calculer le revenu net foncier. En revanche, si le contribuable peut prendre en charge les dépenses de manière forfaitaire, les travaux seront compris dans le forfait de 15 %.
6. Pour le calcul de l'impôt sur le revenu : 36 % (6 % × 6 ans).
Pour le calcul des prestations sociales : 9,9 % (1,65 % × 6 ans).

Cas pratique n° 2 (p. 61)

– Valeur moyenne pondérée d'acquisition des titres cédés est de :
(100 × 100 €) + (200 × 110 €) / 300 = 107 €
– Plus-value = (250 × 120 €) – (250 × 107 €) = 3 250 €
– Imposition = 3 250 × 34,5 % = 1 121 €

Quiz n° 2 (p. 62)

1. Le régime des plus-values de cession de titres des sociétés à prépondérance immobilière non soumises à l'IS relèvent du régime des plus-values immobilières des particuliers.
2. Non.
3. Les titres non cotés aujourd'hui vendus ont-ils été achetés ? Dans ce cas, leur valeur d'acquisition est déterminée selon le raisonnement suivant : prix d'achat + frais d'acquisition.
Si les titres sont entrés dans le patrimoine du vendeur à titre gratuit, leur valeur d'acquisition est égale à : la valeur déclarée par les héritiers et donataires + les droits de succession ou de donation, les honoraires du notaire, les frais d'acte et de déclaration.
4. À compter du 1er janv. 2018, les cessions sont imposées à une imposition forfaitaire de 30 % (12,8 % + 17,2 %). Option possible pour le barème progressif.

Cas pratique n° 3 (p. 73)

1er cas

Recettes :
- Loyers de l'année 2018 encaissés : 16 000 €
- Loyer de décembre 2017 encaissé en 2018. Le propriétaire n'a disposé du loyer 2017 qu'en 2018. Seule importe l'année de mise à disposition : 1 300 €
- Recettes tirées de la location d'un panneau publicitaire. Les revenus accessoires tirés du droit de propriété sont imposables : 1 000 €
- Subvention de l'ANHA. Ces subventions doivent être comprises dans le revenu brut dès lors qu'elles sont destinées à financer des charges déductibles : 1 100 €
- Les dépenses qui incombent normalement au propriétaire, mises par convention à la charge du locataire, doivent être ajoutées au revenu brut. En contrepartie, elles seront ensuite déduites de ce revenu brut

dans la mesure où elles ont, pour le propriétaire, le caractère de charges déductibles. Par mesure de simplification, l'administration admet que le propriétaire puisse faire simplement abstraction de ces sommes en recettes et en dépenses. C'est l'option que nous retiendrons ici.

Revenu foncier brut 18 100 €

Frais et charges

Le contribuable est obligatoirement imposé selon le régime réel, puisque le « micro-foncier » ne peut être appliqué lorsque le revenu foncier *annuel brut* est supérieur à 15 000 €.

- Dépenses de réfection des peintures des volets. Les dépenses d'entretien qui n'ont pas le caractère de dépenses locatives (travaux qui ont pour objet de maintenir un immeuble en bon état et d'en permettre un usage normal sans en modifier la consistance, l'agencement ou l'équipement initial) sont déductibles du revenu foncier : 2 500 €
- Primes d'assurance. Les primes d'assurance sont déductibles, quel que soit le risque couvert : 1 000 €
- Frais de correspondance : les autres frais de gestion que les frais de procédure, les frais de rémunération des concierges ou des gardes, les frais de rémunérations, honoraires et commissions versés à un tiers pour la gestion des immeubles, sont estimés forfaitairement à 20 € par local : 20 €
- Honoraires du cabinet immobilier gérant l'immeuble : 950 €
- Dépenses de réparation de la toiture : les dépenses d'entretien et de réparation (travaux qui ont pour objet de remettre un immeuble en bon état et d'en permettre un usage normal sans en modifier la consistance, l'agencement ou l'équipement initial) sont déductibles du revenu foncier. Tel est le cas des travaux de remise en état du gros œuvre : 4 300 €
- Intérêts de l'emprunt contracté pour effectuer des travaux d'agrandissement. Les travaux d'agrandissement, qui ont pour effet d'accroître le volume et la surface habitable des locaux existants, ne sont pas déductibles du revenu brut. En revanche, les intérêts des emprunts contractés pour l'acquisition, la construction, la réparation, l'amélioration et la conservation du bien sont déductibles : 1 500 €
- Sont déductibles du revenu foncier les impositions, autres que celles incombant normalement à l'occupant, perçus au profit des collectivités locales. Tel est le cas de la taxe foncière; hors taxe sur les ordures ménagères : 2 000 €

Total des frais et charges 12 070 €

Revenu foncier brut : 18 100 € – 12 070 € = 6 030 €

Ce revenu est calculé sur la déclaration « revenus fonciers » et reporté sur la déclaration générale d'impôt sur le revenu.

2e cas

a) Revenu brut : 1 500 € + 5 000 € = 6 500 €
– Intérêts : 2 000 €
– Autres charges : 10 210 € + 1 500 € = 11 710 €
b) Revenu net des intérêts : 6 500 € – 2 000 € = + 4 500 €
c) Revenu net de la totalité des charges : + 4 500 € – 11 710 € = – 7 210 €
Ce déficit est imputable sur le revenu global en totalité, dès lors qu'il est inférieur à la limite de 10 700 €.

Quiz n° 3 (p. 74)

1. Vrai, mais ils peuvent bénéficier du cas d'exonération visé à l'article 15-II du CGI.
2. Oui. Les revenus distribués sont imposables dans la catégorie des revenus fonciers.
3. Le contribuable peut bénéficier, de plein droit, du régime « micro-foncier » (le montant brut de ses revenus locatifs annuels n'excède pas 15 000 €). S'il y trouve intérêt, il peut opter pour le régime réel d'imposition (il peut alors déduire ses frais réels).
4. Le revenu imposable est égal à : recettes brutes moins charges de la propriété.
5. Deux hypothèses doivent être envisagées :
1re hypothèse : le contribuable est imposable selon les règles du « micro-foncier ». Les charges sont forfaitairement évaluées à 30 % du revenu brut déclaré par le contribuable. 2e hypothèse : le contribuable est « au réel ».
Pour être déductibles, les charges de la propriété doivent, cumulativement :
– se rapporter à des immeubles dont les revenus sont imposables dans la catégorie des revenus fonciers;
– avoir été engagées en vue de l'acquisition ou de la conservation du revenu;
– avoir été effectivement supportées par le contribuable;
– avoir été payées au cours de l'année d'imposition;
– être justifiées.
6. Le déficit foncier est imputé différemment selon que l'immeuble donné en location bénéficie du régime général ou de l'amortissement « Périssol » ou du dispositif « Borloo ancien ».

Cas pratique n° 4 (p. 78)

Lors du versement des dividendes en 2018, l'établissement payeur retient 12.8 % de leur montant brut :
8 000 € × 12,8 % = 1 024 €.
Ce prélèvement est un acompte non libératoire de l'impôt sur le revenu.

L'établissement payeur va également prélever 17,2 % des produits inscrits en compte, soit :

CSG : 8 000 € × 9,9 %[1] =	792 €
CRDS : 8 000 € × 0,5 % =	40 €
Prélèvement social : 8 000 € × 4,5 % =	360 €
Contribution additionnelle : 8 000 € × 0,3 % =	24 €
Prélèvement de solidarité : 8 000 € × 2 % =	160 €
	= 1 376 €

Détermination du montant net des dividendes distribués :

Montant brut avant déduction des charges	8 000 €
Charges	500 €
Montant net de la catégorie RCM	7 500 €

Taxation globale :

7 500 € × 30 % =	2 250 €

L'accompte de 1 024 € sera déductible de l'impôt payé en 2019.

Quiz n° 4 (p. 79)

1. Les placements à revenu fixe sont des prêts d'argent rémunérés selon des modalités définies contractuellement (par exemple, 5 % de la somme investie).
2. Les revenus des placements à revenu variable sont aléatoires et fluctuants (les dividendes).
3. La définition des revenus distribués est donnée par l'article 109 du CGI. Il s'agit des bénéfices qui ne sont pas mis en réserve ni capitalisés et de toutes les sommes distribuées non prélevées sur les bénéfices.
4. Le prélèvement de 12,8 % est calculé sur le montant brut des revenus perçus, sans déduction des frais et charges qui peuvent grever ce revenu.
5. Le prélèvement de 12,8 % est calculé par l'établissement payeur et effectué lors du paiement des revenus.
6. Le prélèvement de 12,8 % n'est pas libératoire.
7. Le prélèvement de 12,8 % sur les dividendes constitue un acompte d'impôt sur le revenu imputable sur l'impôt dû l'année suivante (le prélèvement acquitté en 2017 est imputable sur l'impôt sur le revenu dû en 2018 à raison des revenus perçus en 2017).
8. Le taux global de 17,2 % se décompose de la façon suivante :

– CSG : 9,9 % ;
– CRDS : 0,5 % ;
– Prélèvement social : 4,5 % ;
– Contribution additionnelle : 0,3 % ;
– Prélèvement de solidarité : 2 %.

1. La CSG sur les revenus du patrimoine est déductible, à hauteur de 5,1 %, du revenu global imposable de l'année de son paiement. Le surplus, soit 3,1 %, n'est pas déductible.

Quiz n° 5 (p. 112)

1. Vrai
2. Vrai
3. Vrai
4. Vrai
5. Vrai
6. Vrai
7. Faux
8. Faux
9. Faux
10. Vrai
11. Vrai
12. Vrai
13. Faux
14. Vrai

Cas pratique n° 5 (p. 179)

Le résultat comptable de la Société FISCALA a été arrêté à : – 800 000 €

– Plus-value comptable comprise dans le résultat est soumise au régime de droit commun (aucun retraitement à prévoir).

– Distribution de dividendes de 10 000 €. Le régime des sociétés mère filiales de l'article 145 du CGI s'applique. Seule la fraction de 5 % au titre des frais généraux est taxable.

Il convient donc de déduire – 9 500 €

10 000 € – 500 € (5 %) = 9 500 €

– Échange standard d'un moteur n'est pas une charge déductible dès lors que le véhicule n'est pas récent. La dépense doit être immobilisée. La valeur nette comptable du moteur ancien doit être constatée en charges (non fixée) + 5 000 €

– La dépense relative de l'engagement de non-concurrence doit être considérée comme un élément incorporel de l'actif immobilisé en raison des gains de marché qu'elle permet d'obtenir + 100 000 €

– L'indemnité transactionnelle ne devait pas être comptabilisée à l'actif immobilisé car elle ne vise pas l'acquisition d'un droit mais est la contrepartie de l'absence d'action judiciaire : – 30 000 €

– Le chiffre d'affaires ne pouvait comprendre une vente dont la livraison du matériel est prévue après la clôture de l'exercice social – 50 000 €

– Le montant des intérêts déductibles au titre des avances faites par les associés est réglementé. Le taux maximum d'intérêt déductible pour 2016 est de 2,03 %.

Ainsi le montant à réintégrer est de :

50 000 × 10 % – 50 000 × 2,03 % = + 3 985 €

– Les aides à caractère financier ne sont pas déductibles des résultats imposables depuis le 4 juillet 2012 sauf dans le cadre d'une procédure de sauvegarde et autres devant le Tribunal de Commerce (ce n'est pas le cas ici) + 20 000 €

– L'amortissement du véhicule automobile est interdit pour la fraction du prix d'acquisition supérieur à 9 900 €

À réintégrer donc :

60 000 € × 20 % – 9 900 € × 20 % = + 10 020 €

Résultat fiscal (déficit) est de : – 750 495 €

Cas pratique n° 6 (p. 223)

- Régime d'imposition : il s'agit du régime du réel normal

	Base d'imposition	Taux	TVA collectée
Vente France	250 000	5,5 %	13 750
	5 000	20 %	1 000
Total	255 000		14 750

- Montant de la TVA déductible

150 000 × 5,5 % = 8 250 €
1 200 000 × 2/3 × 20 % = 160 000 €
(La partie à usage d'habitation n'est pas déductible)
La TVA facturée par le concessionnaire automobile n'est pas déductible
Total 165 250 €

- Montant de la TVA due au service des impôts : Néant

- Montant du crédit d'impôt : 153 500 €

Cas pratique n° 7 (p. 236)

1er cas

- ***Assiette***

Prix porté dans l'acte 300 000 €
Charges augmentatives du prix
– intérêts au profit du vendeur : NON
– électricité : 3 000 €
– taxe foncière : NON
303 000 €

- ***Liquidation des droits***

Département : 303 000 € × 3,80 % = 11 514 €
Commune : 303 000 € × 1,20 % = 3 636 €
FAR : 11 514 € × 2,37 % = 273 €
15 423 €

(303 000 € × 5,09006 % = 15 423 €)

2e cas

Le fonds de commerce est vendu 1 500 000 €. Les marchandises neuves (élément corporel du fonds de commerce) figurent pour un montant de 150 000 €

Les marchandises neuves vendues en même temps que le fonds de commerce échappent aux droits d'enregistrement; leur cession est soumise

à la TVA. La base taxable doit être corrigée en conséquence (1 500 000 € – 150 000 € = 1 350 000 €).
Par ailleurs, les frais d'entretien du local, pour un montant de 3 000 €, sont contractuellement répercutés sur l'acquéreur. Il s'agit d'une charge augmentative (3 000 €) du prix porté dans l'acte (1 500 000 €).
La charge augmentative du prix doit être ventilée pour tenir compte du fait que les marchandises neuves échappent à la taxation aux droits d'enregistrement, soit :

$$\frac{3\ 000\ € \times 1\ 350\ 000\ €}{1\ 500\ 000\ €} = 2\ 700\ €$$

- Base imposable aux droits d'enregistrement :
  1 350 000 € + 2 700 € = 1 352 700 €
- Application du tarif de droit commun (il s'agit d'un tarif « progressif par tranches » ; dans des circonstances particulières, soumises à conditions, il existe des tarifs plus avantageux).

Tranches d'imposition	État	Département	Commune	TOTAL
0 à 23 000 € = 23 000 €	0	0	0	0
23 000 € à 107 000 € = 84 000 €	84 000 € × 2 % = 1 680 €	84 000 € × 0,60 % = 504 €	84 000 € × 0,40 % = 336 €	2 520 €
107 000 € à 200 000 € = 93 000 €	93 000 € × 0,60 % = 558 €	93 000 € × 1,40 % = 1 302 €	93 000 € × 1 % = 930 €	2 790 €
Supérieure à 200 000 € 1 352 700 € – (23 000 + 84 000 + 93 000) = 1 152 700 €	1 152 700 € × 2,60 % = 29 970 €	1 152 700 € × 1,40 % = 16 138 €	1 152 700 € × 1 % = 11 527 €	57 635 €
Total	1 680 € + 558 € + 29 970 € = 32 208 €	504 € + 1 302 € + 16 138 € = 17 844 €	336 €+ 336 € + 11 527 € = 12 793 €	62 945 €

Quiz n° 6 (p. 237)

1. Oui
2. Non
3. Les éléments du fonds de commerce autres que les marchandises neuves sont taxables aux droits d'enregistrement. La vente des marchandises neuves est soumise à la TVA.
4. Oui. La vente sera soumise aux droits d'enregistrement dus sur les cessions de fonds de commerce : la cession de la marque entraîne implicitement la cession de la clientèle du fonds de commerce… céder la clientèle revient à céder le fonds.

5. Les charges contractuellement supportées par l'acquéreur du fonds alors que, par nature, elles devraient l'être par le vendeur sont augmentatives du prix. En contrepartie de l'acquisition du fonds, l'acquéreur paie une somme supérieure au prix apparemment stipulé dans l'acte.
6. Non
7. Toute convention à titre onéreux ayant pour effet de permettre à une personne d'exercer une profession, une fonction ou un emploi occupé par un précédent titulaire est soumise au régime des cessions de fonds de commerce, même si, explicitement, elle ne s'accompagne pas d'une cession de clientèle.
8. Une convention de successeur est taxable au tarif des cessions de fonds de commerce.

Cas pratique n° 8 (p. 248)

Liquidation des droits exigibles :

- *Part de l'épouse :* l'épouse a opté pour la totalité de la succession en usufruit. Étant donné son âge, et par application du barème de l'article 669 du CGI, cet usufruit à une valeur de 30 % :

300 000 € × 30 % = 90 000 €.
Cette part est exonérée.

• *Part de Pierre*	(300 000 € – 90 000 €) / 2 = 105 000 €
– Abattement	100 000 €
– Reste à taxer	5 000 €
– Taxation :	5 000 € × 5 % = 250 €
– Réduction de droits (3 enfants) =	305 €
– Droits dus = 0	

• *Droits dus par A :*	
– Part taxable	(105 000 €/ 2) = 52 500 €
– Abattement (la moitié de l'abattement revenant au père de A prédécédé) =	50 000 €
– À taxer :	2 500 €
– Taxation :	2 500 € × 5 % = 125 €

• *Droits dus par B* =	125 €

Quiz n° 7 (p. 248)

1. L'assiette des droits de succession est égale à l'actif brut de succession moins les charges grevant cette succession.
2. L'actif des droits de succession est évalué au jour du fait générateur, soit à l'instant du décès.
3. En principe, les droits de succession sont assis sur la valeur vénale des biens transmis par décès. Cette valeur est déclarée par les successeurs sous le contrôle de l'administration.

Par exception, pour certains biens, la loi a posé des méthodes d'évaluation.

4. Le passif est admis en déduction à quatre conditions.

5. 4 étapes :

– détermination de l'actif net (actif brut – charges);

– sur chaque part, application d'un ou plusieurs abattements;

– calcul des droits;

– éventuellement, prise en compte des réductions de droits.

6. Les droits de donation sont calculés selon les mêmes règles que les droits de succession à quelques exceptions près.

7. En principe, les charges ne sont pas déductibles de l'actif donné. Une exception a été introduite par la loi de finances pour 2005.

Quiz n° 8 (p. 254)

1. Faux : patrimoine net
2. Faux : enfants mineurs
3. Vrai : à raison de leurs biens situés en France
4. – Usufruitier

– Valeur pleine propriété

5. Vrai
6. 75 %
7. Oui
8. Oui

Cas pratique n° 9 (p. 255)

Patrimoine	
– Valeur résidence principale : 1 000 000 €	
Valeur à retenir après abattement de 30 % au titre de résidence principale :	700 000 €
– Valeur résidence secondaire : 400 000 €	
Valeur à retenir :	400 000 €
– Actions :	200 000 €
La valeur brute du patrimoine à retenir pour l'IFI est donc de :	1 100 000 €
(Les actions sont éxonérées)	

Le passif (outre l'impôt sur le revenu, les prélèvements sociaux, l'impôt sur la fortune et les impôts locaux on doit tenir compte de l'emprunt restant dû sur l'achat de la résidence secondaire soit 80 000 €.

La valeur nette du patrimoine, avant imputation des charges fiscales, s'établit donc à : 1 020 000 € (1 100 000 €– 80 000 €).

Cas pratique n° 10 (p. 267)

Liquidation du partage
La théorie de la mutation conditionnelle des apports s'applique aux apports faits à une société non IS.
Par suite :
- la reprise par Pierre de l'immeuble qu'il avait apporté n'est passible d'aucun droit;
- l'attribution à Pierre de l'immeuble apporté par Paul donne ouverture aux droits de vente immobilière, au tarif en vigueur au jour du partage et d'après la valeur de l'immeuble à cette même date, soit 250 000 € :

  250 000 € × 5,09006 % = 12 725 €;
- la valeur des acquêts sociaux, soit 600 000 €, supporte le droit de partage :

  600 000 € × 2,50 % = 15 000 €.

Quiz n° 9 (p. 268)

1. Un apport pur et simple est rémunéré par des actions ou des parts sociales.
2. Un apport à titre onéreux est rémunéré par une autre contrepartie que des actions ou des parts sociales (par ex., des obligations).
3. Un apport mixte est rémunéré pour partie par des actions ou des parts sociales et pour partie par une autre contrepartie que des droits sociaux.
4. Lorsque la vente d'un bien serait soumise à la TVA (par ex., la vente d'un terrain à bâtir par un professionnel de l'immobilier), son apport est également soumis à la TVA.
5. Les personnes morales soumises à l'impôt sur le revenu sont, essentiellement, les sociétés qualifiées, en droit commercial, de sociétés de personnes et n'ayant pas optées pour l'IS.
6. Les sociétés dites de capitaux, les SARL et les sociétés de personnes ayant optées pour l'IS sont soumises à cet impôt.

Quiz n° 10 (p. 279)

1\. a/ Vrai
1\. b/ Vrai
2\. Vrai
3\. Vrai
4\. Vrai
5\. Vrai
6\. Faux [les locaux situés à l'étranger ne sont pas retenus (principe de territorialité)]
7\. Vrai
8\. Vrai
9\. Vrai

Quiz n° 11 (p. 292)

1. 3 ans
2. 10 ans
3. Vrai (31 décembre de l'année qui suit l'imposition)
4. 31 décembre de la 6e année
5. Faux
6. 30 jours avec possibilité de demander un délai supplémentaire de 30 jours
7. Vrai
8. Vrai
9. 0,40 %
10. 40 %
11. 10 %

Quiz n° 12 (p. 298)

1. Vrai
2. 31 décembre de la deuxième année et 31 décembre de la troisième année si proposition de rectification adressée par le service des impôts
3. Faux. Seule la juridiction administrative est compétente (Tribunal Administratif, Cour Administrative d'Appel, Conseil d'État)
4. Vrai. La Cour de cassation de son côté est compétente pour les droits d'enregistrement, droits de mutation à titre gratuit, l'impôt sur la fortune.

Index alphabétique

P

Q

R

S

T

U

V

Photocomposition SCM, Toulouse
718788(I) OSB-P 60 g SCM (CDR)
achevé d'imprimer en Italie par L.E.G.O. S.P.A.
Dépôt légal : Février 2019